珞珈铸魂丛书

珞珈铸魂

教学研究视角下的课程思政评价探究

主编　王郢

WUHAN UNIVERSITY PRESS
武汉大学出版社

图书在版编目(CIP)数据

珞珈铸魂：教学研究视角下的课程思政评价探究／王郢主编. -- 武汉：武汉大学出版社，2025.6. -- 珞珈铸魂丛书. -- ISBN 978-7-307-24687-4

Ⅰ. G641

中国国家版本馆 CIP 数据核字第 2024JB6432 号

责任编辑：沈继侠　　责任校对：汪欣怡　　版式设计：韩闻锦

出版发行：**武汉大学出版社**　（430072　武昌　珞珈山）

（电子邮箱：cbs22@ whu.edu.cn　网址：www.wdp.com.cn）

印刷：湖北云景数字印刷有限公司

开本：720×1000　1/16　印张：17.75　字数：287 千字　插页：2

版次：2025 年 6 月第 1 版　2025 年 6 月第 1 次印刷

ISBN 978-7-307-24687-4　定价：78.00 元

珞珈铸魂：教学研究视角下的课程思政评价探究

前　言

习近平总书记在2016年全国高校思想政治工作会议上指出，“要坚持把立德树人作为中心环节，把思想政治工作贯穿教育教学全过程，实现全程育人、全方位育人”①。2020年5月28日教育部印发《高等学校课程思政建设指导纲要》要求全面推进高校课程思政建设，这不仅是高校落实立德树人根本任务的重要方式，更是高校深化教育教学改革、提升人才培养质量的重要途径。教学的改革是一个不断上升的螺旋发展闭环，从理念到内容、从实施到评价，缺一不可。近年来，教师以饱满的热情投入课程思政的教学改进之中，课程教学内容、课堂教学方式都发生了巨大变化，但是这些教学改进措施背后的教学设计是否科学？内容开发是否合理？教学效果是否明显？学生发展是否得到促进？等等，这些问题都呼唤着对课程思政的测度，高校课程思政评价成为课程思政推进过程中的关键环节。高校课程思政评价评什么？评价中应该遵循什么样的基本原则？有哪些可供参考的评价方法？评价结果如何解释和应用？等等，这些问题摆在了广大教学实践和研究者面前。

人才培养是育人和育才相统一的过程，课堂教学作为人才培养的重要阵地，应将知识传授与价值引领相结合，在专业课程中贯彻价值观培养，这就是课程思政。课程思政不是思政课程，更不是“政治运动”，而是在深刻分析、科学把握新时代人才质量要求基础上的教学理念和教学实践。用教学研究的思路推进课程思政，就是要充分尊重认知发展规律、人才培养规律和教育教学规律，以科学的态度和实事求是的精神促进课堂变革和教师发展。

武汉大学积极响应新时代高校思想政治工作建设精神要求，于2021年3月成立课程思政教学研究中心。作为全国15个高校课程思政教学研究中心之一，中心成立以来为学校教师探索课程思政建设提供了丰富的内容、教学和

① 《习近平谈治国理政(第二卷)》，外文出版社2017年版，第376页。

评价支持。其中，对于课程思政的评价能够帮助我们判断教学活动的适应性、思政教育的时效性以及师生教学活动中的需求性，具有巨大的生长活力。在工作中，我们通过对接教学一线、加强教育供给等方式为一线教师的课程思政教学改进提供服务，助力课程思政。然而思想政治教育是一项意识形态很强的社会实践活动，会对人的价值观与道德素质产生积极的影响，背后蕴含着人作为主体的情感认同与价值取向。

武汉大学课程思政教学研究中心将课程思政作为一种教学实践，打造以专业“硬知识”实现价值“柔引领”的推进思路。通过深入教学单位与教师合作教研、共同备课等方式帮助教师挖掘具有学科特色的思政素材、科学设计无感融入思政元素的教学方案，提升教师的教学效能、增强教师在教学活动中的获得感和成就感。不仅提升了大学课堂人才培养的质量，确立了课程思政作为育人变革的科学性，也有效消解了课程思政推进过程中的误读与阻抗。

本书是武汉大学课程思政教学研究中心近年来在课程思政工作铺开过程中的一些浅薄的研究和思考，同时也在思考的基础上做出了一些小小的尝试。本书尝试从一种不同的视角——教学研究的视角来审视课程思政和课程思政评价，以期能够为课程思政推进工作中的各位同仁提供一些思路。书中收录了武汉大学的多位一线授课老师与课程思政教学研究中心一起共同研讨和实施的评价案例，希望这些案例能够为大家的教学设计提供一些借鉴和参考。武汉大学课程思政教学研究中心成员对日常的评价设计和工作也存有困惑，希冀通过本书与各位同侪先进分享评价工作中的一些探索和尝试，摆出问题和疑惑，求教于各位方家指点迷津，恳请同行批评指正，为课程思政工作的进一步改进与完善助力。

目 录

理 论 篇

比 较 篇

案例篇

工具篇

理 论 篇

第一章　课程思政与课程评价

课程思政是一个兼具深厚历史底蕴、坚实理论基础和科学实践范式的“整体”,[①] 其本质是课程理论对“立德树人”理念的具体阐释，彰显了课程知识的道德与价值意义,[②] 是运行于课程中的思政教育。

第一节　对课程思政的理解与认识

立德树人是新时代教育的根本任务，旨在实现“育人”和“育才”相统一。课程思政正是连接“育人”和“育才”的重要方式。2020 年 5 月印发的《高等学校课程思政建设指导纲要》吹响了高等教育阶段教育改革的号角，掀起了高校中的课程思政热潮。高等学校人才培养是“育人”和“育才”相统一的过程。《高等学校课程思政建设指导纲要》为突破部分课堂中所存在的专业教育与思政教育“两张皮”的问题指明了方向。课程思政不是思政课程，更不是“政治运动”，而是在深刻分析、科学把握新时代人才质量要求的基础上所提出的教学理念和教学实践。用教学研究的思路推进课程思政，就是要充分尊重认知发展规律、人才培养规律和教育教学规律，以科学的态度和实事求是的精神促进课堂变革和教师发展。

一、课程思政的本质——以立德树人为根本目标的教育活动

课程思政要求教育者以思政课以外的专业课和通识课为载体，充分挖掘

---

① 陆道坤：《新时代课程思政的研究进展、难点焦点及未来走向》，载《新疆师范大学学报(哲学社会科学版)》2022 年第 3 期，第 1~16 页。

② 伍醒、顾建民：《课程思政理念的历史逻辑、制度诉求和行动路向》，载《大学教育科学》2019 年第 3 期，第 54~60 页。

各类课程的育人元素和资源，① 它既是一种宏观层面的教育观——寓德育于专业课程或通识课程之中，也是一种教学方法论——在教学设计和实施过程中注重对知识中育人资源的挖掘和使用。

2020年教育部《高等学校课程思政建设指导纲要》(以下简称《指导纲要》)提出“要牢固确立人才培养的中心地位，围绕构建高水平人才培养体系，不断完善课程思政工作体系、教学体系和内容体系”②，将人才培养与高校课程思政建设紧密联结，明确了课程思政是一项指向“人的发展”的活动。马克思在人的全面发展理论中明确指出教育“不仅是提高社会生产的一种方法，而且是造就全面发展的人的唯一方法”③，将教育定位于“人的发展”。从这一角度来看，课程思政的本质是以“立德树人”——实现人的发展为目标的教育实践活动。

教育学是研究教育现象，探索教育规律的学问。金一鸣教授在专著《教育原理》中“将教育学的研究对象定义为教育现象，把教育学的研究任务定义为把握教育规律，其目的是指导教育实践”④。课程思政作为一种教育实践活动，将立德树人蕴含于教学活动之中，其运行必然受到教育规律的指导和制约。要推进课程思政，就应加强对教育理论的研究和运用，用教育规律和逻辑指导课程思政工作的开展。高校课程思政共同体服务于课程思政建设，是促进这一教育活动顺利开展的关键一环，也应当遵循教育学的基本规律和基本逻辑。

运用教育学逻辑指导课程思政建设具有理论和实践的双重意义。在实践方面，运用教育学逻辑为构建课程思政指明了新的实践路径，为持续、科学地推进课程思政建设提供了有效支撑；在理论方面，运用教育学逻辑丰富了课程思政建设的理论样态，为课程思政提供了理论依据，搭建了理论与实践对话的桥梁。

---

① 侯勇、钱锦：《课程思政研究的现状、评价与创新》，载《江苏大学学报(社会科学版)》2021年第6期，第66~76页。

② 《高等学校课程思政建设指导纲要》，载中华人民共和国教育部官网，https://www.moe.gov.cn/srcsite/A08/s7056/202006/t20200603_462437.html，2020年10月14日访问。

③ 中共中央马克思恩格斯列宁斯大林著作编译局编译：《马克思恩格斯全集(第五卷)》，人民出版社2009年版，第556~557页。

④ 金一鸣著：《教育原理》，高等教育出版社2002年版，第4页。

二、教育逻辑的课堂表达——课程理论下的课程思政实践

教育活动在课堂中集中表现为课程教学，课程理论是教育逻辑在课堂中的现实表达。作为一种课程实践活动，“课程思政实质是一种课程观……是将高校思想政治教育融入课程教学和改革的各环节、各方面，实现立德树人润物无声”①。课程是课程思政的载体，思政是课程思政的内容，课程思政是在课程运行之下的思政教育，其推进必须依托课程理论和课程要素。

有关课程研究的基本理论汗牛充栋，但作为课程理论的经典——泰勒目标模式，自20世纪30年代诞生以来经久不衰。无论课程哲学和课程实践如何发展，其所确立的课程基本要素至今仍然指导着一线课程实践。

课程思政承载着思想教育的使命，强调目标的重要性，一切活动都需围绕立德树人这一根本目标进行。课程思政的目标在中央文件和中央领导人讲话中有明确的方向指引与表述，具有权威性和确定性。这种明确目的性的课程活动与泰勒目标模式“重视确定课程目标环节”不谋而合。用目标模式统整课程思政实践具有了基本的论证基础。目标模式强调课程目标的3个来源也与课程思政目标的确定和中央精神紧密契合：从当代校外社会生活的角度来看，课程思政的产生立足于国家对时代新人的现实需求；从学科专家建议的角度来看，课程思政的实施强调专业课程、通识课程与思政元素的有机结合，不能脱离学科存在，必须关注专业的学科特点；从学习者本身来看，课程思政的最终效用落点于“立德树人”，在学生身上体现为“情感、态度、价值观”的养成，只有关注学生的现实需求，激发学生的真实体验，才可能真正产生“内化于心，外化于行”的效果。选择目标模式指导课程思政活动也就成为了题中之义。

目标模式指出课程实践中的四个基本问题：①应该达到哪些目标；②应该提供哪些教育经验（以达成目标）；③如何有效地组织（经验）；④如何评价（目标得到实现）。② 这四个基本问题分别对应了课程的四个基本要素——目标、内容、实施和评价，也成为所有教学活动构建的基本框架。在高校的课程思政实践中，课程思政应该围绕什么目标、需要提供哪些思政元素内容、

① 高德毅、宗爱东：《从思政课程到课程思政：从战略高度构建高校思想政治教育课程体系》，载《中国高等教育》2017年第1期，第43~46页。

② 泰勒著：《课程与教学的基本原理》，施良方译，人民教育出版社1994年版，第3~19页。

用什么样的教学方法实施以及如何进行课程思政效果评价成为课程思政教学活动的基本要素和基本问题。

在目标层面，武汉大学课程思政教学研究中心组织相关教师共同学习中央文件、领导人重要讲话，明确目标，并由专业课教师针对性地确认和自己学科相关的思政目标；在挖掘思政元素内容层面，需要联合专业课教师、思政课教师在深刻理解专业知识和思政知识的基础上共同生发课程内容；在教学方法层面，需要联合教育学、心理学教师及一线授课教师等群体，结合挖掘出的学科思政元素及学生特点探索适合的融入方式；在教学评价层面，需要联合教育学教师和一线教师设计科学有效的评价方法。

第二节　对课程评价的认识

课程评价概念本身有复杂而广泛的意义，其以课程计划、实施与评价的全过程为对象，其评价因素多样而复杂。① 课程评价由“课程”和“评价”两个理论界和社会学界颇具争议的概念组成，因此“课程评价”概念本身也具有复杂性，学者们对其有诸多讨论。学者们的讨论主要聚焦两个方向。一种是讨论课程评价的属性，如陈玉琨认为课程评价是教育评价的重要部分，它对学校课程已经创造实现的或潜在的价值作出判断，最终不断优化课程，实现教育价值的增值。② 另一种则是对课程评价的具体内容进行界定，如有学者认为“课程评价就是以一定的方法、途径对课程的计划、活动以及结果等有关问题的价值或特点作出判断的过程”③。结合两类观点的特点，北京未来新世纪教育科学研究所将课程评价定义为“根据某种标准，以一定的方法对课程计划、活动及其结果等进行描述和价值判断的过程”④。

一、课程评价的内容

课程评价的内容由课程评价的主体、对象和原则共同决定，其中课程评

① 钟启泉编著：《现代课程论》，上海教育出版社 1989 年版，第 348 页。

② 陈玉琨等著：《课程改革与课程评价》，教育科学出版社 2001 年版，第 137 页。

③ 李雁冰著：《课程评价论》，上海教育出版社 2002 年版，第 2 页。

④ 北京未来新世纪教育科学研究所主编：《新课程评价改革方案》，远方出版社 2005 年版，第 8 页。

价的主体决定着课程评价的内容"由谁评"的问题；课程评价的对象明确了"评什么"的问题；课程评价的原则指导着"如何评"的问题。

关于课程评价主体的探讨，有学者认为教师是不可或缺的课程评价主体，需要对课程标准、课程内容、课程实施和课程结果进行评价①；有学者强调学生作为课程评价主体的重要性，主张课程评价需要"由学生对课程的价值进行自主判断，表达自身的需要、兴趣和态度，由此改进课程、教学和学习"②；有学者从功能性的角度寻找课程评价主体，认为其是"能根据评价结果，为达到改善教育活动及其成果的目的而采取相应措施的人与组织"③，包括教师、学生、学校领导、教育管理部门、家长和其他与学校教育有关的社会成员和组织。综合来看，笔者认为从课程评价的目的出发寻找课程评价主体的观点较为全面，其不仅关注课程实施过程中的教师和学生互动双方，还观照到了课程实施前后课程管理者、课程编制者的需求。

关于课程评价对象的讨论比较有权威性的是钟启泉教授的观点，他从参与者的视角来确定评价对象，他认为课程评价的对象为课程及任何与课程相关联的实体，这些实体包括学生、教师、教育管理人员、课程大纲、教材、教学计划、教学过程及有关机构。④ 也有学者整理其他学者观点认为课程评价应该既包括对课程标准、课程方案、教科书等的评价，也包括对教师教学的评价、师生相互作用形态的评价和学生素质的评价，还应包括对课程目标、课程开发、实施过程、实施效果的评价。⑤ 总的来说，课程评价的对象具有广泛性，既需要关注课程开发与实施的全过程，又需要关注课程的全部参与者。

谈及课程评价的原则，主要有四项：一是要有针对性，需要和实际的课程相匹配；二是要具有开放性，评价人员可以根据实际情况有一定的调整空间；三是具有可操作性，有具体的操作指导，在细化和粗略之间寻找平衡点；四是具有指导性，课程评价的结果要对课程的优化、改革有指导意义。

---

① 张瑞、刘志军：《教师：不可或缺的课程评价主体》，载《课程·教材·教法》2008年第8期，第11~16页。

② 薛源：《以学生为主体的课程评价何以可能及如何可能》，载《全球教育展望》2003年第11期，第38~41页。

③ 严权：《新课程评价主体应体现多元性》，载《上海教育》2004年第17期，第26~27页。

④ 钟启泉编著：《现代课程论》，上海教育出版社1989年版，第4页。

⑤ 李孟辉著：《高校课程研究》，上海交通大学出版社2012年版，第79页。

二、课程评价的类型

根据实施课程评价的环节不同，可以将课程评价分为诊断性评价、形成性评价和结果性评价。

诊断性评价是指在课程开始之前对评价对象的学习准备程度进行判断的评价，用于了解评价对象的真实情况，教学设计者可以针对性地设计教学活动，保证教学计划的顺利进行从而实现“因材施教”，涉及教育所面临的问题、学生现有知识储备、学生特点等，如摸底考试、前期学习情感调查等都属于诊断性评价方法。

形成性评价关注教学的过程，在课程开发和实施过程中执行，是“基于对学生学习全过程的持续观察、记录、反思而作出的发展性、过程性评价，是针对学生日常学习过程中的表现、所取得的成绩以及所反映出的情感、态度、策略等方面的发展所进行的评价”①。它能够及时提供课程反馈，及时发现问题，引导教学活动的进行，帮助教师及时优化和完善课程方案，保证课程的高效推进。教师可以在教学过程中多次实施形成性评价，不断搜集课程反馈，不断推动课程优化。

结果性评价在课程实施结束之后进行，考查课程实施的实际效果和成效。它是在完整的教育阶段结束后对整个教育目标实现的程度作出的评价，考查学生发展达成目标的程度，需要以事前设定的教育目标为基础。② 其结果可以用于整体把握学生掌握情况，为后续教学起点提供依据，同时为后续的课程优化提供重要参考。

三、课程评价的模式及方法

不同的课程评价模式随着课程评价理念的发展应运而生，比较具有代表性的是目标评价模式、差距评价模式、表象评价模式和 CIPP 评价模式。

（一）目标评价模式

目标评价模式由“课程评价之父”泰勒提出，他认为“教育目标实质上是人

① 李玲玲、郭兰、吴颖、殷茵：《心理健康教育课程评价方法研究综述》，载《湖北经济学院学报（人文社会科学版）》2010 年第 4 期，第 162~164 页。

② 北京未来新世纪教育科学研究所主编：《新课程评价改革方案》，远方出版社 2005 年版，第 8 页。

的行为变化，评价就是确定学生实际发生行为变化程度的过程”①。泰勒在《课程与教学的基本原理》中围绕课程目标确定了课程设计的步骤，提出了目标模式，指出课程实践中的四个基本问题并阐述了每个基本问题的有效解决方案：(1)应该达到哪些目标；(2)应该提供哪些教育经验(以达成目标)；(3)如何有效地组织(经验)；(4)如何评价(目标得到实现)。在讨论“如何评价”的章节，泰勒明确指出了围绕教育目标进行评价的基本步骤：(1)建立课程计划的目的和目标；(2)按照行为和内容两个维度说明每个目标；(3)确定让学生有机会表现教育目标所指行为的情境；(4)选择和编制评价工具；(5)设计获取学生行为记录的方式和使用的计分单位；(6)搜集反映学生行为变化的有关信息；(7)将搜集到的信息与行为目标作比较。② 目标评价模式首次明确了课程评价的程序，逻辑清晰、操作便捷、评价效率高，在课程评价领域产生了巨大而深远的影响，但其也有一定的局限性，如忽视学生的主体性、忽略教学的过程性。

(二)差距评价模式

差距评价模式由普罗佛斯提出，旨在揭示计划的标准与实际表现的差距，为课程改进提供依据。与目标评价模式相似，差距评价模式同样关注计划的标准即课程目标，不同之处在于差距评价模式的步骤贯穿课程从设计到产出的各个阶段，该模式总共有五个阶段。第一阶段是设计阶段，该阶段需要确定课程所需达到的预期目标，并以此为标准；第二阶段是装置阶段，该阶段需要了解所设计的计划与原来计划的吻合程度，及时调整改变不符合的情况；第三阶段是过程评价阶段，需要了解课程的中间目标是否达成，并进一步了解前提条件、教学过程、学习结果之间的关系，以便之后对这些要素进行优化调整；第四阶段是产出评价阶段，该阶段将课程方案产生的实际结果与第一阶段的预期目标进行比较；第五阶段是成本效益分析阶段，该阶段将比较此课程评价方案与其他课程方案的成本效益，寻找最优方案。③ 差距评价模式

① 泰勒著：《课程与教学的基本原理》，施良方译，人民教育出版社 1994 年版，第 85 页。

② 泰勒著：《课程与教学的基本原理》，施良方译，人民教育出版社 1994 年版，第 3~19 页、第 89 页。

③ 孙建柱、陈娇、高贇编：《教育理论与教学方法》，天津科学技术出版社 2020 年版，第 94 页。

相比目标评价模式更关注教学的过程以及课程实施结束后的优化，但仍未关注到学生的主体性和自主性。

（三）表象评价模式

表象评价模式由斯塔克提出，是目标评价模式之后的一种评价模式发展，该模式指出课程评价需要搜集三个方面的信息：一是关注教学的前提领域，明确教学之前已经存在的可能与教学结果有因果关系的前提条件；二是关注教学的过程，注重教学主体之间的相互作用，主要是教师和学生间的相互作用及学生与学生间的相互作用；三是关注教学实施的结果。搜集这三方面的信息需要从描述和评判两个维度入手，前者包括预测课程计划实现的内容和观察实际的情况，后者包括课程计划的理想愿望的判断标准和对实际进行的计划的意见。①

表象评价模式不再像目标评价模式那般强调课程目标的重要性，而是更加关注教学过程的动态变换，强调评价主体的多元性，同时从量化的评价模式逐渐向质性的评价模式转变，实现客观与主观的结合，把个人的观察、主观的描述和判断也纳入评价体系中。

（四）CIPP 评价模式

CIPP 评价模式是在长期教育实践中教育学界借鉴和应用较多的一种模式，其强调教育评价的改进作用，能够满足教育改革活动评价及效果评价的需要。② CIPP 评价模式是由美国学者斯塔弗尔比姆在对目标反思的基础上提出的，这一模式由背景评价、输入评价、过程评价和结果评价四项活动组成（如图 1-1 所示），既包含了对教师教学设计和教学行为的评价，也包含了学生学习过程和学习效果的评价。

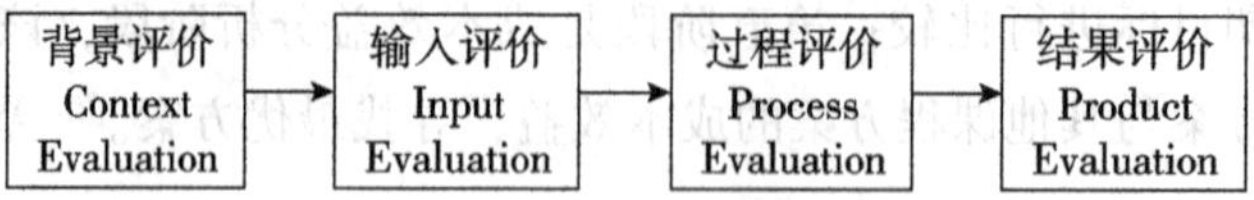

图 1-1　CIPP 评价模式

① 钟启泉编著：《现代课程论》，上海教育出版社 1989 年版，第 4 页。

② 蒋国勇：《基于 CIPP 的高等教育评价的理论与实践》，载《中国高教研究》2007 年第 8 期，第 10~12 页。

背景评价旨在分析育人环境、明确教育需求，是对教育环境的影响进行评价，包括“对方案出台的背景及方案目标确定的评价”①；输入评价是对达到目标所需的资源、条件等进行评价，使实施方案切实可行；过程评价主要考查教师与学生的表现以及教师在方案实施过程中是否进行了连续的监督、检查和反馈，是否对方案进行了持续的修正和改进；结果评价是对方案实施结果、成效及影响的评价。

四、课程评价与课程思政评价

课程评价与课程思政评价虽然只有“思政”二字之差，但并非简单的叠加关系。前期课程评价在理论和方法上的探索为课程思政评价的发展提供了一个较高的起始点。探索二者的相互关系有利于思考课程思政评价的实施。

课程评价为课程思政评价奠定了理论基础。课程思政建设的本质是以“立德树人”为根本任务、以实现人的发展为根本目标的教育实践活动。而教育学恰好是以指导教育实践为目的的科学，② 要推进课程思政建设，就应加强对教育理论的研究和运用，用教育规律和逻辑指导课程思政工作的开展。在推进课程思政实践的过程中，课程是重要载体，课程思政评价的进行也必然需要依托课程展开。而课程评价也是围绕课程各个要素展开的价值判断活动，这意味着在教育理论中与课程思政评价有直接关联，最能指导课程思政评价的便是课程评价相关理论，课程评价能为课程思政评价提供理论依据。

课程评价为课程思政评价提供了工具与方法支持。课程思政是教育者以思政课以外的专业课和通识课为载体，充分挖掘各类课程的育人元素和资源，遵循教育教学规律而实现立德树人的教育实践活动。它既是一种宏观层面的教育观，寓德育于专业课程或通识课程之中；也是一种教学方法论，在教学设计和实施过程中，注重对课程育人资源的挖掘和使用。因此不管是从理念还是实践的层面来看，课程思政实质上是一种课程改革。课程评价服务于课程改革，为课程改革提供重要参照，是课程改革中的重要议题，包括课程改革前的需求评价、教材评价、课程实施情况评价等。③ 从这一角度来看，课程

① 李雁冰著：《课程评价论》，上海教育出版社 2002 年版，第 86 页。

② 金一鸣著：《教育原理》(第 2 版)，高等教育出版社 2002 年版，第 4 页。

③ 刘志军：《课程评价的现状、问题与展望》，载《课程 · 教材 · 教法》2007 年第 1 期，第 3~12 页。

评价可以服务于课程思政评价，课程评价过程中使用的工具、模式和方法可以经过适应性调整后套用在课程思政评价上。

然而，课程思政评价并不能全然依靠课程评价进行，还需要进行一些额外的思考。这是因为课程评价是纯粹的教育行为，仅仅从教育学的视角切入，观察课程的效果，为课程编制、课程改革等提供参照即可。而课程思政是新时代加强和改进高校思想政治工作的新要求，对其进行的评价既是一种教育行为，又是一种政治行为；在内容上强调将思想政治元素融入专业课程、通识课程之中，具备一定的政治性。因此，在进行课程思政评价时不光要从教育学视角切入，探索其中蕴含的教育问题，还要观照教育行政视角，从管理学的维度进行评估，让课程思政的执行进度与成效被管理者们“看见”。

（本章执笔人：方癸椒、王郢）

第二章　课程思政评价

2020年教育部印发的《高等学校课程思政建设指导纲要》要求全面推进高校课程思政建设。这不仅是高校落实立德树人根本任务的重要方式，更是高校深化教育教学改革、提升人才培养质量的重要途径。课程教学的改革是一个不断上升的螺旋发展闭环，在教学中融入课程思政元素，必然呼唤在评价过程中对课程思政的融入和执行效果进行测量。因此，课程思政评价成为高校课程思政推进过程中的关键环节。高校课程思政评价评什么？评价过程中可能遇到什么难题？评价中需要遵循什么样的基本原则？评价是否有系统性的方法？这些问题摆在了广大教学实践和研究者面前。本章节尝试结合笔者在武汉大学课程思政教学研究中心从事评价工作的一些做法和思考探寻问题的答案。

第一节　课程思政评价的必要性及目标

2020年，中共中央、国务院印发的《深化新时代教育评价改革总体方案》提出要"坚持科学有效，改进结果评价，强化过程评价，探索增值评价，健全综合评价"①，"对于课程思政来说，要以更大的理论勇气、实践创见和科学举措来承托和贯彻这一重大教育评价改革"②。"在课程思政推进实施过程中课程评价是重要一环，也是目前课程思政全面实施中学校和教师最为困惑和亟待解决的问题"③。

① 《中共中央 国务院印发〈深化新时代教育评价改革总体方案〉》，载环球网，https://china.huanqiu.com/article/40HQ5KYwdUF，2020年1月16日访问。

② 陆道坤：《课程思政评价的设计与实施》，载《思想理论教育》2021年第3期，第25~31页。

③ 王岳喜：《论高校课程思政评价体系的构建》，载《思想理论教育导刊》2020年第10期，第125~130页。

由此观之，评价已经成为制约课程思政发展的瓶颈。首先，从课程思政内容上来看，课程思政本质上是对情感态度与价值观的培养，而态度本身具有内隐性，其形成也需耗费较长的时间，这与评价需要及时展现课程效果相矛盾，加剧了课程思政评价的困难；其次，从课程思政执行上来看，教师是在一线推动课程思政实践的重要力量，但实际上我们对教师在教学中对课程思政元素提取是否恰当，融入课程思政元素的方式是否有效、合理，缺乏有效的评估指标和采集手段；最后，从课程思政管理的角度来看，我们对学校层面开展和推动课程思政活动的机制是否有效、措施是否得力、效果是否显著等缺乏有效的评估手段。

上述三个方面的现实困境表明探索课程思政评价的有效路径是顺利推进课程思政实践的必经之路。诚然，目前学界对于高校课程思政工作的评价已经有了一些有益探索，有学者聚焦高校课程思政建设全流程，尝试从宏观层面进行课程思政评价，如许祥云教授基于CIPP评价模式构建了测量高校课程思政综合评价指标体系，这一指标侧重于对高校管理层面的考核；① 也有学者尝试建立通用的、基于某个思政目标的评价指标，如杨玉浩围绕“大学生专业精神”这一思政目标，构建了课程思政效果评价理论模型。

结合学界对课程思政评价的探索及课程思政评价实践的现实困境，笔者认为课程思政评价需要达到三个层面的目标。第一个层面是学生层面，这也是课程思政实践的终端，课程思政所聚焦的情感态度与价值观的培养最终都会体现在学生身上，因此通过课程思政评价看见学生对课程思政元素的感知、理解与触动是最直接的目标。第二个层面是教师层面，教师是课程思政的执行者，和学生直接互动，教师的课程内容选择和课程活动设计会对学生的学习结果产生影响，对应到课程思政中则是教师对课程思政元素的挖掘和融入影响着学生对课程思政的学习效果，因此评估教师对课程思政元素内容的提取及融入方式是否有效、合理是课程思政评价的第二个目标。值得一提的是不同类别的课程承载的思政功能不同，不同的专业课程知识所蕴含的课程思政元素差异也较大，这就意味着不同专业课教师的评价需求不同，鉴于此在进行这一层面的课程思政评价时需要根据课程特色和教师需求进行针对性的

① 许祥云、王佳佳：《高校课程思政综合评价指标体系构建：基于CIPP评价模式的理论框架》，载《高校教育管理》2022年第1期，第47~60页。

设计。第三个层面是学校层面，学校是课程思政的管理方，承担着支持、推进和监督教师落实课程思政实践的责任，校方的举措是课程思政执行的起点，是保障课程思政推进的关键，因此课程思政评价的第三个目标需聚焦学校，评估学校开展和推动课程思政活动的机制是否有效、措施是否得力等。

第二节　课程思政评价的主要内容

关于课程思政评价内容的探讨，不同学者对于课程思政评价的维度各有不同见解，如有学者认为课程思政评价是对教学设计中思政元素挖掘和融入的评价，也有学者认为教学评价最终是对教学效果的评价，因此课程思政评价最终应指向学生的思想发展，还有专家认为课程思政评价是对适用于各类高校、各学科专业课程思政教学和管理的综合评价。各位专家的见解都具有深刻性和科学性，但学界还未对课程思政评价的具体内容达成共识，并形成系统性的评价体系。笔者认为可以从课程思政两方面的活动属性入手明晰课程思政评价的基本内容，以期囊括目前学界的主要研究成果。

从课程思政的起源来看，2017 年"课程思政"在"高校思想政治理论课教学质量年上海调研片会暨高校'课程思政'现场推进会"后第一次被正式写入教育部文件。3 年后教育部印发《高等学校课程思政建设指导纲要》，提出了"把思想政治教育贯穿人才培养体系，发挥好每门课程的育人作用"①的总体要求，课程思政也从此踏上征途。因此，课程思政最初是由国家、政府倡导的政治行为，其实是一种行政活动，它的推行对各高校提出了要求。

从课程思政的执行内容来看，其是教师在专业课教学中将专业知识与德育工作联系起来，将价值观引导寓于知识传授和能力培养中，通过专业知识学习立德铸魂。这意味着课程思政的执行是以"课程"为载体，其本质上是一种教学活动，需要关注教学活动参与的教师和学生两个主体。

总的来说，课程思政既是一种行政活动，又是一种教学活动，在探索其评价内容时需要兼顾这两种属性。作为一种行政活动，其主体是高校、学院

---

① 《教育部关于印发〈高等学校课程思政建设指导纲要〉的通知》，载中华人民共和国教育部官网，https：//www. moe. gov. cn/srcsite/A08/s7056/202006/t20200603_462437. html，2020 年 10 月 9 日访问。

等教育管理组织，进行课程思政评价时需要围绕高校和学院展开；作为一种教学活动，课程思政以“课程”为载体，其参与主体是教师和学生，进行课程思政评价时需要围绕教师和学生展开。下文笔者将一一论述围绕各个主体课程思政评价要“评什么”。

一、评行政单位——高校、学院对课程思政工作的推进情况

高校和学院是落实课程思政执行的第一关卡，他们制定课程思政推行政策、方案，创造课程思政落实条件，同时为一线教师提供支持，起到管理、监督和支持的作用。围绕高校和学院的工作职责可以明确该层面的评价目标，即评价各院系课程思政工作的推进情况，包括考查院系是否营造良好的环境、是否提供足够的资源条件、是否在过程中提供支持和进行跟进、是否在结果上产生影响等。

高校和学院的工作职责贯穿课程思政执行的全过程和各环节，而从上文对各个评价模式的介绍中我们发现，CIPP 评价模式具备过程性和覆盖性，因此在探索该层面的评价内容时可以以该理论为指导。CIPP 评价模式的背景评价、输入评价、过程评价和结果评价 4 项活动落实到课程思政中分别是：背景评价旨在评价各院系是否为课程思政落实营造了良好环境，包括政治环境、政策环境和制度环境；输入评价考查各院系是否为课程思政提供足够的资源条件，包括教学资源、能力基础和经费保障；过程评价考查各院系是否及时跟进和反馈课程思政落实情况，包括教学方案支持、教学过程与教师表现跟进、学习过程与学习表现跟进；结果评价包括整体教学效果和课程影响。结合学者许祥云、王佳佳发表在《高等教育管理》上的研究成果，笔者总结出在 CIPP 评价模式的指导下高校、学院层面的课程思政评价内容，如表 2-1 所示。

表 2-1　**CIPP 评价模式指导下课程思政评价内容**

背景评价	政治环境	高校或院系是否围绕课程思政“立德树人”的根本目标开展活动，营造思想政治素养的氛围，并有具体部署
	政策环境	高校或院系是否制定相关政策和措施鼓励教师围绕课程思政元素展开教学活动
	制度环境	高校或院系课程思政是否贯穿于人才培养的全过程，并且有一系列制度性规定和安排

续表

输入评价	教学资源	高校或院系是否为教师提供课程思政教学资源，包括案例集、学习途径、评价支持等
	能力基础	高校或院系是否为教师提供了必要的课程思政教学能力培训
	经费保障	高校或院系是否提供相应的教学经费、资源、项目支持教师开展课程思政
过程评价	教学方案	高校或院系是否就研究课程思政教学方案组织教师共同研讨，包括集体备课、制定教学大纲、调整各科教案等
	教学过程	高校或院系是否制定方案及有具体行动跟进教师执行课程思政有关的课堂，是如何跟进的
	学习过程	高校或院系是否制定方案及有具体行动跟进学生参与课程思政有关的课堂时的表现及感受，是如何跟进的
结果评价	教学效果	高校或院系是否评估教师所开展的课程思政教学活动，包括目标达成度、满意度等
	课程影响	高校或院系的课程思政教学是否受到外界认可，是否影响和推广至外界

二、评教师——教学活动中的课程思政的意识和行为

《指导纲要》指出，教师是课程思政实施的关键环节。教学评价既有课前对教学方案中各要素安排的评价，也有课堂中对教师具体教学实施的评价。传统的教学评价关注教师是否能够将知识目标讲授清楚，是否让学生准确获取具体的知识技能，对于教师教案中的思政元素关注较少。事实上，教师应该挖掘什么样的课程思政元素？这些思政元素应该如何“无形”地融入专业课教学中？融入效果是否能够达到预期目标？这些问题应该成为对教师“课程思政教学”评价的关注点，据此，我们认为教师的评价包括静态的教案打磨、品读和改进，也包括对教师课堂上教学行为的动态观察和跟踪评估，具体而言大致可以从如下方面进行，如表2-2所示。

表 2-2　　　　教师课堂教学行为评估的观察点

课程思政意识	对课程思政内涵的把握(对文件要求、思政内容本身的理解程度)
	对知识的德育精神的理解(对专业知识、专业精神的理解程度)
思政元素挖掘	思政元素的准确性(表述是否规范、是否准确)
	思政元素的时效性(是否紧贴时事、是否紧贴国家宣传要求)
	思政元素的特色性(是否与其他课程的思政元素有所区别、是否有创新性)
	思政元素与专业知识的联系程度(是形式上的联系还是由专业知识内生)
	思政元素的适度性(数量是否过多或过少)
思政元素融入	情境创设的真实性
	情境创设的层次性是否符合学生认知水平
	情境创设是否具有新意
	教学是否有效呈现了思政元素
	思政元素是否帮助了专业知识的理解
	教案中是否设计了可行的课程思政评价方案

三、评学生——学习中思政认知发展、情感体验和行为表现

课程思政教学效果最终体现在学生身上是态度的养成。在社会心理学领域，根据态度构成的认知、情感和行为倾向，分别对应态度形成要经历“服从—同化—内化”三个阶段。① 其中认知成分规定了态度的对象，体现为对某一对象的认识；情感成分是人对某一对象持有的好恶情感，即个人对态度对象的内心体验；行为倾向是个人对某个对象的反应倾向，即行为准备状态。② 由此观之，脱离认知态度无从谈起，如我们在培养学生对祖国“地大物博、大好河山”的爱国之情时，仅仅依靠喊情感口号是不够的，而应该首先让学生知晓“我国陆地面积有 960 万平方千米，是世界上国土面积第三大的国家”等事实性知识，然后才让学生在脑海中形成“祖国幅员辽阔”的认知，进而产生国土自豪感，再上升为“爱国家”的情感体验，最终产生情感同化，为学生的行为外化提供基础，最后让学生将“爱祖国”的情感具体体现为守护祖国疆域、

① 时蓉华编著：《社会心理学》，上海人民出版社 1986 年版，第 144~146 页。

② 倪晓莉主编：《社会心理学》，西安交通大学出版社 2007 年版，第 193 页。

捍卫祖国领土不容侵犯的行为。因此，对于学生课程思政效果的评价也应包括认知、情感和行为三个方面，这些方面主要通过对学生在课堂中的行为表现的观察、对学生观点性言论的分析以及对学生价值判断行为的考察来实现评价，如表 2-3 所示。

表 2-3 课程思政中学生评价的内容

学生认知发展（思政内容）	学生对思政内容知识获取的准确性
	学生对思政内容知识了解的全面性
学生情感体验	学生产生情感体验的类型
	学生产生情感体验的程度
学生行为外化	学生在情境中是否能够将思政内容外化于行
	学生在学习中投入的状态和质量

第三节 课程思政评价的特点及难点

一、高校和学院推进工作的动态性与评价结果的静态性矛盾

高校和学院推进工作的动态性与评价结果的静态性矛盾影响了课程思政评价结果的时效性。高校和学院作为教育管理组织，在课程思政执行过程中承担支持、管理和监督的角色，其评价聚焦评估他们对课程思政工作的推进情况。评价结果报告反映的是截至某一时刻的课程思政工作推进情况，而各高校、学院的课程思政工作是随时随地在进行的，其推进成效随着时间在变化，这就使得国家看到的高校课程思政推进情况和高校看到的学院课程思政工作推进情况可能有一定的延迟，时效性不够。同时，由评价结果产生的改进方案效用也不够。

二、高校和学院提供资源与支持的针对性与普适性矛盾

高校和学院提供资源与支持的针对性与普适性矛盾阻碍了课程思政评价服务工作的效率。为教师落实课程思政实践提供支持是高校和学院推进课程

思政工作的重要职责之一。在提供支持的过程中，由于各专业、各学科的特点不同，其所需要的支持也不同，这就要求上级组织提供的支持与服务具有针对性。但提供有针对性的精准服务需要管理组织针对不同的需求设计不同的支持方案，而每一种方案都需要经过长时间的思考和探索，一方面产出方案所需的工作量巨大，难以兼顾效率；另一方面保证了支持方案的针对性，就难以保证方案的普适性，使得耗费大量精力产出的支持方案只能在小范围内使用。因此，探索高校和学院在课程思政推行上的共性需求可以作为我们未来的探索方向之一。

三、态度的内隐性与评价的外显性矛盾

态度的内隐性与评价的外显性矛盾增加了探寻课程思政评价方法的难度。课程思政将课程思政元素融入专业课程之中，通过专业课程实现“立德树人”这一根本教育任务，其目标最终指向“情感态度与价值观”的培养。然而，情感态度是个体内生性的产物，它是个体对特定对象以一定方式做出反应时所持的评价性的、较稳定的内部心理倾向，是一种尚未表现于外的内心历程或潜在的心理状态。这说明态度极具主观性和内隐性，而评价要求能观测到“可见的变化”“可测的变化”，从而看见课程思政的执行效果。态度的内隐性与评价的外显性相矛盾，进行课程思政评价的困难之一基于这一矛盾应运而生，需要课程思政工作者寻找路径看见态度教育的效果，捕捉是否形成稳定的态度并将其可视化。

四、态度形成的长时性与评价的即时性矛盾

态度形成的长时性与评价的即时性矛盾使得评价结果的信度可能遭受质疑。我们常说教育要“内化于心、外化于行”，态度教育的最终指向是行为的改变，但行为的改变是一个长期的过程。我们现有的评价，由于受到理性主义和科学主义的影响，往往希望通过短时间内的一场“考试”来确认教育结果。这种态度形成的长期性和评价需求的即时性之间的矛盾使得许多态度评价不得不转换为对态度“本身”的评价，而非“内化于心”之后的外化行为。这种“内—外”转化过程的断裂导致现有态度评价异化为知识掌握性评价。如，当我们想要评价学生对祖国辽阔土地的自豪感时，却往往变成了对祖国疆域、国土面积等识记性知识的考查。

五、营造情境的复杂性与评价方法的简洁性矛盾

营造情境的复杂性与评价方法的简洁性矛盾使评价结果的效度可能遭受质疑。行为改变往往依托于真实情境，现有的纸笔测验、口头测试等评价手段难以营造真实情境，学生的作答也不一定代表其真实的态度。即使是在刻意营造的真实情境之中，态度的表达也受到环境、压力、人际关系等诸多其他变量的影响，不易控制。我们很难判断学生在评价中所表现出来的行为是由态度而内生的还是由于应试技巧、环境压力而“表现”的。但若完全控制所有环境变量则又可能导致评价方法过于复杂，使评价陷入两难境地。

第四节　课程思政评价的原则

课程思政评价有两个层面，第一个层面是基于课程思政的行政活动属性，评价课程思政工作的推进情况，第二个层面是基于课程思政的教学活动属性，评价课程思政的教学方案、教学实施和教学效果。两个层面的评价内容不同，在设计评价方案时需要兼顾不同的原则。

一、过程性原则

作为一种行政活动，课程思政的评价需要关注教育管理方——高校和学院，他们的工作职责贯穿课程思政执行的全过程和各环节，在设计课程思政评价方案时也需要观照执行的全过程，可以以 CIPP 评价模式为指导，设计背景、输入、过程和结果四个环节的评价指标。作为一种指向教育改革的教学活动，课程思政应该贯穿教育教学的全过程，在设计评价方案时可以以泰勒目标模式为指导，评价其教学目标设定、教学内容选择、教学方法设计、教学效果评价是否满足课程思政的要求。课程思政工作的推进是一个动态的过程，在设计课程思政评价方案时高校和学院需要在关注过程时不断反馈，调整课程思政评价方案，使其因时、因势而异。

二、契合性原则

《高等学校课程思政建设指导纲要》中指出“要深入梳理专业课教学内容，结合不同课程特点、思维方法和价值理念，深入挖掘课程思政元素，有机融

入课程教学，达到润物无声的育人效果”①。课程思政包含“课程”和“思政”两个主体，课程思政不能脱离“课程”来讲，否则就变成了空谈思政的“空中楼阁”，必须结合课程实际、专业知识的本身特点，挖掘专业中内生的、合理的思政元素，而非生拉硬造。在进行课程思政评价时教师应深入体察自己学科的专业知识，将二者相似相通之处有机结合起来，使评价方案与专业、学科特点相契合。

三、情境性原则

课程思政旨在通过专业课教育“溶盐于水”，对学生的价值观念、情感态度加以教育和影响。根据态度行为一致性理论的研究成果，态度与行为的表达必须基于真实情境，并在减少外部压力的情况下主体才有可能真实地表达情感。有鉴于此，我们为一线老师设计评价方案时尽量使其能在真实情境中对学生加以观察。如，在学生真实参与某项活动后对他们的情感体验加以测量。

四、体验性原则

有了真实的情境，学生自然而然就会在情境中产生体验，这既是课程理论的基本指约，也是教学活动的内在规定。自美国教育家杜威提出“做中学”以来，课程实践一直注重学生在学习中的体验性。体验既是一种心理过程，也是一种行为表现，而这恰好与课程思政中“内化于心、外化于行”的演化路径相同。态度教育最终指向行为的改变，课程思政评价的实施也应该以对学生在情境中的体验（包括观点性言论和价值判断性行为）为主。② 同时，根据态度形成理论，要形成稳定的态度必须经过依从—认同—内化三个阶段，其中在态度形成的中间阶段——认同阶段，人们已经有了情感因素的改变。③ 而要使情感因素发生改变，需要先有情感体验，因此在评价过程中创设学生体

① 《教育部关于印发〈高等学校课程思政建设指导纲要〉的通知》，载中华人民共和国教育部官网，https：//www.moe.gov.cn/srcsite/A08/s7056/202006/t20200603_462437.html，2020年10月13日访问。

② 陆道坤：《课程思政评价的设计与实施》，载《思想理论教育》2021年第3期，第25~33页。

③ 苗军芙主编：《社会心理学新论》，山东人民出版社2000年版，第209页。

验的情境十分必要。

第五节 课程思政评价的主要流程及运用

课程思政评价的主要流程和工作依托课程思政评价内容的两个层面展开，第一是如何进行以高校、院系为主体的课程思政推进工作评价；第二是如何进行以课程为载体，以教师和学生为参与主体的课程思政教学过程与效果的评价。在本小节笔者将尝试分别论述两个层面的课程思政评价主要流程及工作。

一、高校、学院层面的课程思政评价流程及工作

前文课程思政评价内容部分围绕 CIIP 评价模式对高校、学院层面课程思政评价工作的指导性已经有所论述，在此不再赘述。我们在开展高校、学院层面的课程思政评价工作时可以参照 CIPP 评价模式明确操作流程。第一步是背景评价，评价者要摸清高校、学院的背景，包括政治、政策和制度环境，根据高校和学院的具体情况和需求确定三个维度下的具体指标，明确顺利推进课程思政工作需要高校和学院营造什么环境，判断其是否满足了这些需要。第二步是输入评价，帮助判断高校和学院是否具备了开展课程思政工作的资源和条件支持，需要评价者结合高校、学院自身的情况确定要达到其课程思政目标需要具备什么类型、程度及数量的教学资源、能力及经费支持。第三步是过程评价，需要评价者对高校和学院开展的教学方案、教学过程、学习过程跟进工作展开评价，确定跟进的目标、内容与方向，并及时将这一阶段的评价结果反馈给高校和学院，为他们提供有效信息，而后进行针对性的调整。第四步是结果评价，需要评价者搜集与课程思政工作开展效果相关的信息，同高校和学院课程思政工作者共同确定各个课程思政工作执行效果要达到的具体指标，包括教学效果和外界影响力等。在 CIPP 评价模式的指导下我们可以确定每一步的工作内容，构建与高校、学院自身能力和特点相契合的评价指标体系，还需要讨论的是每一步的工作时间节点。第一步和第二步属于诊断性评价，需要在正式开始推进工作之前进行，第三步属于过程性评价，在推进课程思政工作的过程中进行，第四步属于结果性评价，在课程思政工作取得阶段性成效后进行，如一学期、一学年的末尾。

二、课程层面的课程思政评价流程及工作

课程层面的课程思政评价工作是在将课程思政视为教学活动的话语环境下讨论的，属于一种教育行为，对其的推进需要在教育学中寻找相关理论支持。作为课程理论的经典——泰勒目标模式是指导课程思政评价工作的不二选择。“目标模式是以目标为课程开发的基础和核心，围绕课程目标的确定、实现和评价而进行的课程开发模式。”①采用这一模式进行课程开发最重要的环节是“确定课程目标”。课程思政承载着思想教育的使命，强调目标的重要性，一切活动都需围绕“立德树人”这一根本目标进行。课程思政建设的目标在国家层面有着明确的方向指引与表述，具有权威性和确定性。这种明确目的性的课程活动与泰勒目标模式“以目标为课程开发的基础和核心”的要求不谋而合。结合前文对目标模式的介绍发现，它指出课程实践中的四个基本问题分别对应了四个基本要素——目标、内容、实施和评价，为课程思政评价工作指明了方向。

在具体的课程思政评价实践中可以围绕四个问题将评价工作分为四个步骤。第一步是对课程思政目标的评价，评价工作者向专业教师了解课程的思政目标，结合中央文件、领导人重要讲话及与专业的契合度评价目标的可行性，并及时反馈进行调整。第二步是建立评价内容，包括对课程思政元素的挖掘、融入和执行效果的评价，评价者根据上一步讨论的目标确定评价的内容，开发评价的工具，如基础医学院“学术与研究”以培养学生的批判性思维为本科课程思政目标之一，在这一步评价者就需要确定批判性思维的评价维度，寻找可以证明学生批判性思维得到提升的观测点。第三步是根据需要和现实条件设计观测评价内容的方法，如设计前测和后测观察学生态度的前后变化、确定实验班和对照班横向观察课程思政效果。第四步是评价者搜集能反映学生态度变化的有关信息，分析信息，评价思政教学效果，如用问卷调查的方式搜集、在课堂上设计相关的情境讨论、利用词云技术捕捉学生观点等，而后分析数据，将其与目标对比，提出对应的教学改进方案。

---

① 李介：《国外校本课程开发模式带给我们的启示》，载《教育理论与实践》2010年第26期，第18~20页。

三、课程思政评价结果的运用

评价是为了改进。一方面通过评价信息，师生能够了解在教与学中存在的优势和问题，促进教师和学生在后续教学过程中进一步发扬优点，改掉缺点，促进课程思政教学效果的改善和提高；另一方面，教师通过评价标准能够不断自我反思，调整教学观念，进而实现自身教学专业能力的发展。

(一)改进学生的学

课程思政评价不宜简单地被理解为“情感体验评价”，而应该是基于思政教育目标的“知识、情感、行为”三维合一的评价。在具体的学习活动中，知识习得与否、习得程度怎么样，学生自身对其就能够有所判断(元认知知识的作用)，而学生对于情感体验和行为外化则更难“说得清楚”。因此，将思政评价的结果反馈给学生，能够扩展学生对于自己学习状态的认识，使他们对于自己学习状态的自我监控更加全面、准确和具体。例如，在对学生学习状态的评价中，我们通过小组互评的方式，要求每次小组合作学习讨论后，各位成员彼此打分，打分的内容包括成员在小组合作学习中的投入程度、讨论交流中的观点质量等方面。这样，每次讨论结束后学生可以得到自己在本次合作学习中的学习状态评分——包括自己对自己的评分、小组合作成员对自己的评分以及老师对自己的评分。学生可以根据这些评分在后续学习中调整自己的状态。例如，如果在某次讨论后学生 A 发现同组成员都认为他“投入程度不足”，那么他就会在下一次讨论中自发主动地投入讨论学习，进而达到改进学生学习行为的目的。

(二)改进教师的教

课程思政评价的结果是为了反馈教学，以便教师能够更好地掌握自己在教学设计中挖掘思政元素的准确性、融入的适切性、实施的妥当性、学生的接受性。因此，课程思政评价的结果对于教师改进教案设计、提升课堂教学行为具有重要意义。例如，在对某门课程中学生的“工匠精神”发展状态进行测评时，我们发现学生对于工匠精神的几个细化维度认可度不一(见表 2-3)。

表 2-3　　单片机课程中学生的“工匠精神发展评价”

	严谨认真	精益求精	耐心专注	爱岗敬业	热爱劳动	勇于创新
比例	81.4%	71.7%	68%	50.9%	66.2%	57.9%

从维度上来看，同学们经过课程学习对于这几个方面的认可度都较高（比例都在 7 成以上），这表明课程中思政元素的融入是较为全面的，但数据上仍然有强弱之分。具体来说，学生对于职业方法、职业态度有了较深体悟，但对于创新、奉献等职业精神的理解相对不足，建议在后续的课程中通过实习实训、项目操作、自主学习等方式加强学生的劳动教育和创新教育。

第六节　课程思政评价的未来趋向

诚然学界在课程思政评价上已经有了诸多探索，但仍然存在一些可发展和改进的空间，课程思政的隐教性特征使得课程思政的评价较之显性教育更为困难，目前我们的思考也多是在实践层面上的简单总结，急需下一阶段进行认知科学、教学科学方面的理论探讨。

一、发展循证的评价：捕捉教学结果产生的痕迹

基于态度本身的内隐性和态度形成的长时性，课程思政评价的可行性和效果往往遭受质疑。课程思政作为一种教学活动，要评估其执行效果就需要在评价的材料搜集时突出其“痕迹性”①，如何呈现态度的痕迹？即时性的情感体验是关键。如何捕捉即时性的情感体验？观点表达是有力的载体。未来在进行课程思政评价时需要不断探寻新的方法来将教学结果，即将学生的态度显现出来，对学生的观点、言论等文本性材料进行捕捉和留档，可视化学生在学习过程中的情感体验，并进行内容、变化和程度的刻画。

二、反馈改进的评价：支持课程思政工作的改进

课程思政作为一种教学活动，本质上是指向教学改革的。在某种程度上

① 陆道坤：《课程思政评价的设计与实施》，载《思想理论教育》2021 年第 3 期，第 25~31 页。

课程思政评价属于课程评价，需要为课程的编制、实施和改革提供重要参照。怎样合理地利用评价结果是值得讨论的议题。我们未来可以探索更多在评价中进行反馈和改进的模式，不仅在评价结束后利用评价结果的指导，进行反思和改进，在下一轮的课程思政实践过程中体现改进成果，还可以在评价的过程中边评价边反馈，而后根据反馈的结果实时改进课程思政教学方案，及时实施改进后的方案，提升最终课程思政落实的效果。

三、服务教学的评价：为教师专业发展提供助力

在课程思政评价的过程中，教育学由于其先发的研究优势，能够为教师的教学改进提供服务。但是“教学有法，教无定法”，想要让教学服务更为精准，就必须坚持和每位课程教师进行一对一的交流和指导，对每一门课程针对性地开发评价工具，制订评价方案。特别是针对不同的学科类别，应该因为课程内容的不同需要而采取不同的评价方式。同时，也要充分发挥教育科学的学科特征，坚持评价信息的数据可视化、服务精准化、评价理论化、学科专业化的独到特色，进而争取形成通行通则式的评价工具覆盖全校。

课程思政与思政课程都是立德树人的重要途径，而且从教育教学的发展阶段上来看，专业课发展到一定程度以后必然要求其他课程的配合支撑，① 才能将人才培养从“术”的习得上升到“道”的体悟。“君子不器”，就是指高质量人才应该不仅局限于知识技能的掌握，更重要的是做有理想信念的建设者和接班人。

（本章执笔人：王郢、方癸椒）

① 刘建军：《课程思政：内涵、特点与路径》，载《教育研究》2020 年第 9 期，第 28~33 页。

第三章 大中小学德育一体化及其评价

大中小学课程思政一体化建设的提出始自习近平总书记在2019年学校思想政治理论课教师座谈会上的讲话，会上习近平总书记明确指出“两个一百年”奋斗目标的伟业需要“一代又一代拥护中国共产党领导和我国社会主义制度、立志为中国特色社会主义事业奋斗终身的有用人才”①。思想政治教育作为落实立德树人根本任务的关键环节，不仅需要从娃娃抓起，还需要在大中小学中构建“循序渐进、螺旋上升”的体系，使学生在学习全过程中感受全方位的价值浸润，从小对人生价值展开追问，经历培养道德情感、打牢思想基础、提升政治素养、增强使命担当四个阶段，② 最终成长为德智体美劳全面发展的社会主义建设者和接班人。课程思政作为“大思政”建设的重要方面，以课程为核心，实现学科专业课程教育与思想政治教育的“破壁”，其在大中小学的一体化发展能够进一步拓展“大思政”全方位、全过程的育人效应。

第一节 大中小学德育一体化的内涵

大中小学课程思政一体化的提出不仅是新时代党中央推动教育事业纵深发展的时代要求，从教育理论的视角来看，是对教育基本规律和人的发展规律的遵循。学生的发展具有阶段性、连续性、渐进性和过程性，学段的拆分、学科(专业)的分化使知识、能力、价值观的教育不得不面临分割重组，加之

① 参见习近平：《思政课是落实立德树人根本任务的关键课程》，载求是网，http：//www.qstheory.cn/dukan/qs/2020-08/31/c_1126430247.htm，2020年10月18日访问。

② 参见《中共中央办公厅 国务院办公厅印发〈关于深化新时代学校思想政治理论课改革创新的若干意见〉》，载中华人民共和国中央人民政府官网，http：//www.gov.cn/zhengce/2019-08/14/content_5421252.htm，2019年10月28日访问。

思想政治教育体系中的权责划分、大中小学各项职能的拆解使得教育的整体性被消解。但教育系统的内外协调一致是保证其高效、可持续运行的保证，因此作为教育系统中重要一环的课程思政体系，也需要直面“整体性”构建的课题，而“整体性”则对课程思政体系建设提出了更高的一体化建设要求。在“大中小学课程思政一体化”这一复合概念中，“大中小学”是课程思政一体化构建的范畴，“一体化”则是课程思政的组织形式。一体化并非简单的衔接串联，而是更高程度的协同联动。大中小学课程思政一体化是基于教育基本规律、学生发展规律、新时代我国教育发展要求，综合学段差异、学段连续性、思想政治教育阶段论、教育系统权责分工，围绕课程目标、内容、组织、评价体系在内的内在系统以及包括体制机制建设、育人专业队伍建设和资源与活动平台建设在内的外部支持系统而构建的组织黏性高、涉及维度多、要素设置完备的有机体系，其既能横向联动各学科(专业)课程、各人员组织，贯穿课程教学全过程，协同教育内外系统，又能纵向链接各学段，体现层进性。

首先，大中小学课程思政一体化的提出因应了人才培养、学生发展特性以及德育发展三方面的要求。从人才培养要求上看，我国立德树人的根本教育任务对大中小学的教育活动进行了统摄，开展课程思政成为贯穿大中小学的教育任务。虽然基础教育与高等教育在课程体系与教学组织上存在较大差异，但在思想政治素养培养目标和内容上存在共性，这为课程思政一体化建设提供了必要前提。教育的发展性和整体性原则要求育人过程应当是涉及全过程、全方位和全员的整体系统，课程思政作为育人工程的重要组成部分，应当致力于打通时间(学段)和空间(各主体和要素)之间的界限，在纵向维度上贯穿学生发展各阶段并形成良好衔接，在横向维度上实现德与认知能力协同发展，深化各人员组织在育人环节的参与度。

其次，就学生发展特性来说，学生发展具有阶段性、顺序性的特征，在道德认知和习得的过程也经历着“感性体验—思辨推理—固化价值观念”的发展阶段，这一发展阶段贯穿大中小学全过程，因此需要形成递进式的课程思政体系。课程思政目标、内容、评价需要根据阶段特性，结合学生“从具体形象逻辑思维—‘经验型’抽象逻辑思维—‘理论型’抽象逻辑思维”[①]的认知发展

① 徐秦法、黄俞静：《纵向衔接：构建“链条式”大中小学思政课一体化课程内容体系》，载《思想理论教育导刊》2022年第2期，第122~127页。

规律设计，形成循序渐进、交相映射的逻辑体系。

最后，我国德育的发展历程也决定了大中小学课程思政的一体化走向，德育的学科化和独立化在凸显育德工作重要性的同时导致了其他学科(专业)教师忽视自身育德使命，课程教学的价值塑造功能被弱化，教书与育人相分离。为有效解决这一问题，学科德育这一概念顺势而生，在调动非思政教师育人积极性、深化课程育人功能上发挥了重要作用。但囿于概念本身的局限性——对“学科”一词的多样化阐释使学科德育在大中小学的贯通难以实现——以及实际推行过程中的种种困境(高等教育阶段影响力不足、德育概念在实际应用中的窄化等)，学科德育不得不面临着话语转向。课程思政从“课程”维度给出了优化方案，从概念层面规避了多样化理解的同时，探索出了一条在既有课程教学体系中贯彻落实思想政治教育的新路，实现价值塑造与知识能力培养、课程思政与思政课程“同向同行”。然而，学段的切割使德育体系自发展以来便遭遇着纵向衔接的难题，不同学段在培养对象、目标、特性、方式上各有差异，德育的受重视程度与管理难度也参差不齐。学科壁垒、家校社离心、组织机构配合不足等问题揭示了德育体系在横向协同上的缺乏。一体化作为一种整体统摄的方案，能够最大限度地打破德育的学科与课程壁垒、拓展德育资源、实现德育在学段间贯通，构筑育人大格局，因此推进课程思政在大中小学的一体化是应有之义。

第二节　大中小学德育一体化具体路径

一体化的课程思政建设是涉及多层面的整体系统，需要在解决思维意识层面问题的基础上，聚焦课程目标、内容、组织、评价等微观层面要素，同时构建包括体制机制建设、育人专业队伍建设和资源与活动平台建设在内的科学有效的支持机制。在体系构建过程中需要回应以下五个要点：一是需要从教师理念构筑层面实现知识传授、能力培养和价值塑造的有机统一；二是使课程思政与思政课程“同向同行”；三是构建以课程思政为基础的“大思政”格局；四是基于学科特性确定意识形态教育形式；五是处理好课程知识点与思政教育资源的关系。

(一)聚焦意识层面的一体化建设难点与路径

当前大中小学教师在课程思政一体化实施过程中普遍存在意识不足的问

题，既有评价体系使得课程思政的实施与效果评估得不到应有重视，学段间的“各自为政”也使一体化建设效果大打折扣。教师作为教育体系的中坚力量，在育人工作中发挥着“主力军”的作用，从根本上影响着课程思政建设的成效。在大中小学课程思政一体化建设的过程中，首先应当从思维层面牢固教师的德育理念，使其明晰自身的育人使命，从加强自身道德修养出发，积极主动地将育人育德渗透在教学和管理工作中，使学生得以在增长知识能力的同时发展其德性、品格和修养。在大中小学课程思政一体化的建设要求之下，教师不仅需要低头关注所属学科(专业)课程的思政建设，更需要抬头看路，提升自身追逐先进经验以及与他人协同的意识。

(二)聚焦课程维度的一体化建设难点与路径

课程思政的目标和内容极大程度上决定了课程思政的实施成效，其一体化程度影响着其在大中小学一体化建设的进程。一体化的课程思政建设亟待系统的标准体系，需要结合总体以及各学段思想政治教育目标与智育目标，兼顾不同地区、层次、学科的共性与差异，从具体课程思政目标体系以及学段课程思政目标体系两个维度制定总体框架。课程思政内容则需要依据目标体系设计规划。在整体框架设计的基础上，课程思政的目标和内容体系需要克服三大难题，分别是学科(专业)特色难题、学段特色难题和学段衔接难题。第一，学科(专业)课程思政特色的突出需要依托学科(专业)自身优势，挖掘、提炼学科(专业)课程特有的思政资源，借助差异化课程体系建设和课外价值塑造活动来实现。第二，德育阶段论要求课程思政需要根据学生发展阶段特性对不同学段设计差异化、递进式的目标和内容，突出难点在于需要结合智育目标和内容综合考虑。中共中央办公厅、国务院办公厅印发的《关于深化新时代学校思想政治理论课改革创新的若干意见》明确指出，小学阶段重在启蒙性学习，培养道德情操；初中阶段重在开展体验式学习，打牢思想基础；高中阶段重在开展常识性学习，提升政治素养；本专科阶段重在开展理论性学习，增强使命担当；研究生阶段则重在开展探究性学习，牢筑理想信念。第三，学段衔接不仅有赖于基于学段特征及认知规律的整体设计，更需要聚焦衔接区，陆道坤教授认为课程思政目标内容设定需要在科学设计各学段目标内容的同时建立学段衔接的“交接棒(区)”，中小学的学段衔接可以借助衔接课程与教辅材料实现。对于课程体系差异巨大的高中与大学之间的衔接，则需要从把握高中与大学课程思政目标入手，立足大学通识课程与专业基础课程，以“主题化”析取等形式做好向下承接与向上托举工作。[①] 此外，各学校、各地区也可以凝练具有本土特色的课程思政目标，并探寻特色化资源进行课程建设。

在课程内容方面，相较于专门思想政治理论课，课程思政内容设置逻辑性与整体性较弱，重复、断链、脱节、超前、滞后、倒挂情况多见，难以形成系统、连贯的知识网络，与之相配合的教学方式和教学活动也常陷入“表面化”“硬融入”“两张皮”的误区。学科间、学段间的协作不足也容易导致难易程度超出学生认知水平、难度递进不符合学生认知规律、思政内容多寡不协调、教学进度步调不一等问题。[②] 以上问题的出现究其根本是聚焦课程思政的教研工作不足以及课程思政工作纵横协作的缺乏。教师应当基于科学的课程思政目标框架挖掘具体课程的思政资源，并结合具体课程知识点进行融合设计。需要特别注意的是，对某一课程的思政资源开发不仅需要“瞻前顾后”，以某一课程在学段内甚至是学生学习全过程中思政元素的梳理为基础，对同一内容在不同阶段进行“有效复现”（低学段以贴近学生生活的情感浸润为奠基，高学段以聚焦思辨探究的意志和信念培养进行深化和升华），做好纵向衔接，以确保课程思政内容在学生学习过程呈现的逻辑性与系统性；还需要“左顾右盼”，与学段内、年级内各课程协商合作，确保各课程在思想政治教育上步调一致，呈现课程思政内容在学段、年级、学科中的整体性。一些学者还从教材建设的角度提出教材中思政内容的编写需要结合学科（专业）知识逻辑开展顺序和学生心理发展顺序，体现衔接性和系统性。此外，一体化的专门课程思政教材与教辅编写也能够提升课程思政教师教学实施的系统性和逻辑性，但教材和教辅的编写需要体现整体性、专业性、层次性和针对性，要在专家委员会的指导下进行跨学科、跨学段的建构。还有学者指出为增强学生对党的理论的政治认同、思想认同、情感认同，需要基于各阶段特点构筑“中国系列”一体化课程体系，[③] 从不同学科（专业）着手结合学科专业内容进行融

① 陆道坤：《新时代大中小学课程思政一体化的内涵、难点及优化路径》，载《新疆师范大学学报（哲学社会科学版）》2022 年第 2 期，第 38~48 页。

② 许瑞芳：《新时代大中小学课程思政一体化的内涵、难点及进路》，载《新疆师范大学学报（哲学社会科学版）》2022 年第 3 期，第 59~68 页。

③ 邱仁富：《推进大中小学课程思政一体化建设的着力点》，载《中国德育》2020 年第 17 期，第 35~40 页。

合设计，使学生伴随大中小学的学习历程逐步坚定道路自信、理论自信、制度自信和文化自信。

课程组织是确保课程方案落地、保障课程教学效果的关键环节，包括教学模式与方法使用、课程形式选择、教学活动设置、教学场域选择、课堂教学管理(教师评价与反馈)等方面。如何发挥课程组织层面的横纵向联动，克服目前普遍存在的教学方法与活动单一、教学物理空间局限，教学组织乏味单调、学生参与感弱等不足是一体化建设急需思考的课题。一体化建设需要课程组织层面的跨学科、跨学段课程思政教学合作，将课程教学开展的场域拓展到社区和社会，借助更优质的平台资源，联合家校社三方力量，开展兼具灵活性、趣味性、引领性的思想政治教育。此外，当前的集团化办学模式也为课程思政的跨学段联动以及一体化的课程思政体系建设提供了便利条件。

(三)聚焦支持体系的一体化建设难点与路径

高效的体系建构有赖于完备的支持体系建设，体制机制建设是其中一方面。顶层设计不完善、相关制度规定缺失是目前课程思政一体化发展需要解决的难点问题之一。只有将课程思政一体化建设以刚性制度落实，才能规约各主体在一体化建设中的行为，克服部分学校、教师形式化、盲目随意等不良倾向，保障体系实施的有效性。国家与地方出台的关于大中小学德育体系及思想政治教育的相关文件能够为大中小学课程思政一体化建设提供政策依据，近年来大中小学德育一体化与思政课一体化建设在理论和实践方面也积累了丰富经验，课程思政作为思想政治教育的重要组成部分，是思政课的必要补充，其一体化建设一方面能够以思政课一体化建设为经验和理论指导，另一方面则需要与思政课一体化建设协同联动，形成育人合力。

大中小学课程思政一体化的跨学段、跨学科、多主体特性所带来的监管难度也成为建设难点之一。构建怎样的监督管理体系以及如何保证监管的常态化和高效化成为一体化体制机制建设的重中之重。依托思政课程一体化体系以及大中小学教材一体化建设，将大中小学课程思政一体化管理置于既有教学管理体系之下是方式之一。也有学者指出基于 U-G-S 模式(大学牵头、地方教育管理部门对接的大学与中小学协作模式)和 G-E-M-H 共同体(教育管理部门牵头的小学、初中、高中共同体建设)的下沉式监管模式能够更有针对性地对横向协同以及纵向衔接问题展开专门部署，也便于课程思政一体化建设中课程思政教研、支持机制建构等各方面工作的单独铺设与行进。但共同体中的“大学牵头”并不意味着体系内部是单向传导的关系——大学统领，中小学被动跟进——高校和中小学之间的课程思政合作应当是双向的交互系统，高校的课程思政理论研究需要扎根于基础教育和高等教育的教学实践之中，从实际学情入手优化课程教学方案，为新时代大中小学课程思政发展探索出一条新路。①

如何发挥系统的纵向衔接和横向协同作用是大中小学课程思政一体化建设的工作重难点之一，人员联动性是关键。课程思政实施过程中，其他课程与思政课配合不足、不同课程间协同不足、课程思政目标与内容系统性不足、大中小学教师协作不足等问题严重影响了课程思政实施成效，因此构建横纵黏合的育人队伍，尤其是教师专业队伍迫在眉睫——聚合思政课教师、其他课程教师、职能部门工作人员(辅导员、党务政工干部、共青团干部、心理咨询教师等)的力量，打破学段合作的壁垒，打造高效的育人共同体。在具体操作上，可以从教师自身专业素养与能力、横向协同能力、纵向衔接能力三个方面入手塑造系统、有机、常态化的育人队伍。在教师自身素养与能力上，教师应当夯实自身学科专业素养与思想政治教育素养，并具有将两者相结合的课程与思想政治教育互融素养，这不仅有赖于教师的自我学习与反思，更需要组织层面的集体学习研修与合作机制建构予以促进。其次，一体化的育人队伍需要保证可持续的横向协作，其中包括思政课程教师与课程思政教师之间、不同课程教师之间、课程教师与职能部门管理人员、后勤服务人员之间的合作。横向合作机制的构建不仅需要借助日常教学工作机制，如学校层面、年级层面、学科或专业层面、课程层面的集体备课和跨学科一体化培训等，还需要从资源和平台入手，拓宽教师课程思政素养发展渠道，包括开展主题式培训、同课异构、科研交流与合作等。纵向衔接能力作为实现课程思政学段贯通的重要方面，一方面需要教师熟悉相邻学段课程教学要点，主动将思政内容以逻辑化、结构化的形式融入已有课程体系中，另一方面则需要构建大中小学教师的合作机制，尤其是高等教育阶段与基础教育阶段由于培养模式与课程设置差异较大，更加需要纵深化、常态化、内涵式的合作以填

① 谭红岩、孟钟捷、戴立益：《大中小学课程思政一体化建设的路径分析》，载《教师教育研究》2022年第2期，第92~95页。

补间隙，包括课程思政目标、内容、评价的合作开发、常态化交流互动、针对思政学段衔接问题的科研合作、身份互换的“沉浸式”新型纵向合作等。值得注意的是，有些学者从教师发展阶段的角度提出推进师资职前职后培养一体化，职前培养致力于在提升高校师范生育德意识的同时构建高校师范生与基础教育阶段一线教师合作教研的新型培养模式——高校以理念指导，师范生作为桥梁与中小学共研共建，并以实践反馈——这不仅能够促进师范生培养模式的转型，实现理论与实践相结合，还能够强化高等教育与基础教育的联系，形成双向互动；职后则串联不同学段、学校、地域，在专业思政教师与骨干教师的带领下展开项目式学习。

人员联动性的另一个侧面是育人主体的多元化，即协同家校社三个方面力量于课程思政体系之中，搭建家校合作平台提升监护人通过家庭家教家风建设开展思想政治教育的积极性和主动性，盘活社会资源拓展课程思政情境，创新教学组织形式，让学生在生活和社会场域中提升自身思想政治素养与能力，进一步巩固“三全育人”工作格局。

资源与活动平台建设是保障大中小学课程思政一体化内涵式发展、支撑课程思政目标、内容、评价建设和育人共同体打造的关键环节。聚焦大中小学课程思政一体化的资源与活动平台需要秉持共享理念，顺应未来教育的浪潮趋势，打造大中小学教师积极参与，集合理论学习、研究前沿、教辅共享、课程示范、课程研讨、活动开设等模块的一体化平台。资源共享是处理课程思政与思政课程关系的一项重要举措，资源与活动平台建设不仅要开设指导其他学科(专业)课程开展思想政治教育的相关模块，还应当推送优质思政课资源与相关活动，不断丰富课程思政建设的资料库，更好地发挥课程思政与思政课的“同向同行”作用。

第三节 大中小学德育一体化的评价

对大中小学课程思政一体化建设的评价不仅能够帮助我们呈现发展状况、挖掘存在问题，还能够基于行动、反思、循证研究形成优化机制，反哺于体系建设。对大中小学课程思政一体化建设的评价既要从单一要素入手，聚焦学生、教师、学科(专业)、学段的课程思政成效，又要从整体入手，把握课程之间、教师之间、学科之间、学段之间、组织之间的横向协同程度以及学段之间的纵向衔接程度，同时对一体化系统中的体制机制、育人队伍、平台资源等支持系统展开评估。当前大中小学都研制了聚焦学段内一般课程、思政课、各学科(专业)课程的相对独立的评价体系，如何基于各学段已有课程评价系统构建相互衔接、贯通的一体化评价体系，是推进大中小学课程思政一体化建设需要关注的课题。

大中小学课程思政一体化评价体系建设需要重点解决评价标准建立和评价组织实施两方面的问题。在评价标准建立上，大中小学课程思政一体化的可持续发展离不开科学的评价体系设计。首先，评价指标体系建立亟待专业化积聚力量，在人员上需要联合基础教育和高等教育专家学者(包括各级各类教学指导委员会、各级学术委员会、学科评议会等)，同时结合大中小学课程思政试点实践、前沿理论与实证研究，力保体系的专业性和全面性。评价体系主要观照四个模块：聚焦学生的评价、聚焦教师的评价、聚焦课程组织的评价、聚焦支持体系的评价，前三个模块是对课程思政内部系统一体化的描述，而支持体系的评价则用于衡量课程思政外部系统一体化。由于评价体系需要突出“一体化”建设水平，因此对各模块的评价需要从横向协同与纵向贯通两个维度切入，同时注重评价的过程性并体现增值。

第一，聚焦学生，围绕学生对思政元素的认识和把握情况、基于学科(专业)对思政元素实践运用情况、对思政元素的跨学科实践运用情况进行评价。对以上三方面的评估需要根据课程思政一体化目标框架来判断，采用目标模式(GAT 模式)和过程模式(CIPP 模式)对学生课程思政学习情况进行增值评价，以学生自评、生生互评、教师评价、家长评价为评价手段，以课程表现观察、纸笔测验、问卷调查、访谈、课程笔记、学生作品、学生具有态度倾向与价值选择的言行举止等为评价材料，定期对学生课程思政学习结果进行全面描摹，形成体现学生思想政治素养发展的动态图景，以学生课程思政档案袋作为评价结果呈现，并随其他学生档案留存。

第二，聚焦教师，围绕教师开展课程思政的素养与能力、横向协同的素养与能力和纵向贯通的素养与能力展开评价。对教师各项素养与能力的评估可以采用“文本观察+教学观察+多主体评价”模式。[①] 在教师开展课程思政的

---

① 陆道坤：《课程思政评价的设计与实施》，载《思想理论教育》2021 年第 3 期，第 25~31 页。

素养与能力的评估上，可以从教学目标设计、课堂教学问题开发、思政元素挖掘与呈现、教学材料与资源、教学方法使用、教学反思、师生互动、学生兴趣与参与度、课堂教学管理、思政内容与学科(专业)知识结合情况、教学效果、学生对教师的评价、课程思政资源活动平台使用情况、立足课程思政的教学研究等方面深入观察；就横向协同的素养与能力而言，观察点包括与学科(专业)内其他教师合作情况、与其他学科(专业)教师合作情况、与思政课程教师合作情况、与职能部门工作人员合作情况、参与主题培训与活动情况、课程跨学科内容与问题设置等；而纵向贯通的素养与能力则可以通过与其他学段教师合作情况、课程衔接内容与问题设置等方面观测。除了从以上维度展开评估外，一体化评价体系还应当呈现教师课程思政素养与能力的发展过程，形成教师课程思政档案袋，为教育部门、学校提高教师育人育德能力方案部署提供教情支撑。

第三，聚焦课程，围绕课程设计与实施、与其他学科(专业)课程的协同程度、学段间的纵向衔接程度展开评价。针对课程思政设计与实施的评价是基于反思视角展开的，采取“单课评估+阶段性评估”的评价方式，借助教案、课堂教学观察、教学日志等材料对课程思政的目标、内容与材料、教学组织实施、作业设计的适切性、挑战性、匹配度、创新性展开全面评估。评估课程思政与其他学科(专业)课程的协同程度以及学段间的纵向衔接程度有利于反映一体化建设程度，前者需要通过观测课程目标、内容、材料、教学组织是否与其他学科(专业)课程、专业内其他课程、思政课程保持良好的一致性，是否能够互为补充；后者则需要观测课程目标、内容、材料、教学组织与前后年段的衔接性和关联性，是否体现层进性。

第四，聚焦支持体系，围绕体制机制建设、育人队伍建设、资源与活动平台建设展开评价。针对体制机制建设的评价需要借助政策文本分析工具、绩效考核工具，从对课程各要素的横纵衔接和学段衔接区的顶层设计、对育人队伍跨学科与跨学段合作的支持、对资源与活动平台共同体建设的支持、制度落实情况、管理体系工作效率以及协同程度等方面切入。就育人队伍建设评价而言，需要基于各育人主体思想政治教育素养与能力提升度、教学与科研合作的跨学科与跨学段整合度、各职能部门合作频率与效果、家庭教育参与度、社会教育资源调动度等来评价教育部门、学校、社会整合育人力量的工作成效。针对资源与活动平台建设，则应当围绕学科(专业)课程与人资源挖掘情况、资源的课程覆盖率、资源完备度、资源的学段适切性、课程思政资源与思政课程资源融合度、平台使用率和用户活跃度、活动参与度等方面展开评价。

此外，大中小学课程思政一体化建设评价体系的实施还亟待评价主体、评价方式以及评价工具的创新。评价结果的全面性有赖于评价主体的多样化。在评价实施过程中，实际参与课程思政一体化建设的各级各类教师、学生、职能部门管理人员、第三方课程思政领域专家等都需要被纳入评价主体范畴。评价方式需要凸显形成性，评价过程不仅是对发展现状的描绘，同时也是“找不足、破困境、寻进路”的过程。对学生思想政治素养的评价、教师课程思政实施的评价、具体课程的评价需要突出过程性和发展性，通过纸笔测试、问卷调查、访谈法、档案查阅法、教学观察法、座谈会等开展诊断性评价，得到学生课程思政档案袋、教师课程思政档案袋、具体课程的发展性评估报告等体现动态性的材料。由于是聚焦一体化建设评价的材料，需要特别关注其中横向协同、纵向贯通的内容。在评价工具方面，开发课程思政建设一体化量表以及借助大数据、云计算等信息技术对测评结果进行分析能够提升评价的科学性、专业性和利用率。

评价的实施一方面需要确保评价过程的管理和监督责任，另一方面则需要通过“硬挂钩”与“软挂钩”的形式，发挥评价对课程思政意识的反向促进作用。当前大中小学课程思政一体化建设存在思维意识层面的发展难点，相较智育，既有评价体系对德育的测评力度有限导致部分师生对于课程思政重视不足。因此，在学校、教师、学生评价体系中融入课程思政指标有利于改变这一现状。在学生方面，基于课程思政一体化目标框架设置可达成、可测量、可评价的毕业要求，对学生学期、学年、学段的思想政治素养发展，尤其是通过基于学科(专业)角度在政治认同、国家意识、文化自信、人格养成等方面①的养成与运用情况进行全方位测评，形成毕业要求达成度以及毕业培养质量评估两个数据，直接与学生毕业与否挂钩，同时测评数据也能够为后续一体化体系优化提供支撑。在教师方面，围绕教师课程思政实施效果、横向协作能力、纵向贯通能力的评价需要与教师绩效考核挂钩以激发教师的内生动

---

① 翁铁慧：《大中小学课程德育一体化建设的整体架构与实践路径研究》，载《上海师范大学学报(哲学社会科学版)》2018 年第 5 期，第 5~12 页。

力，评价结果可用于教师培训及相关支持政策优化。在学校方面，将课程思政一体化建设成效与“双一流”建设挂钩，倒逼学校关注和提升课程思政一体化建设。

（本章执笔人：吕佩珊、黄雨佳）

比 较 篇

第四章　价值观教育与课程思政

第一节　价值观教育的概念内涵

“满足人民过上美好生活的新期待，必须提供丰富的精神食粮”①习近平总书记在立足于社会主要矛盾的基础上，提出了实现物质文明与精神文明相统一的新的要求，在新时代背景的呼唤下，以实现人的全面发展作为最终目标，“课程思政”这一新的教育观念应运而生。“课程”与“思政”走向结合，实质上是对“育人观”提出了新的要求，力图实现知识教育和价值观教育的融合统一。② 传统的教育中，专业教育和思想政治教育被分隔在相对独立的单元中，一方面，知识走向了一种功利主义的工具性，学科生长点的培育动力是欠缺的；另一方面，思想政治教育的动力和发展空间明显不足，难以落脚于“一线的教育活动”并不易于对受教育者产生深刻性和持久性影响。“课程”与“思政”同向同行，并实现全课程覆盖，是基于上述实情的教育反思性突破，是实现知识与价值有机整合与内在统一的重要方式，引导“知识即力量”最终走向“知识即信仰”，新一代培育的青年将在深刻洞察知识厚重性的基础上，明晰生命的价值和精神的基点。在“课程思政”这一大背景下，价值观教育被赋予了新的内涵、任务和意义，这也引发了学界对价值观教育激烈的探讨和重新界定。

概念是观念的表象，我们在展开一切有关于价值观教育的讨论时，最先需要解决和回答的问题即什么是价值，什么是价值观。价值，是作为研究思

---

① 《习近平谈治国理政(第三卷)》，外文出版社 2020 年版，第 17 页。

② 王晓宇：《“课程思政”的价值观教育研究》，吉林大学 2022 年博士学位论文，第 11 页。

想政治教育的逻辑起点。马克思指出价值“是从人们对待满足他们需要的外界物的关系中产生的”①，这表明价值指涉的是一个关系范畴，这是价值的规定性。在《资本论》中，其又进一步解释“价值规定为‘客体’(满足人类社会发展的一切产物，非自然物)中所包含的主体的劳动、创造和奉献”②。这意味着价值具有超越经济学而要求伦理的意义，内在强调“创造和奉献”，发展出实践属性。价值观，又称为“价值意识”，是“人们对基本价值的看法或对价值问题的基本看法”③，由此看价值观属于意识范畴，是对价值关系的判断。具体来说，价值观是人们对于自然界和人类社会即客观世界的看法、观点和评价，是用以衡量各种现象及其关系的基本尺度和标准，是个体世界观的重要组成部分。价值观内在的结构机理也是一个复杂的体系。价值观总体来说包含个体价值观和集体价值观两个向度。个体价值观是个体人生意义的追问和对何为幸福的思考，檀传宝教授将其阐释为“作为人生之终极价值与最大意义的确信与追求，人生信仰的一个最重要表现乃是对于幸福的追求”。在我们国家，奋斗是幸福的基点。中华民族伟大复兴的历史征程中，中国共产党带领人民群众创造的一个又一个历史伟业无一不是通过艰苦卓绝的奋斗。我们做出“幸福是奋斗出来的”“奋斗本身就是一种幸福”这样的价值论断，是对作为“现实的人”的主体性关怀，这样的奋斗幸福观也将继续引领人民在新时代开创美好生活；集体价值观也被认为是一种价值共识，指的是不同主体或某一社会群体内部就价值目标和情感信仰就某些核心规范达到一致或认同，是承认差异的前提下对公共利益的追寻。每个人都有自己不同的价值观，但多元化的价值不仅让我们看到价值问题的差异性，有时价值差异也可能引发价值失序、价值冲突和价值混乱，特别是在信息化和市场化空前发展的今天，因此达成价值共识，形成集体价值观也非常重要。在我们国家，集体价值观最为核心的凝练就是社会主义核心价值观体系。

价值观的形成和塑造也是一个极其复杂的过程，是内因和外力共同推动的结果。价值观是思维范畴，其发展需要个体的主观能动性，是个体对外部规范和准则的主动选择和自觉接纳；价值观本质上又是一种社会意识，因此

① 《马克思恩格斯全集》(第19卷)，人民出版社1963年版，第406页。

② 转引自李德顺著：《价值论》，中国人民大学出版社1987年版，第145页。

③ 李德顺、马俊峰著：《价值论原理》，陕西人民出版社2002年版，第468页。

价值观的培育又需要外在的建构过程包括法律法规、道德要求、风俗习惯和学校教育等。袁贵仁教授特别指出，教育在价值观念的形成中具有举足轻重的作用。① 价值观是人格层面和精神层面的一个核心概念，也在社会发展、政治互动、人文环境等方面发挥重要，甚至关键的中介作用，因此无论东方还是西方，无论何种社会意识形态，都十分重视有关价值观的教育。价值观发生效用是双向的，一方面，价值观是主体追求的目标；另一方面，价值观也是主体衡量客观世界的尺标。如此看来，良好的价值观教育在个体的成长和发展中扮演者非常重要的角色，能够影响个体的思维方式和行为习惯，发挥导向、诊断、调节、管理、激励和发展的作用，不断地促进个体思想层面的进步，树立宏远的理想信念，选择正确的人生道路，培养高尚的人格品质和爱国热情，肩负起社会的责任与担当。

价值观教育延展还是基于马克思主义对于人性论和教育双重属性的深刻探讨。马克思在批判费尔巴哈人性论的基础上，指出“人的本质并不是单个人所固有的抽象物，在其现实性上，它是一切社会关系的总和”②，人是自然属性和社会属性的统一体。人性具有群体和归属地倾向，受社会关系的制约，也不断地从社会中获取信息，使自己融入群体之中。“人是有意识的类存在物。”③马克思还认为人具有精神属性，不仅有满足自然的物质的需要，还有满足精神的超越的需要，会在理性和意义的需要与价值判断的引导下，自由、自觉地做自己认为有价值的事情，这也就回答了价值教育何以可能的问题。而教育的本质也是双重的，教育既是促进个人自我成长和发展的过程，也是个体社会化和历史化的过程，教育最终需要培养社会发展所需要的人。良好的价值观教育能够帮助个体更顺利地进入社会结构，完成责任使命。另一方面，教育天然地具有意识形态属性，总是存在与特定的社会情境和某种社会互动关系当中，离不开社会文化的土壤，也并非“价值中立”的。因此，价值观教育是建立在社会关系的基础上的，同时也是被社会关系所塑造和建构的，我们必须要认识到价值观教育作为巩固国家政权，维护社会意识形态的统筹作用。

具体来说，价值观教育是指受教育者对主流价值观的理性认知、情感认

---

① 袁贵仁著：《价值观的理论与实践》，北京师范大学出版社 2013 年版，第 132 页。

② 《马克思恩格斯选集(第一卷)》，人民出版社 2007 年版，第 139 页。

③ 卡尔·马克思著：《1844 年经济学哲学手稿》，人民出版社 2000 年版，第 107 页。

同和自觉实践，这一过程由教育者引导受教育者达成个人价值观和主流价值观内在统一而实现。从其过程来看，价值观教育是价值意识的生产与再生产过程。从其内涵上看，价值观教育本质上是一种价值认同教育。“认同”一词包含认可和同一两个方面的意旨。所谓价值认同是指个体或某一群体对共同的社会规范和社会秩序的认可、接受和遵循，并同时内化为对文化、信仰、价值的融入感和归属感的心理过程，并最终把集体价值作为理想信念的追求。

价值观教育具有真理的力量，但价值观接受和教育不同于科学知识习得，有其自身特殊的规律性。从表层现象来看，价值观教育与知识教育在内涵意蕴和教育传递的方式是不同的。知识教育注重受教育者学习某种专业知识或锻造过硬的技能本领，主要通过显性的课程设置和量化的学分绩效考核；价值观教育注重人的精神思索和信仰追问，主要通过隐性课程的情境情感熏陶和集体主义实践活动。从追求目标上，知识教育和价值观教育是义利二分的。知识教育是实用主义的，知识教育本身不是目的，而是具有工具性的倾向，指导生产实践活动，实现物质性需要的满足。而价值观教育是为了“诗意的栖居”，是精神层面的建构，既为了某种超越和自由，也具有责任和道德的约束。也正因为价值观教育和知识教育的分歧性，在生活实际中，人们对价值观教育的重要性往往认识不够。

然而“美德即知识”，我们在生产和教育实践中可以发现，知识和态度两者能够互为对象和条件，能够相互转化。例如教师学识渊博可以使学生“陶醉”于课堂，并充满兴趣，更加认真对待课业；教师对学生高度负责和耐心解答学生的疑难问题，可以帮助教师和学生共同发现和探索新的知识领域。因此，价值观教育与知识教育的关系也具有联系性，有时甚至是密不可分的。知识教育是一种具身教育，需要价值观教育的引导。如果偏重知识教育而忽视价值观教育，则会使学习活动缺乏精神力量；任何价值观教育也都是建立在一定知识基础之上的，既需要经验知识，也需要科学知识。没有知识教育，价值观教育也会变得盲目和空洞。价值观教育与知识教育是骨与肉的关系，一体两面，不可分割。因此，我们需要在知识教育的过程中渗透价值观教育，搭建起价值观教育与知识教育的对话桥梁，将育人与育才相结合，如此才能为价值观教育打造坚实的根基，才能赋予知识教育以生动的意义感。然而，在当前的教育生态中，价值观教育和知识教育没有很好地结合，甚至出现分离的情形：在实用主义和功利主义的追求之下，学校教育重应试教育而轻素质教育，重视知识和技能的传授而轻视情感和道德的培育，导致教育背离目的、意义和责任，青年感到价值迷失，甚至引发一系列的社会问题。

为了改变这种现状，现如今价值教育与知识教育亟待否定之否定，知识教育的过程中必须融入价值观教育之中，寻求新的协同发展之道，而课程思政是实现价值观教育和知识教育和谐融合的重要创新举措，是“德才兼备”教育理念的落实。课程思政提出“知识信仰”的超越概念，能够很好地把知识教育和价值观教育、理论教育和行为养成有机结合，把显性教育和隐性教育融会贯通，既有效地传递社会主流价值，又借助课程的探索和深度挖掘以达成终身教育的效果。课程体系主要包括自然科学知识、技术科学知识、人文科学知识和社会科学知识这四种类型①，每一类课程都可以找到合适的价值观教育切入点。根据教育部印发的《高等学校课程思政建设指导纲要》，自然科学知识和技术科学知识，诸如理学、工学类专业课程要把马克思主义立场观点方法与科学精神的培养结合起来。农学类专业课程要加强生态文明教育，并培养学生服务农业农村现代化，服务乡村全面振兴的使命感和责任感。医学类课程在课程教学中培养学生的医者精神，并引导学生把人民群众生命安全和身体健康放在首位；人文科学知识包括文学、历史学、哲学类和艺术专业课程可以在课程教学中找到专业知识与弘扬中华优秀传统文化、革命文化、社会主义先进文化的结合点；社会科学知识包括经济学、管理学、法学类、教育学专业课程要在课程教学中以马克思主义为指导，构建中国特色哲学社会科学学科体系、学术体系、话语体系，也要深入社会实践，提升职业素养。

中国特色社会主义进入新时代以来，习近平总书记围绕“为什么加强青年价值观教育、怎样加强青年价值观教育”也作出了诸多重要论述，这为开展价值观教育提供了基本遵循和实践思路。习近平总书记在关于青年价值观教育的论述中，充分肯定了青年群体的地位和作用，认为青年是中国共产党执政的重要群众基础，是实现社会主义现代化的主力军，是国与国之间友好交往的青春使者，青年将在祖国大地上大有作为，在国际舞台上发挥重要的作用，“中华民族伟大复兴终将在广大青年的接力奋斗中变为现实”②。“国无德不

① 王晓宇：《“课程思政”的价值观教育研究》，吉林大学 2022 年博士学位论文，第 23 页。

② 习近平：《在中国共产党第十九次全国代表大会上的讲话》，载《人民日报》2017 年 10 月 28 日。

兴，人无德不立”，着眼于国家发展，并综合考量青年的身心特点，青年价值观教育要立足于社会主义核心价值观教育，扣好第一粒扣子，并要坚定理想信念，艰苦奋斗，敏于求知，勇于创新。而至于价值观教育在实践中如何开展，习近平总书记强调价值观教育要注重其针对性和渗透性，“一种价值观要真正发挥作用，必须融入社会生活，让人们在实践中感知它、领悟它”①，价值观教育必须是具体的、现实的。习总书记有关价值观教育的论述，扫除了社会大众对青年价值的误解，明确了价值观教育的方向，为具体的价值观构建教育提供了指导。

综上所述，价值观教育就是一种思想政治教育。在高校课程思政背景下，价值观教育是对集体价值观和主流价值观的认同，是与知识教育同向同行的融合教育，包含了社会主义核心价值观教育、科学的思想教育、价值观念的更新和价值标准的澄清、理想信念教育、职业道德教育、人文关怀和心理健康教育等，具有丰富的内涵，为“大思政”格局奠定坚实的基础。但我们不难发现，仅仅将思想政治教育作为一种一般意义上的价值观教育则存在一定程度上的泛化性与模糊性，不能很好地去除个人价值观中的主观成分，不能很好地明确育人目标和价值立场，也不能很好地体现时代性和民族性，更不能很好地展现中国特色、中国文化和中国价值。价值观教育的主线有待进一步聚焦为核心价值观的教育和塑造。核心价值观教育应该是价值观教育的中心与方向。

第二节　核心价值观教育的内涵

《高等学校课程思政建设指导纲要》指出：“全面推进课程思政建设，就是要寓价值观引导于知识传授和能力培养之中，帮助学生塑造正确的世界观、人生观、价值观。”课程思政坚持学生的主体地位，将知识教育和价值观教育两相结合，以润物细无声的方式实现立德树人教育，一经问世便得到诸多地区和高校的响应，“课程思政”的教育改革遍地开花，取得丰硕的成果。但课程思政，作为一种创新式的教育理念，其发展仍处于新兴阶段，面临诸多的困难和挑战。其中在教育内容上，教师无法正确把握课程中的思政元素的主

① 《习近平谈治国理政(第一卷)》，外文出版社 2018 年版，第 165 页。

要内核，价值观教育内容呈现太散太乱，导致学生课堂中的价值观教育不理解、不接受、不认同，教学效果不尽如人意。基于此，笔者认为应该让核心价值观教育统领课程思政的探索和开展，建设好"大思政"育人格局的基础工程，将思政工作中的价值观教育明确化、具体化，把握主要矛盾的主要方面。

按照本书上一节价值观内涵部分的讲述逻辑，我们在阐述价值观教育的具体内容时，首先应界定核心价值观的要义。由上文所述，价值观是人们的精神动力、情感倾向、价值选择和态度判断的反映，并指引着人们的行为选择和行动方向，并且价值观有个人价值观和集体价值观之分，价值观教育是对集体价值或价值共识的认同。价值观发展具有社会历史性，不同的时代与不同的个体会有不同的价值观念和不同的价值选择。例如中国古代封建社会崇尚孔孟之道，以"仁、义、礼、智、信"和"三纲五常"作为日常道德恪守和行为要求；又比如西方资本主义社会宣扬"自由、民主、平等、人权、博爱"的思想观念，并以此作为社会意识。社会的价值观发展也具有多元性，除了核心价值观之外，还有非核心的、边缘的、宗教的、多民族的和多种族的价值观类型。价值观是有不同层次、不同维度的观念体系。核心价值观是价值观体系聚焦的结果，是一定历史时期中诸多种类和形态的价值观对比中凸显为中心地位的价值观，也是主流价值认同思路的核心要义，包括思想观念、道德标准和价值取向等多个方面，既是根本的，又是综合的，是一个时代价值判断的晴雨表。核心价值观按照一定的层次和序列组织起来就构成核心价值体系。核心价值观不是自然形成的，而是根据一个国家的历史传统、现实社会发展状况和集体价值文化取向与选择等提出来的。核心价值观，作为一种"价值共识"和"集体价值观"，往往反映了人民的根本利益和价值诉求，是社会稳定和发展的依托，也对社会变革和历史进步起积极推动作用。任何社会的存在与发展离不开核心价值观的支持，核心价值观作为一个社会价值体系中的主导和主流，统率着其他非中心价值观，保持着一个社会"价值认知地图"的连续性，维护国家意识稳定。

教育是人类特有的，有目的、有意识地培养一定社会或时期所需要的人的活动，以期使之融入社会的共同规范之中。核心价值观教育即是采取一定的教育手段和策略，使受教育者认同社会主流的价值观念和价值取向，树立正确的价值理想并指导自身价值行为，从而有效达成社会意识的统一，保证社会价值目标的实现，促进社会发展。核心价值观教育，作为一种认同教育，是无法通过自然本能实现的，不可能不学就会。核心价值观具有超越自我范畴的意义，“价值共识”或“集体价值观”是需要后天的教育培养和学习习得。核心价值观的认同教育过程包括“知、情、意、行”四个方面。在认知认同上，主体需要科学掌握核心价值观的历史背景、现实根源、内涵要义和意义作用，这是实现核心价值观教育的基础。在情感认同上，主体首先是要接受和肯定核心价值观并在各类情境下对核心价值观念表现积极态度。在行为认同上，是主体将核心价值观要求的行为规范和价值标准付诸实践，并在集体观念与个体观念发生冲突时，自觉自发地将集体观念置于优先地位。

“人类社会发展的历史表明，对一个民族、一个国家来说，最持久、最深层的力量是全社会共同认可的核心价值观。核心价值观，承载着一个民族、一个国家的精神追求，体现着一个社会评判是非曲直的价值标准。”①加强青年的核心价值观认同教育具有重要的意义。在国家发展的层面上，核心价值观教育的目标是培养担当民族复兴大任的时代新人。“青年一代有理想、有本领、有担当，国家就有前途，民族就有希望。”②青年承载着国家、民族的未来和希望，是一个社会发展的中坚力量，其发展关系一个国家和社会未来的走向。在价值引领上，青年的一言一行将对整个时代的价值观发展具有重要的影响，青年的思想主流应当是好的、健康的、积极向上的，青年的价值是引领着全民族精神文明素养提升的关键。只有做好了青年的核心价值观教育，才能保证中华民族伟大复兴中国梦的征途能够拥有一代又一代的持续接力。在个体发展的层面上，托马斯·克里纳曾说过，教育使受教育者聪慧，使受教育者高尚，因此核心价值观教育常常被比喻为照亮受教育者的明灯，核心价值观教育重在为受教育者进行人生道路选择时指明正确的方向，避免误入歧途。核心价值观教育就是要帮助新一代青年树立远大理想，坚定走中国特色社会主义道路的人生信念，让“小我”融入国家和人民的“大我”之中，指导青年在实现中国梦的实践中放飞激情与梦想，青年的华彩篇章要在为人民幸福服务的艰苦奋斗中书写华彩与篇章！

核心价值观具有鲜明的阶级性和社会形态属性，当代中国的核心价值观

① 《习近平谈治国理政》，外文出版社 2014 年版，第 168 页。

② 《习近平：决胜全面建成小康社会 夺取新时代中国特色社会主义伟大胜利——在中国共产党第十九次全国代表大会上的报告》，载中华人民共和国中央人民政府官网，https://www.gov.cn/zhuanti/2017-10/27/content_5234876.htm，2023 年 10 月 29 日访问。

就是社会主义核心价值观。新时代提出的社会主义核心价值观，是基于对中国特色社会主义的本质认识和未来发展道路的实践要求，是历史和人民选择的最大公约数，具有广泛性、稳定性和历史性。“社会主义核心价值观，是科学社会主义思想体系的内核、实践运动的指针、制度安排的灵魂、价值体系的逻辑起点。”①社会主义核心价值观立足于国家制度层面倡导“富强、民主、文明、和谐”，作为社会主义核心价值观的主题和统帅；立足于社会集体层面倡导“自由、平等、公正、法治”，作为中国社会进步发展的目标取向；最后，立足于公民个体层面倡导“爱国、敬业、诚信、友善”，作为公民的行动准则，也是社会主义核心价值观的精髓。总之，三个“倡导”相辅相成，从国家、社会、个人层面共同构筑了一座科学性、层次性、完整性的价值灯塔，不仅体现了中国特色社会主义的核心要义，也是中国共产党人和广大人民群众长久以来的价值凝练和理想追求。

“没有正确的政治观点，就等于没有灵魂。”②毛泽东同志的话语表明核心价值观教育首要应该坚持鲜明的政治方向。青年核心价值观教育中最主要也是最重要的方面就是社会主义核心价值观教育。所谓社会主义核心价值观教育就是指使受教育者形成社会主义的价值导向、价值规范和价值意义的教育活动，具有意识形态取向。具体来说，是要实现社会成员对社会主义核心价值观的认同，是个体将马克思主义基本理论和中国特色社会主义理论体系转化为日常生活的意识、语言和行动，是人民群众将社会主义核心价值观认可为集体观念，并外化为实际行动。随着经济全球化的发展，西方意识形态通过所谓的“普世价值”“全球伦理”向外渗透，其中的政治观点和价值输出是鱼龙混杂的，而青年处于价值观形成和确定的重要阶段，面对复杂的社会环境和多元的价值思潮，常常缺乏足够的分析问题和处理问题的能力，难以作出正确的价值判断。因此，在高校的思政工作中需要不断地强化社会主义核心价值观教育，弘扬主旋律，以帮助青年增强对非核心价值观的辨别和抵御的能力。

很多学者将核心价值观的认同直接理解为对马克思主义的认同或等同于

① 邱国勇：《社会主义核心价值观教育研究》，武汉大学 2013 年博士学位论文，第 14 页。

② 《毛泽东文集(第 7 卷)》，人民出版社 1999 年版，第 226 页。

对社会主义核心价值观的认同，笔者认为这样的表述存在着不尽完善之处。在“大思政”的格局之下，核心价值观的认同教育内容还应包括中华优秀传统文化教育、理想信念教育和道德教育。首先，中华传统文化源远流长，在历史长河中形成了“留取丹心照汗青”的“忠君爱国”情怀，“天行健，君子以自强不息”的艰苦奋斗精神，“正其谊不谋其利，明其道不计其功”的重义轻利气节，“衣食者民之本也，民者国之本也”的民主和谐思想，这些优秀的文化价值观精髓是中国文化特有的精神瑰宝。弘扬中华优秀文化可以增强青年群体的民族自豪感和认同感，建立文化自信，我们要认识到以爱国主义为核心的民族精神在今天的时代也没有失去其价值光彩。

价值观的最高层次是理想信念。在我国，实现共产主义是最远大的崇高理想，建设中国特色社会主义是我们的共同理想。个人理想指我们自身的价值追求，但应当同最高理想和共同理想保持辩证统一的关系：没有最高理想和共同理想，个人理想就会失去精神支撑和方向指引；没有个人理想，最高理想和个人理想就如同虚设，难以转化为具体的现实。对青年进行理想信念教育，就是要让青年有明确的使命感和责任感，坚定共产主义信念，坚守中国特色社会主义共同理想，在应对各种风险与挑战时可以实现自我的超越。

道德教育也尤为重要。“道德是以善恶来评价、依靠社会舆论和内心信念来实现的调整人们之间以及个人与社会之间关系的行为规范及其相应的心理意识和行为活动的总和。”①高等教育受教育者是否具有较高的道德水平，直接关系到高校立德树人教育目标的实现。习近平总书记对于青年大学生的成长非常关心，提出了““勤学、修德、明辨、笃实”的“八字真经”和“志存高远、德才并重、情理兼修、勇于开拓”的“十六字诀”，鼓励青年学生向善向好，秉持集体主义观念，在个人与社会之间达成和谐关系。

课程思政是我国高等教育领域开展核心价值观教育的主要路径：核心价值观教育的引导要体现在所有课程的全过程与全方位。思想政治理论课作为价值观教育的主战场，要发挥核心价值观教育的引领作用，引导青年群体增强对马克思主义和中国特色社会主义的理论认知，坚定中国特色社会主义的道路自信、理论自信、制度自信和文化自信。例如上海市教委打造的社会主

① 张耀灿、陈万柏著：《思想政治教育学原理》，高等教育出版社 2001 年版，第 148 页。

义核心价值观“超级大课堂”①，学生就有关社会主义核心价值观的疑问和困惑直接与一线教育展开对话和交流，而专家则多角度对社会主义核心价值观进行解说；综合素养课要弘扬时代精神和民族精神的旋律，通识教育中的核心价值观教育要充分发挥中国特色和时代特色。例如武汉大学打造的通识教育大讲堂和人文经典导引系列课程中，以经典著作为引，充分挖掘民族文化和先进文化的元素，并在课堂教学中注重与时代和生活实际的联系，让学生在“学经典中，明真理”，赢得了学生的一致好评，并表示受益颇丰。

专业课程更要走向课程思政改革，充分整合知识教育中的思想政治教育资源，科学精神教育和人文素养教育同向同行，扭转重智育轻德育的现象并以知识和价值对话，发挥核心价值观教育更大的说服力和感染力。专业课程中的核心价值观教育一个最重要的方面是职业道德教育。高精尖的专业知识有时是一把双刃剑，在专业学习的过程中，必须强调职业精神和职业规范，培养遵纪守法、爱岗敬业、开拓创新的专业人才和技术人才，防止青年陷入“专业迷网”和“技术牢笼”的歧途。总之，核心价值观教育与课程相结合，核心价值观念和生活相融是价值观教育的落脚点。社会主义核心价值观念，其表述是抽象的概念，而受教育者的生活世界，是广阔而又生动的，核心价值观教育必须要与课程教学做深度结合，要和受教育者的生活世界做广泛联系，否则将流于形式和空谈。高校全部课程都渗透着核心价值观教育，以马克思主义关于个人的全面发展教育理论为指导，以引导青年形成正确的世界观、人生观和价值观，自觉承担中华民族伟大复兴的使命和责任，如此才能更好地落实党和国家的教育目标，并培育良好的个体和适应社会发展的公民。

总而言之，在立德树人的教育目标下，核心价值观教育是思想政治教育中心，是最为重要的教育关切和议题，也是价值观教育的落脚点。课程思政是高校中落实核心价值观教育的主要渠道，包括思想政治理论课、综合素质课和专业课等在内的各类课程中，要重视核心价值观与受教育者生命经验和生活世界的联系，加强社会主义核心价值观的渗透，养成高尚的道德品格和爱岗敬业的职业道德，培育受教育者对中华优秀传统文化和社会主义先进文化葆有真挚的热爱，引导青年树立为党为国家为人民服务的远大理想，主动

① 高德毅、宗爱东：《从思政课程到课程思政：从战略高度构建高校思想政治教育课程体系》，载《中国高等教育》2017 年第 1 期，第 43~46 页。

承担新时代的责任和使命！

第三节　价值观教育与课程思政的区别与联系

一、区别

在全球化时代，多元价值观不断泛起，外来价值观或多或少对一个国家或地区内的主流价值观发起了冲击与挑战，因而，在近现代以来，各个国家都加强了本国价值观教育的力度，其内容和方式也有自身特点。例如西方主要发达资本主义国家主要以公民教育、道德教育等方式开展价值观教育。西方心理学和社会学领域还提出了价值观教育的可复制模式和方法，例如道德认知法、价值澄清和社会学习方法等。课程承载价值观教育功能也不是我国教育领域的独特现象。迈克尔·阿普尔在《意识形态与课程》这本书中表示，课程已经不仅关乎知识和技能的习得，而是反映了政治、历史和社会关系的深刻联系。在学者们仍在激烈地讨论“什么知识最有用”时，他创造性地提出“谁的知识是有用的”①。在西方国家通常以人文学科导论、公民教育和学科宽度课程构筑价值观教育的主体课程，并强调多学科渗透价值观教育。但每个国家的价值观教育都有其特殊性，是根植于特定的历史文化背景、政治气候和社会发展需要，不同国家的价值观教育有不同的重心和发展方式。课程思政是我国特有的概念，是国内语境下独特生发的，主要指在高校的非思政课程渗透思政教育，目的是达成“立德树人”的任务，内容以社会主义核心价值观为核心，特点是发挥全方位育人作用。有关于世界其他国家的价值观教育形态和课程当中发挥价值观教育功能等问题具体会在本书比较篇部分做详细介绍，本章暂且不作过多展开，此处主要说明国内传统价值观教育与新育人理念课程思政两者之间的几点区别与联系。

(一)范围上的区别：“思政课程”与“课程思政”的关系

在高等教育领域，传统的价值观教育注重把思想政治课作为主渠道，以马克思主义基本原理概论、中国近现代史纲要、毛泽东思想和中国特色社会

① 迈克尔·W. 阿普尔著：《意识形态与课程》，黄忠敬译，华东师范大学出版社2001年版，第4~9页。

主义理论体系概论和思想道德与法律基础四门主干课程构建完整理论体系，是一种显性思政，强调思想政治的理论认知和理论认同。传统的思政教育以思想政治理论课为主线，在课程上呈现单线条式的发展，使得思想政治教育力度还稍显薄弱，无法与其他学科形成合力。“课程思政”作为一种思政教育理念，虽然仍是把思想政治理论课作为核心，但是跳出传统思政课的框架，将思想政治教育延伸至专业课程并实现全课程覆盖，使高等教育阶段的价值观教育从思政课的“小循环”走进所有课程的“大循环”，打破了思想政治教育和专业知识学习技能培训的壁垒，专业课也能为价值观教育提供有力支撑。传统的价值观教育脱离了“育才”的导向，总是容易陷入某种抽象和空洞，“课程思政”则基于这一现实难题，提出要细化隐性思政，提倡把价值观教育贯穿课程设置的全领域，融汇到教材编撰的全方位，融入教育教学的各环节。但这里要特别指出的是对课程思政理解的两个误区：一是“课程思政理念”是包含思想政治理论在内的所有课程，不能把“课程思政”狭隘地理解专业课中的思想政治教育；二是“课程思政”虽然强调了课程中要发挥价值观教育的作用，但不能把课程思政等同于价值观教育，专业课的教育教学实践中仍然要以专业知识的教授和职业技能的培养为课程的重心，不能片面扩大化价值观教育的内容，把专业课当成“通识课”或“思政课”来教授，这就背离课程思政的初心和目的了。

（二）途径上的区别：“泛在性”与“针对性”的结合

价值观教育所参与的教育场域是十分广泛的，包括思政课和日常思政教育，如班主任工作与辅导员谈话、党员骨干培训、模范人物表彰和社会服务活动等。价值观教育更是一个系统性的过程，涉及与世界观、人生观共同构成的统一体，是历史传承和现实审视的双重结合，反映了上层建筑各要素之间的深刻联系，价值观教育不仅存在于课堂教育，而是渗透在生活的方方面面，影响受教育者意义世界的构建，所以绝不是一朝一夕的短期工程。而课程思政强调以课程为中心进行思政政治教育元素和价值观教育资源的挖掘、开发和利用。课程思政不是增开课程或增设活动，而是一种课程观的改革，将价值观教育融入课程与教学。“所有课程都承担好育人责任，守好一段渠、种好责任田，使各类课程与思政课程同向同行。”①课程思政强调发挥课程育

① 《习近平谈治国理政(第二卷)》，外文出版社 2017 年版，第376~378 页。

人的主阵地作用，着重指课程中的价值观教育，构建思想政治理论课、通识教育课和专业课三位一体的课程育人体系。“课程思政”赋予了课程双重功能：知识传授和思想政治教育，并力求实现知识教育和社会主义核心价值观教育的统一，课程思政是在课程系统内部，以专业知识为媒介，实现对受教育者的思想指导和政治教育。

（三）方式上的区别：“灌输教育”与“渗透教育”的关系

传统的价值观教育通常强调对主要理论的认知和主流观点的认同，在教育实践上总是易于陷入机械主义和教条主义的误区，忽略了学生具体的知识经验和生动的情感体验，将知识教育与价值观教育二分或把知识教育作为价值教育的对立面，而滑入单一的生硬的理论说教模式。传统的价值观教育没有把价值观教育与知识教育有效地结合起来，而致使两套教育为“两张皮”，各自为政，自说自话。知识教育“课程思政”作为一种新式的教育理念，力图扬弃传统的“灌输式”教学。课程思政虽将知识教育也纳入思想性价值观教育的范畴，但也同样遵循“启发式灌输”的教育方式，并着力于“思想政治教育”的渗透。课程思政是将高校思想政治教育融入课程教学和改革的各个环节和各个方面，以润物细无声的方式实现立德树人的教育要求。课程思政的推出是发挥价值观教育实效性和长效性的重大创新举措。“课程”与“思政”的结合并不是强行嫁接，而是强调对专业知识和课程内容本身的人文意蕴和价值元素的挖掘和生发，“育人”目标在课程教授和知识吸收中的自觉实现，把专业提升和价值引领统一起来，避免了标签化、附加式的教导，真正实现“育人”与“育才”。课程思政一改传统价值观教育中单向度的强制性管理和机械化的伦理灌输，在充分发挥教师教学的探索性和尊重学生观念性形成的主体性的基础上，将知识教育和价值教育的实现同向统一，既强化了价值观教育的深刻性和深入性，也有效地改善了传统教育中重视价值观认知而弱化价值观与实际问题结合并忽视价值观实践能力培养的不足。

（四）效果上的区别：“统筹兼顾”和“精准培养”的结合

价值观教育具有广泛的群体覆盖性、丰富的内容延展性和充足的理论包容性。一般意义上的价值观教育其教育对象包含了全体教育阶段的学生，甚至正规教育系统之外的各类社会人士，在生产生活的实践中或社会大众传媒的话语体系下能够接受价值观教育。课程思政的旋律主要是在教育系统内部奏响，虽然当前强调和推行大中小学课程思政的一体化，课程思政面向的主要群体还是高等教育阶段的受教育者。其次，价值观教育的内容丰富而全面，包含了思想道德、法律规范、交往规范等意识领域各个侧面，既探讨价值观个性化的问题，也总结和抽象公共价值。而课程思政的视域更为聚焦，偏向一种对学生思想的宏观把控，强化立场意识，关注对集体价值观或价值共识的认同，是一种核心价值观教育。最后，价值观教育发展的历史更为悠久，学术研究和理论探索也更为充分，发展出了实践中可以遵照践行的模式和可以参照的标准。课程思政，作为一种新兴的思政教育理念，其教学设计和活动的开展不像传统的价值观教育活动，有统一的标准和可借鉴的模板，而是因课制宜，因此课程思政中的价值观教育方向性更突出，针对性更强，实践性也更强。在课程思政中，每门专业课根据自身不同的着力点而有不同的侧重，在教育实践中会呈现百花齐放的效果。例如技术实操课可以以鲜活的实验技能指导，来培育学生认真严谨的做事风范，使学生体会大国工匠精神的魅力之所在。或是人文社科这样意识形态属性较强的课程，更是可以加强对于马克思主义科学原理的把握和运用。少数民族地区还会开设民族乡土课程，并与中华优秀传统文化相结合，加深学生对当地文化和特色了解，培养学生文化自信和民族团结民族大融合的情感。课程思政因为和专业课程的密切结合，也更加具有可操作性，受教育者可以在专业学习和训练中获得本专业的价值熏陶和价值体验。

二、联系

国际上多元价值的碰撞交流，也让价值矛盾和冲突问题层出不穷，意识形态环境更是变得纷繁复杂。高校学生在真假辨识和是非选择中常常缺乏足够的立场支撑而陷入困局。西方意识形态渗透和文化霸权的侵蚀更是要求教育领域内要加强主流意识形态的引领力，捍卫国家意识形态安全。思想混乱就会不利于整个社会的平稳运行。社会主义核心价值观需要通过价值观教育和课程思政等一系列形式转化为大学生的具体现实。在这样的背景下，课程思政和价值观教育两者也存在很多交互共通之处。

首先，价值观教育和“课程思政”的开展都是基于“立德树人”这一目标的实现。“我国是中国共产党领导的社会主义国家，这就决定了我们的教育必须把培养社会主义建设者和接班人作为根本任务，培养一代又一代拥护中国共产党领导和我国社会主义制度、立志为中国特色社会主义奋斗终身的有用人才。”①教育是人的教育。价值观教育要回答为谁培养人、培养什么样的人这一根本命题。课程思政和青年的价值观教育都旨在培养全面发展的社会主义建设者和接班人。学校是培育人、教育人、发展人，引导受教育者形成高尚品格和社会正义的重要阵地。立德树人是教育的根本任务，传统的价值观教育和课程思政，都肯定学校在进行知识教育和技能培训的基础上，也需要提出素质教育和人文教育的要求。在思想政治教育的范畴内，价值观教育和课程思政都致力于引导学生树立正确的价值观念，认同主流价值观，培养科学的世界观、人生观和价值观，增强抵制极端错误思潮和拜金主义、虚无主义、封建主义等腐朽思想的能力，促进学生健康成长，实现自由而全面的发展。价值观教育和课程思政的基本教育内容都需要涵盖弘扬社会主义核心价值观、实现中华民族伟大复兴中国梦的理想和责任以及日常生活和职业行为中做人做事的基本行为和道德规范。二者要发挥合力，实现对大学生思想价值的引领作用。

其次，价值观教育和“课程思政”都将马克思主义的科学性和真理性贯穿教学的全过程。高校中的思想政治教育区别于普通的道德教育就在于它有鲜明的和坚定的政治信仰，课程思政与一般性的价值观教育在政治层面上是具有一致性的：明确的政治认同和国家认同。学术研究是自由的，但课堂教学是有纪律的，课程思政尽管强调和不同的专业知识结合，有一定的教学自主性，但课程思政中的价值观教育也必须坚持思想政治教育的本质要求，要以马克思主义和中国特色社会主义为出发点和落脚点，不得出现“自由化”“松散化”“中立化”等教育误区。“解放思想、实事求是、与时俱进”是马克思主义活的灵魂，是我们适应新形势、认识新事物、完成新任务的根本思想武器。任何思想政治教育的形式，不论是广泛存在的价值观教育还是课程思政都需要马克思主义作为理论和实践的向导。唯有坚持马克思主义科学性的原则，巩固马克思主义在教育活动中的指导地位，任何思想政治教育才经得起历史的检验，才能摆脱主观偏见的枷锁和因循守旧的桎梏，从而使思想政治教育能够具有创造性和实效性。马克思主义既是我们理论学习的知识体系，而其

① 习近平：《坚持中国特色社会主义教育发展道路培养德智体美劳全面发展的社会主义建设者和接班人》，载《人民日报》2018 年 9 月 11 日。

本身又是意识形态，既是科学真理，也是我们的价值追求。它从本质上体现了中国共产党和最广大人民群众的根本利益和愿望，任何价值观的教育和倡导都不能离开马克思主义的指导，任何教学过程都始终需要把握正确的政治方向，教育者需要清楚明白地阐释好马克思主义基本原理，引导受教育者关注精神生命的成长，树立社会主义核心价值观，促进受教育者实现全面自由的发展。

再次，价值观教育和“课程思政”都力求培育和践行社会主义核心价值观，在实践中也要体现社会主义核心价值观的要求。立足于中国特色社会主义的伟大实践，传承中华优秀传统文化和借鉴世界人类文明的优秀成果，党的十八大在社会主义核心价值体系的基础上提出了社会主义核心价值观。社会主义核心价值观是社会主义本质特征和要求的反映，是中国文化和信仰的集中体现，能够团结广大中国力量、凝聚中国精神，为中华民族实现伟大复兴的中国梦提供价值支撑。高校是追求真理、传播文化、创造思想的重要场所，也是建设社会主义核心价值观的重要场所。大学生是国家的宝贵人才资源，是社会主义伟大事业建设的有生力量。加强用社会主义核心价值观来指导大学生的价值观教育，保证他们的思想意识不偏离主方向，是高校思想政治教育工作的中心任务，也是责任与使命。不管是各种形态的价值观教育还是最新提出“课程思政”育人理念，其具体的理论与实践课题就是要使受教育者高度认同和积极践行社会主义核心价值观。社会主义核心价值观教育是一个系统性的工程，其认同与接受社会主义核心价值观也是一个复杂的心理过程，既需要教育者把社会主义核心价值观的思想、内涵、意义融入思想政治理论课、通识课以及各门专业教育课程的教学环节，也需要在教育管理过程中、文化环境建设中、各项社会实践活动中加强引导受教育者对社会主义核心价值观的体验、领悟和思考，从而使得价值观教育始终不偏离主流意识形态的道路，真正将向好向上的主流价值观念精髓融入青年的集体意识，这对于培养和造就大批有理想、有道德、有文化、有纪律的社会主义接班人有深远的现实和历史意义。

最后，在教育传播方式上，价值观教育和“课程思政”都是一种“入心”式的教育。价值观教育和课程思政都是人文主义教育精神的产物，是技术理性大行其道的教育现状下，引入人文情结，强调人文思考，引导受教育者在精神层面审视理想自我的追求，是对功利主义教育的偏正，是教育向价值理性的回归，能够使教育过程充满精神关怀，变得更有温度、有厚度。在具体教育传播方式上，价值观教育与课程思政都强调对人情感和态度的正向作用，都重视对个体精神信仰的培育和完整人格的塑造，通过将家国情怀、责任感、道德感等元素与教学案例、榜样师范、情感陶冶和情境建设等教育手段相结合，在真实的、强大的教育说服力和感染力下，培养受教育者成为有大爱、大德和大情怀的人。当然，价值观教育和课程思政也不仅仅停留在一种人文情怀的熏陶式教育，虽然两者有不同的教育发生方式，但都绝不是一种喊口号式的、做形式主义表面功夫的思想政治教育，而都强调其具体性和落实性，最终是要使得社会主义核心价值理念在受教育者群体中入耳入脑入心并转化为日常的积极行动。价值观教育和课程思政也都强调理论与实际的结合，教育教学内容忌讳空空而论、泛泛而谈，价值观教育必须要和受教育者的生活世界相融入，课程思政要和受教育者的专业实情和知识实际相贯通，最终要使有针对性的价值观教育内容在受教育者群体中内化于心后，可以外化为行。

综前所述，对价值观教育与课程思政内涵关系的理解，既不能简单地将其理解为两者是思想政治教育体系中的分支，也不能将价值观教育和课程思政混为一谈，将课程思政片面地理解为价值观教育或是价值观教育的核心内容和主渠道。课程思政需要动员全体成员在教学的全过程和课程内容的全方位渗透价值观教育，是价值观教育与知识教育相结合的一种存在形态，也是价值观教育实现新突破的有益探索。价值观教育涵盖的教育对象和教育途径更为广泛，既包括正规课程，也包括潜在课程，诸如青年大学习、“学习强国”教育、党员培训和辅导员工作等；既包括正规教育，也包括非正式教育，例如主旋律宣传、社会实践活动和时事政策等。与一般意义上的价值观教育相比，课程思政在教育对象和教育内容上更具精准性，是面向高等教育群体的一种核心价值观教育。但这里需要明确的是，价值观教育的主阵地仍然是涵盖于中小学的学科思政课程和高校中的思想政治理论课。总的来说，价值观教育和课程思政两者在集合关系上应当是真子集的关系，两者都是思想政治教育的表现形式和实现路径。

（本章执笔人：宋洲、黄雨佳）

第五章 学科德育与课程思政

第一节 学科德育的概念内涵

“学科德育”可分为“学科”和“德育”两部分，准确理解“学科德育”，首先要把握“学科”和“德育”两者的概念。

一、词源学的概念探析

(1)“学科”概念。“学科”来自英语“discipline”，《牛津大词典》中对“学科”这一概念的解释，涉及学科门类中一定单位的教学内容、规范、惩罚等。从词源角度来说，“学科”既指向学习的具体科目，也指向对人进行思想和行为上的教育，尤其是带有一定程度上强制性的行为规范。依据第七版《现代汉语词典》解释，“学科”可以分为以下三种含义：①按照学问的性质进行门类，如自然科学中的物理、化学、生物；社会科学中的历史、文学。②指学校教学的科目，主要指向学校日常教学课程如语文、数学、英语等。③指体育训练或者军训训练中的各种理论知识性的科目①，这一点要注意与“术科”的区别。“学科德育”中的“学科”主要是指第二种解释，具体指向中小学和高校教学活动的课程科目。

因此，“学科”这一概念内涵既包含作为知识的学科类别，也包含由这些学科类别所建构起来的规范。从知识传授和教育教学上来说，学科就是学校教师教授的科目。

(2)“德育”概念。依据《汉语大辞典》中的解释，“德育”是关于政治价值

---

① 中国社会科学院语言研究所词典编辑室编：《现代汉语词典》，商务印书馆 2016 年版，第 1547 页。

观和道德素养的教育。“德育”在内涵上可分为广义和狭义。广义的“德育”指涵盖全部有规划地塑造受教育对象的政治思想、价值观、品德素养的活动形式。狭义的“德育”特指学校德育，教师对学生的道德品质的教育与塑造。学校德育是德育的主要内容，学科德育又是学校的重要内容，从某种程度上说，学科基本上包含着德育成分，学校德育很大程度上从学科知识中来，学科教学与学科德育具有某种一致性。

二、学科与德育的关系

首先，准确理解“学科德育”内涵，其次应深入分析“学科”和“德育”之间的关系，“学科”与“德育”之间的关系包含两者之间的“联系”。

“学科”与“德育”的联系，顾名思义，从“学科德育”这一字面意思上解释，体现出的是一种融合渗透，或者说是两者之间的交叉关系，这种关系包含三种：第一，从教育活动形态上，通过学科进行德育，把学科看作德育的途径和方式。“学科德育”中的“学科”在德育过程中，一方面要完成学科自身的教学任务和目标，另一方面也要承担学科所蕴含的德育目标，例如：把语文这门学科作为熏陶学生道德素养的重要方式，在语文教学中建构学科核心素养，促进学生“德智体美劳”全面发展。第二，从德育教学过程上，在学科教育教学中，挖掘学科中的德育成分元素，潜移默化地进行学生德育。“学科德育”表现为对学科育人功能的再发现和再挖掘，强调的是学科在实现其教学目标的过程中，也同时实现对学生品德成长的积极影响。第三，直接性的德育学科。学科是作为德育的组织形态而存在的，即把德育自身给学科化，变成一门德育课程。

三、学科德育的概念与特点

早在 2000 年，中共中央、国务院办公厅颁布《关于适应新形势进一步加强和改进中小学德育工作的意见》中强调德育要蕴含于学校各学科教学之中，不仅仅局限于专门的思想政治教育学科，比如小学道法与初高中思想政治。①

① 《中共中央办公厅 国务院办公厅关于适应新形势进一步加强和改进中小学德育工作的意见》，载中华人民共和国中央人民政府官网，http：//www. gov. cn/gongbao/content/2001/content_61240. htm，2000 年 12 月 24 日访问。

基于这种“学科德育”的解释与发展，“学科”和“德育”就在学校教学中融合到了一起，教师按照不同学科的内在规律，自觉地在教学过程中渗透道德教化，发掘学科德育作用，培养学生的情感、态度和价值观。

基于“学科”和“德育”两者的概念以及关系的辨析，学科德育是学科教学与德育培养两者之间的融合，不是简单内容上的“学科”+“德育”。依据《新课程标准》和《德育大纲》的要求，“学科德育”可以理解为在学科教育教学中，依据学科规律，充分挖掘学科教学中的德育因素，以学科内容为载体，采用适当的策略，潜移默化地进行精神教育和生命教育，①以形成学生积极的情感、态度和价值观的育人过程，形成知识能力与道德素养的统一。

基于以上分析，“学科德育”具有整体性与间接性、条件性、渗透性等特点。

(1)学科德育的整体性与间接性。学科中的德育要求涵盖思想政治教育、道德素质教育、心理教育、德育能力教育，任何一个独立学科都难以独立完成所有德育目标，然而每个学科有自己学科的德育元素重点，各个学科像拼图一样在教学中潜移默化地进行德育，这种学科之间的德育形成学校德育内容的重要体系。学科德育虽然共同服务于一个德育整体，然而学科德育并不是按照专门化德育课程进行教学，而是通过学科的教学来间接性、潜移默化地传递价值观与道德素质晕染。学科渗透德育是学科内容的渗透和教学方法的渗透，不存在没有教学的道德教育，道德问题是不能从学科教育中抽丝剥茧出来的，而德育也必然和其他教育问题紧密联系在一起，从而使德育落实在学科教学之上，学科教学也具有了德育的目标要求，成为教育的重要内涵和评价方式之一。学科德育的间接性是特定文化学科渗透德育教育，通过教学内容进行渗透，比如语文课中的具体文章渗透立德树人理念，历史学科弘扬爱国奉献精神，但是这些学科最重要的目的不是道德教育，具有间接性或者附加性。任何学科在教学中都承担着德育的任务，各学科知识在迁移过程中促使学生德育培养，以形成正确积极的人生观、世界观、价值观。②赫尔巴特的“教育性教学”原则，道德教育有且只能通过教学才能形成作用，学科教

① 齐子群：《以学定教　以情动人——以〈孤独之旅〉的文本解读为例，浅谈语文学科德育的渗透与融合》，载《新课程》2020年第28期，第228~229页。

② 阮云蕾：《“润物细无声”的“传道”——浅谈学科德育的渗透》，载《教育界》2017年第29期，第82~83页。

学是道德教育的必由之路。此外，各学科本身就包含很多德育成分，比如化学学科中化学方程的理论到实践内容，大胆假设，认真求证的科学求实内容；语文学科中的道德榜样和具有教化意义的事迹人物；历史学科当中有关近现代抗争与不屈的革命先烈；甚至音乐学科当中的贝多芬，都是成为道德培养的重要内容。

(2)学科德育的条件性。学科教学内容制约着具体德育内容和手段，德育目标要求又在制约着学科教学的内容选择与实施方法。学科教学本身的课程与教学目标是最重要的目标之一，学科德育的内容必须从学科内容中进行挖掘德育成分，学科本身内容具有稳定性，也预示着不同学科德育内容与方式的差异性。学科限定着学科德育的内容、过程、方法、途径，学科德育不是学科教学的随性发挥，而是面对不同学科的针对性教学，例如：语文和历史学科就更多涉及知识、情感、态度方面的德育教化，而数学、物理、化学学科则更多地是对严谨、认真等科学认知方面的教化。

(3)学科德育的渗透性。学科德育的间接性在某种程度上就预示着学科德育的渗透性，这种渗透性是在各学科教学中充分挖掘道德教育元素，结合教学实践，有计划、有目的、分学科、分阶段，在政治、思想、品德、心理、能力培养等方面对学生进行教育。通过学科教学，把道德教化的元素渗透在学科教学之中，诱发学生道德、情感态度、价值观萌发，这种在学科教学中的德育表现在各学科中，各学科教师教学“润物细无声”潜移默化地影响道德教育效果，例如：在小学阶段，教授课文《狼来了》，就是在识字断文，讲解故事的过程中内化学生诚实善良的道德品质渗透，此外这种学科渗透也体现在课外教育活动之中，在课余之中告诫同学都不要学习《狼来了》课文中那位“小朋友”，不撒谎、不骗人，做一位懂事的好孩子，学生自然从认知走向实践，这就是一种学科德育渗透，而不是一种刻意的说教。

综上所述，学科德育不是刻意为之的教学和斧凿式地去说教学生，而是挖掘学科当中的德育元素，有所针对性地进行学科德育。学科德育具有整体性，共同蕴含于学校德育的目标当中，但是学科之间又具有明显的差异，这就要求学科德育必须因学科而具体问题具体分析，因“科”德育。在面对学科教学的时候，也要注意学科德育的过度教育，避免学科自身目标的偏离而趋向德育，这就要求学科德育更多或者只能是一种学科渗透，不能走向学科教学的主导地位。

第二节　学科德育与课程思政的区别与联系

一、学科与课程的区别与联系

“学科”和“课程”是两种概念，有区别也有联系，在教学实践中，常常将两者混用，其原因既包含两者本身的紧密联系性，也在于教育者没有看清两者之间的区别。辨别“学科”和“课程”之间的联系与区别，既可以有效避免理论和实践当中的逻辑错误，也可以明白“学科”与“课程”的对象关系，更好地进行教育教学实践活动。

（1）“学科”窄化与“课程”泛化。对于学科的概念，上文已经论及，对于课程的解释则出现较多的分歧，主要表现在对课程范围界定的差异上，从广义上来说，课程指向知识经验活动的综合，只要是能够产生教化作用的内容，都可以被开发为课程。关于“课程”解释，《中国大百科全书》所给予的定义分为广义和狭义：广义上的课程，指所有学科内容和教师指导下学生活动；狭义上的课程，指教学中的学科或活动，例如数学课程、历史课程等。在基础教育阶段，随着教育发展改革，课程已经超越文本知识范畴，涵盖了教学实践活动。“课程”作为学校教育教学的重要组成部分，从小范围施教角度来说，就是一门教学学科和教学活动，其中学科是“课程”的主要来源，但又不局限于学科。

（2）“学科”与“课程”划分依据差别。学科的划分是依据学科自身的知识特点和学科内容内部的差异。每门学科都有着自身相对独立的任务，即使是不同学科也有自己的研究任务和对象，各学科具有独立性，也向着融合过渡。而“课程”划分的依据除了所蕴含的内容之外，还要考虑受教对象的认知水平和身心发展特点，在某种程度上，还受到社会政治、经济、文化、思想等影响。① 学科形成课程内容之后，学科的知识体系随着课程组织形式、组织目标、组织对象而进行打破、重组。

（3）“学科”和“课程”的联系。基础教育阶段，在范畴上，“学科”包含于“课程”之中，一定程度上可以理解为是“总”与“分”的关系。课程是对知识一

① 段玉山、丁荣、杨昕：《地理课程与地理学科关系的探讨——基于对义务教育地理课程标准的分析》，载《地理教育》2022 年第 5 期，第 3~7 页。

定程度上的综合，学科则是对不同知识的分门别类，但学科知识可以是课程的构成元素。虽然一门课程可能是一门学科，也可能不是一门学科，然而学科目标却需要课程教学活动来实现。此外，学科在学校的教育教学地位是由课程安排所决定的，这一点在基础教育阶段体现得比较鲜明；课程的设置离不开学科，课程主要依托于学科，而学科研究发展可以摆脱课程而存在；学科受自身的学科内容影响比较大，课程受教育教学任务的影响比较大。依据学科和课程两者不同的特点，学界则形成了学科论和课程论。

二、德育与思政教育的区别

德育与思政教育的缘起与发展。“德育”在实践上远早于“思政教育”，无论是中国还国外，都较早地出现道德教育，但是明确提出“德育”这一命题的时间都相对较晚。在古代中国有“立德、立功、立言”三不朽，儒家四门学问“文、行、忠、信”中有两点围绕德行，封建时期关于道德教化亦有很多发展，例如司马光德资之论，王阳明“致良知”等。在西方 1860 年英国斯宾塞在《教育论》中，把教育分成“德智体”，这使得“德育”成为教育界常态概念。古代中国德育的实践活动主要围绕道德修养等内涵展开。1929 年唐钺等在《教育大辞书》中说：“德育为教育一方面，道德之心潜移默化儿童，是德性之熏陶。”从以上可以看出，中外在德育认知上的一致性。中华人民共和国成立后，“德育”内涵和实践活动不断发展。“德育”内容涵盖道德素质、政治思想，甚至心理法制等，可以说基本上囊括了意识形态的全部内容。

思想政治教育，主要是源于思想政治工作的需要，满足统治阶级的意识形态教育。随着思想政治工作的开展，思想政治教育逐渐形成专门化的思想政治教育、社会意识形态教育、价值观教育。根据陈万柏、张耀灿等著的《思想政治教育学原理》中的解释：“思想政治教育是指统治阶级按照特定的思想政治观念、道德规范，对其受教育者施加意识形态教化，使之符合社会规范和国家整体利益的教育活动。”①因此思想政治教育具有一定的强制性、阶级性、教化性，这与“德育”有所差异。②

---

① 陈万柏、张耀灿著：《思想政治教育学原理》，高等教育出版社 2015 年版，第 4 页。

② 葛卫华：《厘定与贯连：论学科德育与课程思政的关系》，载《中国高等教育》2017 年第 Z3 期，第 25~27 页。

从以上概念定义可以看出，“德育”主要是个人思想态度和道德品质的一种教育；而“思政”主要是政治观念，态度价值观的一种教育。

三、学科德育与课程思政的区别与联系

关于学科德育的基本内容，上文已经论及，是对特定专门化德育学科的一种超越；而对于课程思政的理解，也是对特定专门化思想政治教育的思政课程的超越。① 学科德育是把德育教化蕴含在学科知识与学科教学之中，这是一种潜移默化的影响。课程思政建设，是把意识形态和价值观蕴含于知识传授和能力培养中，促使学生树立正确的认知，并在新环境中顺应发展潮流，适应时代需求。学科德育与课程思政都是有关思想认知的重要教育内容，对人们的行为方式、思考方式、认知方式都有极其重要的影响，从更大层面来讲，也是构建社会主义和谐社会，增强国家认同的重要组成部分。

（一）学科德育与课程思政的工具性

从目前实践形态来看，学科德育与课程思政都指向一种关于教育“工具性”的一种方向。以学科和课程的方式进行道德教育和思想政治教育，也就是说在学科教学中，在知识与能力的积累中渗透实施德育，在课程教学中渗透实施思政教育。但是在学科和课程中穿插德育与思政，很容易犯导向性错误，那就教育目标的指向，因为学科和课程有自己本身所拥有的学科和课程目标，因此无论是学科德育还是课程思政，都是一种渗透教育，不是学科和课程的唯一目标，在教学中避免为了德育和思政而偏离学科和课程本身目标要求。例如在语文学科教育中，在讲到《周易》时“天行健，君子以自强不息；地势坤，君子以厚德载物”，作为语文学科教学目标而言更多的是对于这句话内容本身的理解，以及其字面字词的解释，但是我们可以从中渗透道德的涵养蕴藉。然而语文有自己的学科目标，不能为了德育而单一设置学科教学，那么反映在课程当中也是如此，课程思政不是唯一目标，甚至某种程度上来说，只能是课程的附加目标，不能为课程思政而随意改变课程本身所要求达到的目标。例如在计算机课程中，在讲到计算机网络安全问题时，要求我们规范网络语言，不传播危害国家安全与形象的言论，我们就可从中进行课程思政

① 冯建军：《与时俱进，夯实立德树人根基》，载《现代教学》2019 年第 20 期，第 1 页。

教育，但是我们不能在计算机课程教学当中过度讲解，因为这是远离这门课程本身所要求的目标，但是可以渗透交叉。我们也可以理解为，学科德育和课程思政中的“德育”和“思政”只能是学科教学的隐性价值目标，或者说是一种学科教学中的附加值，但是这种附加值又是所有学科和课程都具备的，只要施教者能够认真挖掘和分析。

因此，学科德育和课程思政是德育和思政的一种“工具论”要求，但是绝非学科和课程的唯一目标或者主要目标，在日常教学过程中，也要尽量避免学科和课程的过度道德教育和思想政治教育，避免教育过程中的“喧宾夺主”。同样，对于课程思政而言，也不是消解课程自身所存在的知识性目标，更不是把思政教育架构到课程教学之上，而是去发掘课程中的文化素养元素和价值观，使之内化为新时代社会主义核心价值观具体范式之中，在润物细无声的知识学习过程中融入世界观、价值观、理想信念等层面的精神升华。

此外，课程思政首先是一种教育，这种教育指向立德树人。教育首先表现在立德，也就是在学校教学过程中先要有塑造学生思想政治观念的意识，然后在教学过程中寻求这种思政的可能性，这种基于课程的思政教学，也是一种在知识学习与能力提升中潜移默化式的渗透，并在此基础上引领学生建立更为全面的国家观、民族观、文化观、历史观，从而实现人的全面发展，为社会提供有理想、有责任、有能力的建设性人才。

（二）学科德育与课程思政内容上的集合性

根据上述学科德育与课程思政的工具性分析，这种工具以学科和课程为载体，对于学科德育和课程思政的教学载体而言，都体现出教学内容的集合，也就是学科是教学所有学科，课程是教学所有课程。

学科德育中的学科集合性不局限于具体教育教学中的某一门学科，指学校中各科目德育元素的集合，这一点在基础教育中更加集中。例如小学科学学科，学生不断尝试、自觉探索的行为；音乐、美术以艺术手段表现个性；数学课上援疑质理，大胆假设，小心求证；语文课上名人名言，古人故事，这些都可以自由生成一种德育教育内容的合集。学科德育的德育元素内容，是学校德育内容的重要组成部分，每一学科中的德育内容都是学科德育整体内容上的一部分，我们不能过高要求具体每一门学科德育的内容，也不能缺失每一门学科的德育内容。换句话说，就是每一门学科的德育内容之间存在差异性，但是这种差异性共同组成德育的整体性，形成学校德育的决定性内容，也是“立德树人”，“全面发展人”的最重要的要求之一。

课程思政中的课程集合不限于学校教育教学中某一门课程，而是指学校中各课程思政元素的集合，这一点在高中和高等教育更加集中。例如文科类课程中所蕴含的爱国主义教育、集体主义教育、人道主义教育、马克思主义价值观、社会公德教育、法治教育，等等。文学类课程中可以包含“天下为公”的集体主义教育，“苟利国家生死以，岂因祸福避趋之”的爱国主义教育，“为政以德，譬如北辰”的人道主义教育；历史类课程，教材内容多包括人类创造和传承的重要文明成果，古今圣贤的重要思想观念，志士仁人的民族大义和丰功伟业，这些都可以成为课程思政的重要“内容集”，对形成受教育者的价值观、政治观念和意识形态具有重要的意义。当然，理工科中的物理学、生物学、化工化学等，虽然没有社科类那么明显的思想政治导向，意识形态引领，但是钱三强曾经说过：“科学没有国界，但科学家有祖国”①，其实越是科学领域，这种课程思政越是必要，在课程中思政，形成社会主义建设人才。而此时此刻，在这里所论述的内容，本身就是一种课程思政，就比如现在笔者所论述的学科德育和课程思政当中，就蕴含着价值导向，因此，德育和思政可以说是无处不在的，只要施教者能够挖掘，学科德育和课程思政的内容，可以说是一种无所不包的大集合。

（三）学科德育与课程思政适用范围的差异性

学科德育的限定范围为“学科”，所围绕的核心是“德育”，课程思政的限定范围为“课程”，所围绕的核心是“思政”。在基础教育中，学科思政中的“学科”是具体的科目，通过具体的学科进行潜移默化的德育；在高等教育中，课程思政中的“课程”是具体的科目，通过具体的课程渗透思政。在学科和内容的范畴上，课程包含学科，学科更多地强调基础性，课程更多地强调融合性，而且学科比课程的针对性更强。所以学科德育和课程思政的适用重点范围也是有差异的，这种范围的界定不是绝对的，也不是非此即彼的二元对立。学科德育适用范围更多的是基础教育阶段，课程思政的适用范围更多的是高中阶段和大学阶段。

基础教育阶段，教育以促进青少年核心素养发展为重要目标，这种核心

① 《钱三强：科学没有国界，但科学家有祖国》，载人民网，http://dangjian.people.com.cn/h1/2022/0628/C117092-32459182.html，2023 年 11 月 12 日访问。

素养是基础性的、全面性的，中小学学生的重要目标是成人成才，成为有理想、有道德、有文化、有纪律的人。从这个层面上来说，“德育”对于“思政”教育而言，主要是面向学生的行为习惯养成和素质品德教育，促使德智体美劳全面发展，全面落实立德树人的教育理念。在基础教育阶段，学科德育的使用应根据学科内容特点，有针对地开发渗透德育，这是基于学科自身而言的。此外学科德育也要考虑基础教育阶段学生阶段性的发展特点进行学科德育渗透。

高中和高等教育阶段，教育更多地围绕“培养什么样的人才，为谁培养人才”的问题，在日益变化的社会背景下，思想政治教育所产生的价值观教育更明显，具有坚定社会主义旗帜的重大作用，也为我国经济建设、政治建设、文化建设、深化改革开放、共建世界命运共同体，坚定着中国政治定位和思想觉悟，这是高水平人才或者高等教育的意识形态掌控，也是国家发展稳定的重要因素。课程思政要围绕课程内容开发思政元素，对于高中和高等教育阶段的学生来说，知识和能力已经有一定的发展，也已经形成了一定的道德素养，此阶段培养学生的思想政治价值观，更好地、全面地成人成才，为国家、社会更好服务，这是高阶段人才的重要内容。①

因此，在基础教育阶段，由于学科特点和学生发展阶段，学科德育能更好地立德树人，促使学生形成良好的行为规范和基本道德素养；在高中和高等教育阶段，随着课程的融合和学生思想、知识能力、认知能力的发展，课程思政则是促使学生更好地成人成才，为社会建设、祖国发展、人类进步贡献优质人才的重要内容。

（四）学科德育与课程思政的系统性

在明晰学科德育与课程思政的概念区别，理解它们各自适用学段的基础后，学科德育和课程思政在教育衔接上，表现为一种接续性，解决中小学、大学的学科德育和课程思政工作片段性、重复性，甚至脱节、越位与学生身心发展的匹配性不够等问题。虽然学科德育和课程思政在流程上，表现出一种接续性，但是本质上两者又是同属于一个系统整体，换句话说，学科德育和课程思政两者的接续性形成德育教育和思政教育的教育系统。

---

① 葛卫华：《厘定与贯连：论学科德育与课程思政的关系》，载《中国高等教育》2017年第Z3期，第25~27页。

虽然学科德育与课程思政有所区别，但是在教育的本质上、教育的功能上、教育的途径上、教育的理论上都有很多共同之处，这些都是我们讨论课程思政接续学科德育的重要基础。

这种共同性表现在：首先，在教育的本质上，学科德育与课程思政归根结底就是在塑造学生的社会意识形态，即使是学科德育中的基本道德素养，这种道德素养也是带有鲜明中国社会意识形态的。每一种学科认知都有自己的时代印记，共同的社会实践特征。无论是学科德育还是课程思政都是将社会道德规范意识与思想政治意识对受教育者进行教育渗透，两者追根究底就是意识形态教育，只是课程思政更为明显。其次，在教育功能上，无论是学科德育还是课程思政都拥有促使社会与个体发展的双重功能作用。从社会层面来说，学科德育与课程思政都包含经济、政治、文化等功能；从个体层面来说，学科德育与课程思政都包含个体品德发展、个体智能发展、个体社会化等功能。再次，在教育途径上，无论是学科德育还是课程思政都通过教育内容潜移默化地影响学生，表现为教育的渗透融合、教化的潜移默化等。最后，在教育理论上，学科德育和课程思政都是立足于马克思主义理论，这是进行学科和课程教学的理论出发点。

以上共同性是课程思政接续学科德育的可能性，这种衔接又组合形成一个教育整体，服务于学校意识形态教化的系统之中。基础教育的学科德育目标，一方面来自学生全面发展的需要，另一方面来自未来教育和社会发展需求；高中阶段和高等教育阶段课程思政教育主要来自学生自身发展需要和社会需求，这样，在基础教育阶段和高中、高等教育阶段就形成了一种接续教育的关系。基于两者之间的接续性而形成系统性，这也反过来说明学科德育与课程思政应当衔接并且可以衔接起来，更科学化地、更好地促进学生发展，满足未来需要。在基础教育阶段，注重学科德育的培养；在高中和高等教育阶段，把课程思政融入教学，强化知识传授与价值引领相结合，建构全课程育人格局。

此外，学科德育和课程思政还应依据学生的阶段性身心发展特点、接受能力、接受意愿，构建系统的、整体的、衔接性的教育目标和内容序列，在德育与思政上形成接续性的道德素养与政治素养的发展，共建学生全面发展成才成人。

（本章执笔人：吕乾坤）

第六章　情感态度测量与课程思政评价

课程思政评价是对专业课教学中所实施的价值观教育的效果予以确认的活动，具体而言，是对于学生是否通过课程思政这一教学行为达成“价值目标”的评估。而在教育测量与评价领域中，对于学生情感态度与价值观的测量，同样涉及学生主观内隐的心理活动与价值观念。那么，课程思政评价与情感、态度和价值观测量有何值得借鉴的相同之处？二者间又存在着哪些值得我们注意的不同之处？本节将对情感态度与价值观的测量和课程思政评价进行对比，归纳出二者的相同点和不同点，以便于在实际的教育活动中更好地区分和选用。

第一节　教育改革与课程中情感态度与价值观测量

中国学生发展核心素养，是党的教育方针的具体化和细化。为贯彻落实素质教育的方针，更好地实现立德树人的基本任务，基础教育阶段的各学科基于学科本质，凝练了学科的核心素养，明确了学生在学习该学科科目后应达成的正确价值观、必备品格和关键能力。知识与技能、过程与方法、情感态度与价值观，作为课程教学中的三维教学目标在基础教育各学科标准中被提出。三维目标的测量与评价，是对于教师教学成效与学生核心素养的关键检验。相对于其他两维目标而言，情感态度与价值观的目标不仅关注学习的结果，还关注学生在学习过程中的内在体验，从而对教师的教学提出了更高的要求。如何对情感态度与价值观这一目标进行测量，也成为了课程改革中的重要问题。为解决此问题，我国学者进行了大量的工作，结合一线教师的实际经验，对情感态度与价值观的测量进行了研究，对情感态度与价值观的评价做出了具有实践性的指导。

一、情感态度与价值观内涵与范围

要对学生的情感、态度、价值观进行测量，首先应当明确测量的对象，即情感、态度、价值观的内涵，从而界定测量的范围。我国学者李吉会认为，虽然目前教育改革与课程中所提倡的情感、态度、价值观维度的目标具体体现在各学科课程目标意义的范围内，但是，这并不影响对学生广泛意义上的情感、态度、价值观进行测量。情感态度价值观的测量和评价，应当既包括课程目标要求在学科内集中体现的内容，也应当包含学生一般意义上的情感、态度、价值观。①

情感是人对于客观事物是否符合主观需要的评价的情绪反映；态度是指人对某一客观事物所持的评价和行为倾向；价值观是人们对某事物价值的基本看法，是主体进行价值判断与价值选择的依据。这是情感、态度、价值观在一般意义上的内涵理解，也是设计情感态度与价值观维度的课程目标的基础。

具体到基础教育的相关科目中，我国教育部制定的各学科课程标准以“核心素养”的概念为统领，整合了知识与技能、过程与方法、情感态度与价值观的三维目标。例如，我国2020年修订的《普通高中语文课程标准》，认为高中语文学科的核心素养主要包括以下四个方面：语言建构与理解、思维发展与提升、审美鉴赏与创造、文化传承与理解。其中，“审美鉴赏与创造”和“文化传承与理解”两方面的核心素养，是语文学科情感态度与价值观维度目标的集中体现。在课程内容的阶段目标中，也有着对情感态度与价值观目标的阐述。《普通高中语文课程标准》的“学习任务群1整本书阅读与探讨”一小节，结合教学目标对情感态度与价值观提出了更加详细的要求：“联系个人经验，深入理解作品；享受读书的愉悦，从作品中汲取营养，丰富自己的精神世界，逐步形成正确的世界观、人生观和价值观。”②根据基础教育各个科目对于教学目标的要求，能够看到，各学科对于情感、态度与价值观维度的目标，处于较高的目标层次。情感、态度与价值观维度的目标的达成，建立在知识与技

① 李吉会：《如何评价情感、态度和价值观》，载《教育科学研究》2006年第2期，第23~26页。

② 《普通高中语文课程标准》，人民教育出版社2020年版，第12页。

能、过程与方法两个维度目标达成的基础之上；同时情感、态度与价值观的形成与否，也会反过来影响知识与技能、过程与方法两个维度目标的学习效果。三维目标相互融合，对学科教学和评价提出了更高的要求。

在《教育目标分类学》一书中，布鲁姆将教育目标分为认知领域、情感领域和动作技能领域。其中，情感领域的教育目标与我国目前基础教育阶段的情感、态度、价值观维度的目标具有相通之处。布鲁姆认为，人的情感目标分为以下五类：接受、反应、价值判断、组织、价值观念或价值复合体的个性化。这五类目标层层递进，体现了学生情感领域不同的达成效果。接受是指学习者已感觉到某些现象和刺激的存在；反应意味着学习者已被充分动员起来；在价值判断的水平上，学习者确信某一事物、现象或行为是有价值的；组织水平上，学习者能够把诸多价值观念组织成为一个系统，能够确立这些价值观念的相互关系，能够树立起那些起支配作用的和普遍存在的价值观念；价值观念或价值复合体的个性化，这个目标层次达到了情感领域的顶峰，人的信念、概念、态度整合为完整的世界观，整合为人的完整的个性。① 达到的层次越高，说明学习者在情感领域的学习效果越好。

二、情感态度与价值观测量的方法、体系、工具

现在，多数教育者已经意识到了情感态度与价值观对于学生发展的价值。但是，情感态度与价值观的测量和评价并不是一件易事。最初，测量学生情感态度与价值观的方式是让学生进行自我报告，即学生自主叙述有关情感态度与价值观的观点。但是，这种测量方式并不客观，容易受到学生诚实程度、外在引导等因素的影响，很难呈现学生情感态度与价值观的真实状况。在实际教学中，为更加全面地反映学生情感态度与价值观的达成情况，教师通常选择采用质性方式为主的过程性评价，以增加评价的证据，弥补自我报告的缺陷。这里列举了四项在实际教学中便于操作的情感态度与价值观质性评价方法。

（一）情感态度与价值观质性评价方法

(1)观察法。虽然情感、态度与价值观是个体内在的心理特征，但是也能

① 安德森·布卢姆著：《教育目标分类学（修订版）》，外语教学与研究出版社 2009 年版，第 70~80 页。

通过个体外在的行为表现出来。在自身所认可、所持有的情感态度与价值观的指导下，学生在日常的学习生活中会呈现出相应的外在行为表现。对学生的行为进行长期细致的观察，教师还是可以对学生的情感、态度与价值观形成较为准确的认识的。为了获得更加具有针对性的情感、态度与价值观信息，教师不能广泛随意地观看学生的行为，而是要带着相应的评价目的对学生的行为进行细致的观察。必要时，教师需要制订详细的观察计划，并对观察到的学生行为进行记录，从而在评价时有迹可循，提高评价的准确度与客观性①。

(2)档案评价法。档案评价法是教师对于学生在本学科的作业、笔记、试卷、作品等学习资料进行收集和整理，根据学习资料的质量，对学生的情感、态度与价值观进行评价。在评价的过程中，教师和学生可以通过学习资料进行具有个性化的指导。教师可以根据作业、笔记、课外作品的完成情况，与学生使用评语等方式进行交流，让评价有迹可循。在反映和提升学生情感、态度与价值观的同时，也促进了学生知识与技能、过程与方法目标的达成。教师也可以在学习实践活动中，对学生的学习过程进行记录，以获得更多的档案资料，从而更加客观准确地反映学生的情感、态度与价值观。②

(3)访谈法。师生间的交流和访谈也能够体现学生的情感态度与价值观，可以成为教师评价的另一种方式。教师可以从学生的闲谈与话题入手，了解学生的情感态度与价值观情况。教师还可以根据实际情况，对学生采取个别访谈或者团体访谈的方式，具有针对性地与学生进行交流，从而评价学生的情感态度与价值观。需要注意的是，教师在访谈的过程中需要保持亲切友好的态度，和学生拉近心理上的距离，与学生建立起良好的信任关系。在访谈问题的选择方面，教师应当准备清晰的开放性的题目，让学生具有充分的作答空间，从而让访谈更有效率。

(4)情境法。教师在课堂等学习活动中，也能够通过构建情境的方式，一定程度上了解并评价学生的情感、态度与价值观状况。各学科教师可以根据学科的要求与内容，构建合适的情境，增加课堂互动，观察学生的表现，倾

① 赵德成：《表现性评价：历史、实践及未来》，载《课程·教材·教法》2013年第2期，第97~103页。

② 于蓉、王必亚：《对情感、态度与价值观可测量性的商榷》，载《中学地理教学参考》2009年第5期，第4~5页。

听学生的观点，以达到评价学生情感态度与价值观的目的。例如，历史教师可以使用视频影像材料，构建历史情境，让学生更加深入地理解和体会历史事件。之后，再让学生对于历史事件或人物进行评述，学生的评价便能够成为历史学科情感态度与价值观的评价材料。① 地理教师可以组织户外实践，在过程中观察学生对地理现象的态度，来判断学生是否具有地理学习的兴趣和相应的地理观念。

当然，质性评价也存在着自身的不足。它的工作量较大，增加了教师和学生的负担；过程性评价的资料数量众多，难以对每个学生作出简洁明了的评价；教师的主观性也在评价中具有重要影响。而量化评价方法可以更加客观简洁地用分数反映学生的情感态度与价值观的学习状况。虽然学生的作答情况可能无法全面诚实地反映自身情感态度与价值观，但也能够一定程度上成为评价的指标和参考。以下是两种操作难度较小的量化评价方法，可以在实际教学评价中加以应用。

（二）情感态度与价值观量化评价方法

（1）问卷法。对于教师来说，问卷法是在教学过程中较为常见的方法，也可以用来进行情感、态度与价值观的评价。问卷法的效果如何，很大程度上取决于教师对于问卷问题的编制如何。在设计问题的时候，教师首先要明确自己想要测量和评价的情感、态度和价值观的具体内容，再根据内容设计具有针对性的题目。在题目类型的设置上，教师可以采取封闭式和开放式问题相结合的方式，为学生提供更多的发挥空间，从而更全面地展现学生情感、态度与价值观的状况。如有条件的话，教师可以将设计好的问卷进行小规模试测，根据试测结果对问卷进行相应调整，再向学生大规模发放问卷。②

（2）李克特量表。李克特量表，又称为五点式量表，属于评分加总式量表中最常见的一种，常用于测量人的情感和态度。李克特量表通常会呈现一组陈述，每个陈述有着“非常同意”“同意”“一般”“不同意”“非常不同意”五个选项，要求作答者根据自身的真实情况选择相应的选项。需要注意的是，当李克特量表被使用于年级较低的学生时，问卷长度不宜过长，陈述的措辞也

---

① 刘术华：《高中历史教学的情感态度与价值观的测量与评价》，载《科教文汇（下旬刊）》2016 年第 9 期，第 117~118 页。

② 蒋奖、丁朝蓬、段现丽：《学生情感态度价值观的评估：给教师的建议》，载《课程·教材·教法》2009 年第 11 期，第 76~81 页。

不宜过于复杂。教师应当结合学生年龄段的特点，设计长度合适、理解轻松的量表，以获得更加准确的结果。①

虽然情感、态度与价值观的测量难度较大，但我国学者依旧进行了大量的研究，为情感态度与价值观建立了一定的评价体系，并制作出了一系列量表和工具。这些统一的、科学性较高的测量工具，方便了教师对学生的情感态度与价值观进行较为客观的评价。以下是两种体系较为明确的情感态度与价值观评价工具。

(三)情感态度与价值观评价体系与工具

(1)情感目标分类与《教学领域的情感目标测评问卷》。情感目标分类框架由我国学者卢家楣等人提出。该框架以布鲁姆的情感目标分类思想为基础，从情感教学心理学原理出发，分为三维度四层次。

三个维度分别为乐情度、冶情度和融情度。乐情度是指教学能促进学生对其喜欢的程度，关系到学生学习的积极性，涉及的是学习动力的激发问题；冶情度是指教学能使学生获得积极的情感体验的程度，涉及的是学生各种高尚情感的形成过程，是学生情操的培养问题；融情度是指教学能使学生与教师和周围学生情感融洽的程度，表面上看是学习中的师生感情的融合问题，实际上涉及的是学生对现实中的各种高尚的人际情感的形成过程。三个维度内部各自分为四个层次，分别划分为不同的内化程度，并用相应的术语进行标定。②

提出三维度四层次的情感目标分类框架后，卢家楣教授及其团队在此基础上研制出了具有操作性的测评工具——《教学领域的情感目标测评问卷》。问卷使用形容词测检表的形式，列举出有代表性的心境形容词，让作答者通过内省逐个判断这些词与自己当前心境的符合程度，以此来测评个体的情绪状况。每个维度 16 个词语，共 48 个词语组成问卷。不同层次的词语具有不同的分数赋值，根据完成问卷的学生所选择的词语，就可以得知其在某一维

---

① 赵德成：《新课程实施中的情感、态度与价值观评价》，载《课程·教材·教法》2003 年第 9 期，第 10~13 页。

② 卢家楣：《课堂教学的情感目标分类》，载《心理科学》2006 年第 6 期，第 1291~1295 页。

度上情感体验的分值，而各个维度的分值相加起来就是总分。①

值得注意的是，《教学领域的情感目标测评问卷》只是对学生的情感进行了测评，对于学生的态度、价值观，测评效果较为有限。但是作为成体系的测评问卷，也为教学领域内情感态度与价值观评测的标准化工作作出了突出贡献。

(2)学业情感评价指标体系。我国学者李吉会从学业角度出发，将情感、态度、价值观进行了概括和总结，构建出“学业情感”的相关概念。学业情感是“学生对所学学业(课业)是否符合自己需要而产生的体验”，对符合自己需要的学业，就会产生愉快的体验，就会对该学业产生兴趣，就会积极主动地学习该学业(态度)，就会克服困难坚持达到学习目标(意志)，就会感到该学业有用处(价值观)。而对于不符合自己需要的学业，就会产生一系列不符合自己需要的、不愉快的情感体验。

根据学业情感评价的相关概念，李吉会提出了学业情感评价的指标体系，以学业情感为对象分解评价目标。学业情感可分为学习兴趣、学习态度、学习意志、学业价值观四个一级指标；二级指标是反映一级指标的一些主要因素，由分解一级指标得到；另有各个指标的评价要素与评价标准。在实际操作中，可以根据评价要素和评价标准对学生进行具体的评价，并合成二级指标和一级指标的测量。②

学业情感评价指标体系较为系统地划分了学业层面的情感、态度、价值观，为具体教学中的评价工作提供了层次。但是，对于学生情感态度与价值观的评价，还包括学业之外的内容。学业情感评价指标体系也只能测评一部分的情感态度与价值观。

第二节　情感态度与价值观测量和课程思政评价的相同点

一、测量对象相似——集中于学生情感领域目标的达成

情感态度与价值观测量和课程思政评价的测量对象，都集中于学生主观

① 卢家楣：《教学领域情感目标的形成性评价研究》，载《教育研究》2007 年第 12 期，第 85~89 页。

② 李吉会：《如何评价情感、态度和价值观》，载《教育科学研究》2006 年第 2 期，第 23~26 页。

的心理状况。根据布鲁姆的教育目标分类学，情感、态度与价值观维度的教学目标属于情感领域的目标，在教学过程中注重学生信念、概念、态度的整合和培养。而课程思政是依托或借助思想政治理论课、专业课、通识课等课程而开展的思想政治教育实践活动。课程思政围绕学生思想政治素养的提升开展，其教学目标也深入了情感领域。与此对应，课程思政评价同样也围绕学生的思想政治素养，对课程思政的教学行为中是否达成了相应的“价值目标”进行评估。因此，情感态度与价值观测量和课程思政评价，它们的测量对象具有相似之处，都集中于学生情感领域的发展状况。相似的测量对象，也成为二者在测量方法、评价基础等方面呈现相似之处的基础。

二、测量方法相似——量化与质性结合，重视过程性评价

在进行情感态度与价值观测量时，由于测量对象的特殊性，一般的自我报告、问卷量表等方式难以全面体现情感、态度与价值观的状况。教师在教学的过程中，通过和学生的各种互动，再佐之以适当的质性和量化材料，才能够较为准确客观地进行学生情感态度与价值观的评价。而课程思政评价也是如此。

课程思政实施的过程中，学生价值体系的吸收、认同和构建是一个全方位的过程，这就注定了课程思政评价需要采用丰富多维的材料，全面反映学生在课程思政影响下价值构建的过程。课程思政实施中，学生要接受课程思政的相关教学元素，作出相应的反应，基于专业知识上升到思想层面，并内化整合为自己完整的价值观，从而形成合理使用思想政治价值观和方法论解决专业领域问题的能力。

基于课程思政实施过程的发展性和课程思政评价对象的特殊性，需要为课程思政评价构建多元的评价体系，采取量化评价与质性评价相结合，重视过程性评价和表现性评价的方式，更加全面地评价课程思政的育人效果，回归课程思政育人目的的根本。这也是学界对于课程思政评价体系构建的共识之一。量化评价的优势在于通过统一的课程思政量化指标和工具，简洁清晰地展现出学生对于课程思政的学习效果，可操作性强。量化评价在课程思政的总结性评价中较为实用，对课程思政的最终效果进行清晰明了的判断，概括化程度较高。质性评价能够在课程思政实施的过程中，通过观察、访谈等方式，收集更加多样化的信息，运用多元化的资料对课程思政的各项特质和

发展过程进行描述和评价。质性评价在课程思政的过程性评价、表现性评价中较为实用，能够有效反映学生价值观的形成过程与综合状况。量化评价与质性评价相结合，能够综合两种评价方式的优势，既能在总结性评价中提供客观清晰的指标数据，又能在过程性评价和表现性评价中提供足够的支撑材料，对学生的思想引领、价值内化、情感表达、精神提升等层次方面进行更全面的评价。

三、评价基础相似——立足于专业知识与课堂教学

情感、态度与价值观是作为课程评价中的三维目标之一被提出的，是对教师教学与学生学习成果的要求之一。学生通过在课堂生活中的学习，获取具体学科的知识与技能，扩展知识储备，深入学科领域进行探索；掌握学科知识的推导思路，获取课程的思维过程与方法，为利用课堂所学进行实践打下相应的基础；感悟课程中所蕴含的情感和态度，内化成为自身的价值观，在符合学科要求和国家需要的观念指导下合理使用课程所学，投身于中国特色社会主义的伟大实践。课程评价中的三维目标层层递进，又互相影响，形成了一个有机结合的整体，统一于课堂教学的实践要求和社会主义现代化建设的目标中。因此，对于情感、态度与价值观的评价，需要立足于课堂教学的基础，才能作出更加综合全面的评测。

习近平总书记在2016年的全国高校思想政治工作中明确提出，要“把思想政治工作贯穿教育教学全过程，实现全程育人、全方位育人，努力开创我国高等教育事业发展新局面”①。课程思政提出的目的，就是为了实现各类课程与思想政治理论课的同向共行，实现协同育人。“三全育人”和“十全育人”，都是课程思政工作期待达成的目标，都反映了协同育人的理念。高校实行课程思政，是为了更好地将专业知识技能与思想政治素养结合起来，更好地建设全方位符合社会主义现代化需要的人才培养体系，更好地为中国特色社会主义事业培养合格的建设者和可靠的接班人。因此，对于课程思政工作的评价，需要和课程思政工作的目的和要求相匹配，需要立足于课堂的专业知识技能和思想政治素养的有机融合，从而让思想政治教育工作贯穿课堂教

① 《习近平在全国高校思想政治工作会议上强调：把思想政治工作贯穿教育教学全过程　开创我国高等教育事业发展新局面》，载《人民日报》2016年12月9日。

学的始终。

教学并非简单地选择组织、传递知识内容体系的过程，而是文化在课程建构场域内部的转换和承继，是根据特定文化价值观从不同学科、专业的知识形态中，撷取爱国情怀、道德文明、社会主义核心价值观等时代文化，作为相关课程要素的课程建构与教学实践。课程思政教学评价就是文化在涵养学生品格素质、契合课程教学上提供关系信息，展现知识的文化属性在课程育人上的功能。① 因此，课程思政评价一是要考查学生对专业知识的掌握程度，延伸课程的广度和深度，揭示课程文化隐藏的原理和思维方式；二是要关注学生发展的文化心理，注重教学过程中的经验参与和情境依赖，发展创造性思维和协同能力；三是要通过学生评价促使学生反思、感悟与体验课程知识内隐的文化思想和精神。

第三节 情感态度与价值观测量和课程思政评价的不同点

一、主要使用阶段不同

(一)情感态度与价值观测量：主要应用于基础教育阶段

情感态度与价值观的教学目标，于21世纪之初的基础教育课程改革工作中被明确提出。基础教育课程改革工作的一个重要目标，就是改变课程过于注重知识传授的倾向，强调形成积极主动的学习态度，使获得基础知识与基本技能的过程同时成为学会学习和形成价值观的过程。在此理念的引导下，三大教学目标被提出，情感态度与价值观目标首次得到高度重视。

目前我国基础教育阶段课程体系的构建，注重发展素质教育，以社会主义核心价值观统领课程改革，着力提升课程思想性、科学性、时代性、系统性、指导性，推动人才培养模式的改革创新，培养德智体美劳全面发展的社会主义建设者和接班人。从提出到完善成熟，经历了二十余年的学术研究和教学实践，情感态度与价值观目标已经与其他两大教学目标一起，统一于基

① 张瑞、覃千钟：《课程思政教学评价：内涵、阻力及化解》，载《教育理论与实践》2021年第36期，第49~52页。

础教育各科目的学科素养要求中。目前学界对于情感、态度与价值观的测量研究，也多集中于基础教育阶段，结合各学科的具体要求与基础教育各阶段学生的发展水平进行，在高等教育阶段应用得较少。

（二）课程思政评价：主要应用于高等教育阶段

课程思政工作的提出和开展主阵地都集中在高等教育阶段。“课程思政”概念最初在2014年由上海市教育委员会提出，并在上海高校进行实验。①2016年，习近平总书记在全国高校思想政治工作中明确提出，要“各类课程与思想政治理论课同向共行，形成协同效应”②。习近平总书记的指示为课程思政工作的进一步发展提供了支撑，课程思政工作逐渐在高校中普及开来。③

目前在中国知网以“课程思政”作为关键词进行高级检索，能够看到，在学科关联中“高等教育”以2.72万相关度，位于关联度最高的位次。这说明课程思政的应用和评价的主阵地是在高等教育阶段。值得注意的是，“中等教育”以1861相关度位于学科关联的第7位。这说明，虽然目前课程思政应用和评价的主流是高等教育阶段，但是随着课程思政工作的深化，基础教育阶段也逐渐开始开展课程思政工作。课程思政工作及其评价，可能会出现从高等教育阶段向基础教育阶段扩散的发展趋势。

二、评价的主客体不同

（一）情感态度与价值观测量：以任课教师为主要评价主体

情感态度与价值观测量主要在基础教育阶段进行应用，基础教育阶段各科目的任课教师成为了最主要的一线评价主体。这也是由情感态度与价值观目标的特殊性与实践中的可操作性共同决定的。

目前的课程大纲和课程教学中，情感态度与价值观目标已经统合于学科核心素养。无论是将情感态度与价值观单独进行评价，还是在核心素养中进行综合评价，都离不开学科授课的背景。任课教师作为对学科核心素养、授课情况和学生状况都有相当的熟悉程度的主体，理论上能够最为全面地了解

① 赵继伟：《“课程思政”：涵义、理念、问题与对策》，载《湖北经济学院学报》2019年第2期，第114~119页。

② 《习近平谈治国理政》（第二卷），外文出版社2017年版，第378页。

③ 陆道坤：《课程思政推行中若干核心问题及解决思路——基于专业课程思政的探讨》，载《思想理论教育》2018年第3期，第64~69页。

学生的发展情况。在实践中，任课教师能够在课上课下接触到最多的与本学科相关的资料，与学生的交往也较多。无论是采用质性还是量化的评价测量方式，都具备较好的可行性。因此，对于情感态度和价值观的测量，通常以任课教师为主要评价主体来开展工作。

（二）课程思政评价：多主体全方位对课程思政工作进行评价

课程思政评价工作涉及的问题较为复杂，通常是采用多主体的方式对课程思政工作进行全方位的评价。与情感态度与价值观不同，课程思政工作并没有统一明确的教学大纲，也没有细致的操作要求和评价方向，基本依靠学校、专业和授课教师的自主规划。课程思政工作的主要领域在高等教育阶段，学生的身心发展状况也更加成熟。综上，需要从多个主体的角度对课程思政工作进行评价，才能更加全面准确地了解课程思政的实施效果。

(1)高校行政管理与思政部门。高校行政管理与思政建设部门应当是高校课程思政工作的主导者，统领着学校课程思政的实施方向。不同层次的行政管理与思政部门应当对课程思政工作进行检查、核验和评价，以把握学校课程思政的建设情况，及时对课程思政工作进行优化和调整，保证学校课程思政工作的质量。

(2)任课教师。任课教师是课程思政的直接实施者，有责任和义务对自己负责的课程思政工作进行评价。任课教师对课程思政工作进行评价，能够了解自己课程思政工作的开展情况，对自己的教学效果和工作安排进行检验，了解学生的价值目标达成状况，从而实现自我反思与超越。任课教师也是最直接的测量主体，通过课堂的小单元汇集测量成果，能够由点到面，反映学校的课程思政工作开展状况。

(3)辅导员与班主任。在高等教育阶段，大学生的日常生活不仅包括学习，课后工作和社会实践也占据了大学生活相当大的比重。任课教师与学生的接触相对有限，对于大学生的生活状况了解较为片面。大学辅导员、班主任和学生日常生活中的交往较多，能够得到更多的大学生课余生活的信息。辅导员和班主任相对而言与大学生的关系也更加亲密，能够更好地开展质性测量，对大学生课程思政的价值目标达成状况进行调查。辅导员和班主任作为课程思政评价的另一主体，能够为课程思政实施状况提供更加详细真实的资料。

(4)学生。学生既是课程思政的学习者，也能够成为课程思政工作的评价主体。他们是学校课程思政工作中最直接的参与者，对于课程思政工作有着最直接的感受。学校测量学生的价值目标达成状况，作为学校课程思政工作成效的指标；学生也能够对不同课程、不同形式的课程思政工作进行评价，也能够帮助学校发现课程思政工作细节和体验层面的问题。

三、评价内容存在差异

（一）情感态度与价值观测量：集中于具体科目核心素养的要求

总体而言，情感态度与价值观测量的目的在于实现素质教育，解决基础教育中知识与素养分离的问题。因此，对于价值观层面的要求，通常是在具体科目核心素养的层次。例如，在《普通高中数学课程标准（2020年修订）》的学科核心素养一节中，情感态度与价值观的要求与数学学科息息相关。逻辑推理素养的情感态度与价值观要求是："形成重论据、有条理、合乎逻辑的思维品质和理性精神，增强交流能力。"又如，数学运算的情感态度与价值观层面的要求："通过运算促进数学思维发展，形成规范化思考问题的品质，养成一丝不苟、严谨求实的科学精神。"①在核心素养的明确指导下，情感态度与价值观测量和学科素养高度相关。有学者指出，情感态度与价值观测量的内容还应当包括学生一般意义上的情感、态度、价值观，不过通常的测量内容也是与学科学习和学生个人发展有关的情感领域。

（二）课程思政评价：在学科素养之外，注重思想政治层面的测量

课程思政工作贯穿的价值观更为复杂，不仅包括学科层面的价值导向和学生个人发展的情感领域，还包含了学生适应我国社会所需的思想政治层面的价值观。课程思政工作具有高度的政治性，让高等教育培养出更多德智体美劳全面发展的，符合社会主义现代化建设需要的人才。"要在坚定理想信念上下功夫，教育引导学生树立共产主义远大理想和中国特色社会主义共同理想，增强学生的中国特色社会主义道路自信、理论自信、制度自信、文化自信，立志肩负起民族复兴的时代重任。"②习近平总书记的讲话显示，思想政治层面的价值观是课程思政关键的工作方向。在课程思政评价中，也应当重

① 《普通高中数学课程标准》，人民教育出版社2020年版，第5~7页。

② 《习近平在全国高校思想政治工作会议上强调：把思想政治工作贯穿教育教学全过程　开创我国高等教育事业发展新局面》，载《人民日报》2016年12月9日。

视思想政治层面的测量，以达到课程思政的育人目的。

目前学界所构建的课程思政评价体系，也都与思想政治层面的价值观紧密结合。例如鄢显俊构建的“课程思政”育人成效三维框架图中，“四个自信”融入专业课的程度作为一个测量维度出现，体现了课程思政评价对于政治性的重视；① 郑宇航设计的高校课程思政评价指标体系中，“教学内容”指标包含了马克思主义理论、党史国史、基本国情和国家大政方针等，“教学效果”指标也包含民族担当意识、全球意识等思想政治层面的价值观。② 因此，无论是从育人目的还是实际操作上，思想政治层面的价值目标达成效果都是课程思政评价的重要内容。

（本章执笔人：司晓晗）

① 鄢显俊：《论高校“课程思政”的“思政元素”、实践误区及教育评估》，载《思想教育研究》2020 年第 2 期，第 88~92 页。

② 郑宇航：《高校课程思政教学评价指标体系构建研究》，西南大学 2021 年硕士学位论文，第 11 页。

第七章 英、美、澳、日四国价值观教育与评价

“他山之石，可以攻玉。”通过了解其他国家思想政治教育工作的开展情况，学习借鉴其他国家在思想政治教育领域的经验，能够帮助我们拓宽视野，从而更好地发现自身存在的问题，并将其他国家的有效措施为我所用，提升我国开展思想政治教育的水平和能力。

进入21世纪以来，经济全球化进一步发展，全球化进程不断深入，国家间的交流越发频繁。丰富多样的文化借助互联网等媒介，跨越了时空的界限，传播到世界各处；频率升高的人口流动也为许多国家带来了新的习俗和风气。然而，全球化带来文化交流的繁荣的同时，也带来了诸多亟待解决的问题。当前，社会混乱，公民疏离，恐怖主义以及归属感碎片化是西方社会面临的主要政治问题和挑战。在多元文化社会在世界各国不断建立并扩大的当下，价值观建构和国家认同的培育逐渐成为各国需要面对的重要问题。价值观教育作为塑造国民核心精神，增强国家归属感和凝聚力，营造和谐社会的关键举措，在许多西方国家得到了高度关注。许多国家相继出台价值观教育政策，旨在以教育为切入点解决多元文化社会存在的一系列问题。

由于国情和文化背景的差别，其他国家很少拥有“思想政治教育”专门概念的学科和专业。不过从教育的目的和内容来看，我国的思想政治教育和其他国家所开展的价值观教育存在一致性。本章节将对英国、美国、澳大利亚、日本四个国家的价值观教育开展情况进行简单的介绍，并呈现这四个国家价值观教育评价的方式，为我国的思想政治教育和课程思政工作的开展提供经验和启示。

英国是位于欧洲地区的发达国家，具有较为深厚的文化底蕴，其国家核心价值观形成于独特而悠久的传统，实践于现代化发达国家的建设。我国同样有着悠久的文化传统，如何将传统的文化和观念在现代社会得到良好的传

承，焕发新的生机，英国的价值观教育能够为我们提供有效的经验。而美国虽然建国历史不长，却是目前世界上综合国力极其强盛的国家。如何在多文化的熔炉中提炼出属于本国的核心价值观，实现多民族的凝聚和认同，并促进国家社会经济的发展，美国的价值观教育值得我们进行学习。同样作为移民国家，澳大利亚的社会文化受到移民历史的强烈影响。文化多元和民族多元使得澳大利亚十分重视核心价值观的教育工作。政府推行一系列政策和框架，提供了大量的资金、法律等支持，核心价值观教育的推广和实施效果显著。通过对澳大利亚价值观教育的了解和学习，我们可以充分借鉴政策建设的经验和政府主导的相关框架。日本和我国同属于东亚儒家文化圈，一向非常重视核心价值观建设。在继承发展儒家文化的基础上，日本将传统文化与现代文明有机融合，形成了具有日本民族特色的核心价值观。日本使用多种方式促进核心价值观的宣传和教育，我国可以在相似的文化背景下，学习借鉴日本价值观融合和宣传教育的经验，从而促进我国经济社会的发展。

第一节 英国的核心价值观教育

一、英国核心价值观的形成基础和主要内容

（一）英国核心价值观形成的现实基础

“自由不是凭空而来，它根植于英国议会民主和言论自由；责任感和法治观念依附于独立的司法程序；包容的理念来源于斗争，与国内以英国为国家认同的诸多宗教和信仰团体相关联。”①这是英国前任首相大卫·卡梅伦在2014年6月，为纪念英国《自由大宪章》颁布799年写下的文章中对英国价值观的追根溯源。英国核心价值观的形成是一个复杂的过程，离不开英国特有的政治和社会文化基础。

1. 政治环境：民主体制的萌芽发展与法治的重视

在英国，“主权在王”的专制王权一度是国家权力的集中体现。而在王权不断发展的过程中，对抗王权的力量也在不断发展。文艺复兴和宗教改革运

① *PM's Speech at Munich Security Conference*, https://www.gov.uk/government/speeches/pms-speech-at-munich-security-conference，2021年3月18日访问。

动产生了巨大的反响，资产阶级队伍得到壮大，封建专制主义和资本主义的矛盾更加突出，已达到不可调和的地步。继而反对封建专制统治的斗争迅速在欧洲展开，并率先在英国产生萌芽。

到中世纪末期，在政治方面，英国“自由”的传统已经深入人心。维护“权利”的观念已经从贵族和王权的斗争逐渐渗透到各个阶层人们的心中。光荣革命结束后，英国建立了资产阶级政治制度，并在数百年的发展中形成议会制等民主决议政治运行体制。正是因为长期运行的民主体制，英国核心价值观对于民主和自由的观念高度重视。

英国价值观对于法律的重视也同样有着政治环境的基础。1215年，《自由大宪章》颁布，这是奠定英国法治基础的第一个制度性文件。贵族与国王进行了长期的斗争，最终通过法律对王权进行了约束，使王权承认了法律的权威，保障了民众的自由。虽然当时《自由大宪章》内容的主要目的在于捍卫贵族的自由，但是经过长时间的斗争和强调，《自由大宪章》已经成为了英国人民自由和法治精神的代表。立法的权力在王权还是议会，一度是英国悬而未决的政治问题。直到1363年，英国议会确定了“王在议会”原则：“法律或者法律的修正案，由议会的国王制定并发布为正式文件，在没有议会权威的许可下不得改变、废除或延缓。并在所有特殊的情况下都有效，直到被议会废除为止。”这一原则从提出到被广泛拥护同样经历了一个漫长的过程。直到16世纪末17世纪初，英国的经济和社会发展到一个新的阶段，现代民族国家建立，议会才真正获得了立法权。

1688年，英国通过《权利法案》，议会最终确立了立法权。至此，没有人或任何机构拥有被英国法律承认的可以践踏或者超越议会制定法律的权利的权力。法律的权威得到了彰显和体现，司法程序的独立性也得到了保护。因此，英国的法治精神和对法律的尊重得到了充分确立。①

2. 社会样态：多元文化的冲突和交织

现代英国社会文化和人口结构的变化，带来了社会价值观念的改变和重构。20世纪60年代后期，英国利用宗教教育促进不同文化之间的理解和包容。但随着种族、文化在英国社会逐渐趋向多元，个人的信仰也遭受了挑战，原有的宗教教育难以达到理想的效果。在外来的多元文化冲击下，英国传统

① 陶懋炜：《英国社会价值观溯源》，外交学院2017年硕士学位论文，第7页。

文化也对此进行了抵制，歧视事件常有发生，在社会层面形成了不容忽视的矛盾。除此之外，英国的国家认同问题也不容忽视。2014 年，苏格兰举行了全民独立公投，虽然结果以失败告终，但却引发了人们对英国主权统一问题的关注。英国本土四个民族地区的国家认同问题在近年来进一步凸显，国民“英国性”的缺失也成为了英国政府关注的问题。①

21 世纪初，英国首相布莱尔指出：英国是一个多民族、多种族、多文化、多宗教、多信仰的国家，英国的历史和国情决定了我们必须珍视自由、宽容、开放、公正、公平、团结，权利和义务相结合，重视家庭和所有社会群体。面对多元的社会文化，英国政府大力倡导崇尚自由、包容他人的价值观，以求解决多种文化的交织冲突问题。在此基础上，英国政府强力推行价值观教育和公民教育，建构统一的国家认同。②

(二)英国核心价值观形成的理论基础

英国核心价值观的形成，在本国思想的基础上，对外来文化进行了吸收借鉴，最终构建出独特的价值体系。

古希腊罗马的政治哲学思想，可以看作欧洲民主观念的滥觞。西方文明来源于古希腊，欧洲的哲学思想也与古希腊思想息息相关。在古希腊的地形和地理位置等诸多因素的影响下，为了便于管理，形成了多个小国寡民的城邦。城邦实行直接民主，倡导公民对事务进行决策。在直接民主制度的影响下，许多思想家开始对公民教育的相关问题进行思考，并提出了许多政治哲学观点，并对后世产生了巨大影响。例如亚里士多德认为，城邦中的公民应对自己的责任、义务加以承担、履行，并对公正、自制、善等观念进行了论述。古罗马重视共和精神，重视公民的平等和自由，并颁布法令用于调节日常生活中的诸多问题。③ 古希腊和古罗马思想中所蕴含的民主、法治、自由等精神，成为了欧洲政治哲学思想的基础，也促进了英国核心价值观的形成。④

---

① 仝耀斌：《“英国价值观”与英国公民教育的实践反思》，载《思想政治课教学》2020 年第 12 期，第 83~85 页。

② 张婧：《英国价值观教育的目标、实施途径与思考》，载《世界教育信息》2017 年第 24 期，第 23~26 页。

③ 孙玉红：《亚里士多德公民教育思想及其当代启示研究》，南京师范大学 2020 年博士学位论文，第 17 页。

④ 陈义平：《论古希腊罗马的公民政治哲学》，载《南京政治学院学报》2006 年第 2 期，第 71~75 页。

中世纪时期，在封建统治的压榨和教会的影响下，欧洲的哲学思想并没有得到明显的发展。直到14/16世纪，欧洲社会的生产力大幅提高，新兴资产阶级力量逐渐壮大，文艺复兴运动兴起。文艺复兴所宣传的人文主义思想主张尊重人权，尊重个性自由，肯定人的价值和创造。在文艺复兴和宗教改革运动产生的巨大影响下，资产阶级队伍得到壮大，反对封建专制统治的斗争在欧洲迅速展开，启蒙运动随之爆发，最终也催生了近代欧洲的资本主义民主政治思想。这些思想以自由、民主、和平为核心，对欧洲的进步作出了历史性的贡献，也成为了英国核心价值观形成的理论基础之一。近现代的英国涌现出一批优秀的政治思想家，他们的思想对英国核心价值观的发展也产生了重大影响。霍布斯认为一切人生来就是平等的，提倡平等、自由和天赋人权的思想。洛克也持有天赋人权的思想，认为人民的财产权、生命权和自由不可侵犯。① 密尔作为英国自由主义思想家，在《论自由》一书中对资本主义制度下的公民自由权利进行了论述，并对社会能合法用于个人权利的性质与限度进行了说明，提出了自由的各项原则。②

综上所述，古希腊和古罗马的政治哲学思想、文艺复兴的人文主义思想和启蒙运动生发出的启蒙思想，是英国核心价值观形成的理论基础。经历了不断的发展和完善，英国核心价值观逐渐成形，并由于其深厚的文化基础受到了社会的普遍接受。

（三）英国核心价值观的历史演变及其主要内容

英国历来重视价值观教育。20世纪80年代，英国教育部颁布了《道德教育大纲》，道德教育开始在学校受到重视。1996年，英国学校课程与评估协会组织了“教育价值观国家论坛（The National Forum for Values in Education）”，来讨论和探究教育领域内价值共识的相关议题。1998年，英国政府颁布了《科威特报告》（*The Crick Report*），提出全球公民教育的相关内容，进一步强调价值观教育的重要性。③

---

① 王哲：《西方近代人权观剖析》，载《北京大学学报（哲学社会科学版）》1992年第3期，第50~53页。

② 黄卫东：《自由的限度及其回应——评约翰·密尔〈论自由〉》，载《湖北经济学院学报（人文社会科学版）》2020年第10期，第30~34页。

③ 张婧：《英国价值观教育的目标、实施途径与思考》，载《世界教育信息》2017年第24期，第23~26页。

英国的《2002 年教育法案》在第 78 条中对价值观教育提出了明确的要求：学校要制定相对平衡的课纲，促进学生在学校和社会的精神、道德、文化和身心的发展。英国教育部门(Department for Education)发布的《推广学校“英国价值观”作为 SMSC 教育》(*Promoting Fundamental British Values as Part of SMSC in Schools*)中，英国教育部要求英格兰地区所有公立学校需要遵循《2002 年教育法案》第 78 条的要求，开展符合“英国价值观”的价值观教育①。

随着英国价值观逐步成为社会和教育关注的重点，对于英国价值观具体内容的讨论，也经历了一个发展完善的阶段。2006 年，时任英国首相汤尼·布莱尔将“统一英国价值观”(Common British Values)概括为“民主信念、法律规则、宽容、平等对待每个人”这几个词组②。2011 年的《预防措施》(*Prevent Strategy*)提出了“基本英国价值观”的概念，将其定义为“民主、法律、个人自由、尊重和包容他人信仰和信念”③。《预防措施》所提出的价值观内涵，是英国教育领域中对于价值观的普遍采取的定义，也是目前官方提出的学校教育所要实施的内容。

“民主”的价值观要求学校和教师让学生了解国家民主的政治体制。需要根据学生的年龄和接受能力，在课程中安排适当的部分，向学生讲授民主影响决策的政治进程，介绍民主制度的优势和不足，并与其他形式的政府相比较，了解英国政府民主政治运作体制的特殊性。学校不仅在课上进行民主制度相关知识的讲述，也安排校内的民主实践活动，通过学生会、校委会等组织让学生更深刻地认识到民主的内涵和作用。

“法律”的价值观要求学生意识到法律对于保护公民权益的重要性，让学生信赖并尊重法律。此外，“法律”价值观还要求学生认识法律运作的基本机制，了解行政机关和司法机关之间存在的分权，意识到法院等机构的相对独立性等。

“个人自由”的价值观鼓励学生理解并积极行使属于他们的权利和个人自

① 仝耀斌：《“英国价值观”与英国公民教育的实践反思》，载《思想政治课教学》2020 年第 12 期，第 83~85 页。

② 宁莹莹：《现实指向的英国价值观教育：背景、内容和实施》，载《福建教育学院学报》2019 年第 2 期，第 1~4 页、第 11 页、第 129 页。

③ 樊俊：《个体内化：中英价值观教育对比》，载《文教资料》2022 年第 6 期，第 114~117 页。

由，让学生明白权利和义务，自由与限制的边界。“个人自由”还包括群体自由与平等的观念，需要学校结合英国社会和文化的多样性，对学生进行性别平等、宗教信仰自由等方面的教育。

“尊重和包容他人信仰和观念”的价值观，要求学生理解选择和持有其他宗教信仰的合理性，并意识到宗教信仰自由受到法律的保护。不同宗教信仰的人和没有宗教信仰的人不应当受到歧视，而应该受到尊重和包容。学校需要促进学生进一步了解不同的宗教信仰和其理念，并促进学生分辨和制止歧视、欺凌和种族主义的语言和行为。

二、英国核心价值观教育的实践经验

（一）以 SMSC 发展项目为支点，以政策引导推行核心价值观教育

SMSC 发展即学生精神（spiritual）、道德（moral）、社会（social）、文化（cultural）发展，是英国推行的学生发展计划之一。1988 年，英国政府颁布教育改革法，提出要在全国范围内开展精神、道德、社会和文化发展计划，首次提出 SMSC 发展计划。SMSC 发展项目旨在为学生提供未来在英国生活所需要的相关价值观念和必备的相关知识技能，以培养人格健全的英国公民，让学生做好未来生活的准备。由于 SMSC 发展项目强调学生内在价值观的学习和培养，英国政府将其作为支点，开始推行英国核心价值观教育。①

英国教育部颁布的《推广学校“英国价值观”作为 SMSC 教育》中，明确要求要将基本英国价值观列入 SMSC 教育内容，并给出了具体的教育实践建议。例如，学校应当建立符合学生年龄特征的课程，发展对民主观念和法律运作的认知，并引导学生了解其他国家不同形式的政治体制。学校还可以组织学生参观政府机构，在实际接触中更加深入地理解民主制度的运作过程等。这些具有操作性意义的建议，通过 SMSC 发展项目和强制的教育法令传达到公立学校，统一了精神、道德、社会和文化发展教育计划理念的同时，也给予了学校和教师进行教学实践的抓手，增强了法案的可操作性，让英国核心价值观教育更容易落到实处。

（二）采用基于价值的全局规划核心价值观教育策略

不同于学科知识，价值观作为一种情感态度，能够在潜移默化的过程中

① 郭恩泽：《英国中小学“SMSC”课程中的价值观教育研究》，东北师范大学 2020 年硕士学位论文，第 14 页。

得到学习和构建。价值观教育不仅包括学校课程，还应当是跨学科、跨领域的开放式全局规划教育过程。从 SMSC 教育内容在具体的教育实践中也可以看出，英国核心价值观教育涉及学生生活的各个方面，是基于核心价值观所进行的一系列教育活动。

1. 以课程为主导进行学校价值教育

在英国，价值教育历来受到重视，学校中有着丰富的价值教育相关课程，例如宗教教育、公民教育、个人、社会和健康教育等。这些具体的课程，在发展学生的情感、态度和核心价值观方面发挥着重要的作用。英国核心价值观教育的开展，也是从学校的价值教育相关课程出发，将民主、法律、个人自由、尊重和包容他人信仰和观念的核心价值观融入原有的价值教育课程之中，突出核心价值观的重要性，也确保了核心价值观教育实施的基础要求。价值教育课程并不是简单的知识讲授，在价值教育课堂上，师生在和谐开放的学习环境下，在讨论和交流中能够达到价值观教育的目标，从而让学生生发出对核心价值观的理解和认同。

在高等教育阶段，英国大学也充分利用课程教学，渗透价值观教育。以爱丁堡大学本科阶段（Under-graduate Course）的生物化学技术（Biochemical Techniques）课程为例，大学生需要通过 100 学时的学习，掌握重要而常用的各种生物化学技术的技术原理和操作要点，同时需要明确生物化学技术发展对人类社会的伦理、道德、法律等方面产生的影响，明白生物化学技术领域中人们所认同的基本价值观。教师会采用讲解、讨论等方式向大学生进行价值观教育，对道德规范和行为准则进行宣传，从而达到核心价值观教育的目的。①

2. 注重全局规划，将核心价值观教育渗透到学生生活的方方面面

除了具体课程，学校也以全局规划作为目标，将价值观教育融入学生生活的方方面面。

首先，学校重视和家庭社区的协同合作。当学校制定教育政策时，通常会和当地的社区和家长群体进行讨论，达成对政策的一致认同后再进行具体实施。价值观教育的相关政策也是如此，这样能够让学校的政策得到更加全

① 宁曼荣：《英国大学价值观渗透教育及其借鉴》，载《黑龙江教育学院学报》2017 年第 2 期，第 83~85 页。

面的推广和支持，以达到更好的开展效果。

其次，学校重视和家庭的联系，形成价值观教育的家校合力。学校会和家长保持沟通，希望与家长保持同样的语言、方法和政策，对学生进行全方位的价值观教育，让学生在生活中的每个细节中都遵循核心价值观的要求。

此外，学校还会组织各项课内外的实践活动，将学生置于真实的情境中更深刻地理解核心价值观的内涵。这也离不开社区和家长的支持。例如，利物浦的豪勒伍德小学，会在圣诞节前夕组织学生将家里用过的玩具、书籍、自己制作的小点心等带到学校，由学生组成志愿团队进行销售，家长进校参加活动。活动的收入由教师组织捐赠给公益组织。① 许多学校在英国核心价值观念的基础上建立了学校的核心理念，从全局出发建构适用于本校的基于价值的价值观教育策略，将英国价值观融入学校教育教学全过程。如华盛堡学院（Washingborough Academy）从英国价值观的基本概念中培育出“包容、合作、尊重、理解和责任”作为学校核心价值观。课堂上，教师对价值观进行阐述和引导；校园生活中，学生对价值观进行实践和体验。价值观教育由此融入学生生活的方方面面，构建出全局规划的价值观教育体系。②

三、英国核心价值观教育的评价

对于英国核心价值观教育的评价，英国政府高度重视，建立起一套层次分明、细节完备的评价监管体系。从价值观教育的达成效果到价值观教育的开展状况，都具有相应的规章政策，以保证价值观教育的有效施行。

（一）英国核心价值观教育的阶段评价标准

英国针对不同学段学生的发展水平，制定了分阶段的价值观教育成果评价标准。标准明确了学生在不同学段应该达到的价值观认知和形成程度，还对学校的课程开展状况和价值观教育内容进行了一定的规定。价值评估标准还为学生的每个阶段的跨越进行了指导和准备，让学生能够更好地适应未来的生活。

---

① 张婧：《英国价值观教育的目标、实施途径与思考》，载《世界教育信息》2017 年第 24 期，第 23~26 页。

② 宁莹莹：《现实指向的英国价值观教育：背景、内容和实施》，载《福建教育学院学报》2019 年第 2 期，第 1~4 页、第 11 页、第 129 页。

1. 小学阶段：PSHE 教育体系和适当的公民教育

PSHE，意为个人、社会和健康教育(personal，social and health education)，是英国基础教育的重要组成部分，PSHE 课程成为所有英国中小学的思想素质教育必修课。到了六年级，学校需要给学生安排公民教育的相关课程。公民教育的内容更加深入，涉及核心价值观的相关认知，让学生了解民主、自由、权利等方面的知识，强调学生的英国公民身份，确立公民意识。学生可以在课堂上通过自由发言，交流彼此的想法，更加深入地理解核心价值观的精神。这种互动交流的教学方法，也让学生培养了批判性思维和合作交流的能力，为学生进入社会生活打下基础。

2. KS3 阶段

KS3 阶段和中国的初中三年相当。学生需要在学校开设的 20 门左右课程中，选择一定数目的课程进行学习。其中与核心价值观教育相关的学习内容包括：英国民主政府政治体系的发展(包括公民、议会和君主的作用等)，议会的运作(包括投票和选举，以及正当的作用)，英国公民享有的主要权利、规则和法律以及司法系统的性质(包括警察的作用以及法院和法庭的运作)，公共机构和志愿团体在社会中发挥的作用，以及公民共同努力改善其社区的方式(包括参加学校活动的机会等)。可以看到，在 KS3 阶段，对于学生的要求提升了一个档次。学生需要更加详细地理解民主、法律、个人自由的相关知识和内在精神，还需要通过实践活动，在具体的环境中对核心价值观进行学习。

3. KS4 阶段

KS4 阶段相当于中国的高中阶段，对学生提出了更高的要求。在民主层面，学生需要理解议会民主和联合王国宪法的关键要素，包括政府的权力、公民和议会在追究当权者方面的作用以及行政、立法和司法以及新闻自由的不同作用；地方、区域和国际治理以及英国与欧洲其他地区，英联邦，联合国和更广阔世界的关系。在法律层面，学生应当了解英国的法律制度，不同的法律渊源以及法律如何帮助社会处理复杂问题等。学生通过实践活动等方式，对个人自由、尊重和包容等核心价值观产生更加深刻的认识。①

---

① 樊俊：《个体内化：中英价值观教育对比》，载《文教资料》2022 年第 6 期，第 114~117 页。

除此之外，英国教育标准局还制定了《学校监管手册》等成文的标准资料，强调学校内部各级管理人员要实施好英国核心价值观的教育。手册详细列出了学生在精神、道德、社会、文化四个方面要到达的标准，并给出了学校优秀、良好、合格、不及格四个等级的评价指标。价值观教育的达成情况，成为了手册评分的重要依据。例如，在“学校推进英国基本价值教育期待学生达到的认知和理解水平”中，《学校监管手册》作出了如下要求：①了解公民如何通过民主程序影响决策；②明白法治社会能保护每个公民，对其幸福和安全至关重要；③人事行政权和司法权是分开的，警察和军队等公共组织机构依托议会履行职责，法院等司法机构保持独立；④理解人们具有选择和持有信仰的自由；⑤接纳并包容他人拥有不同的信仰或信念(或没有信仰)，并不因此而产生歧视和偏见；⑥理解识别并对抗歧视的重要意义。对于学生核心价值观培养程度的明确规定，能够帮助学校和教师对价值观教育进行合理的安排，也为学校进行核心价值观的考核提供了方向。①

(二)英国核心价值观教育的审查监管制度

仅仅通过阶段评价标准的设立，还不足以对核心价值观教育的实施成果进行保证。英国政府建立了精细化的审查监管制度，确保学校切实有效地进行核心价值观教育，传递英国基本价值观。

英国教育标准局发挥着监督、考核、评价及反馈等重要的职能，是对价值观教育进行审查监管的主要系统，也是抵御学校意识形态风险和学生失范行为的有效武器。在实际的监督操作中，教育标准局实行一套精细的运作程序，对学校的核心价值观教育进行追踪和严密审查，具体措施包括政策保障、无间断课程审查、多机构监管和教育资源渠道推介等。通过审查和考核中采集的数据，为学生和教师提供基本价值观教育的新知识和资源。

具体的审查大致包括三个方面。首先，英国教育标准局会针对学生群体积极开展风险评估，防止学生受到极端主义等错误思想的影响，避免学生受到伤害、歧视等负面行为影响，确保青少年的身心健康在最大程度上得到有效支持。其次，针对教师及教工群体，英国教育标准局呼吁他们成为基本价值观的“守卫者”，积极营造安全、健康、关爱的教育环境。一方面，审查机

① 刘晨：《英国基本价值观教育：现实动因、政策演进与实践进路》，载《比较教育研究》2022 年第 7 期，第 12~21 页。

构会对基本价值观的教学情况进行考核评估，要求教师识别、监控并向当局政府报告有“极端主义”风险的学生；另一方面，鼓励教师积极为学生提供探讨敏感及争议性价值问题的安全场域，帮助学生获得应对复杂困难情况的知识和技能，学会识别并管理风险，作出安全且正确的价值选择。最后，学校等教育机构应当强化落实基本价值观教育的主体责任，积极展现如何与学生共同努力将英国基本价值观培育融入教育体系中，尤其是如何积极应对持反对意见的学生、工作人员及家长的挑战。教育标准局监察委员会将学校在促进英国基本价值观推广与教育方面的作用评估作为判断学校领导及管理成效的考量依据。①

在英国教育标准局之外，英国其他部门也对价值观教育开展着监管，例如地区儿童保障委员会等。多部门的联合监管意在为青少年营造良好的成长环境，让价值观教育真正落到实处。

四、英国核心价值观教育的启示与借鉴

(一)价值观教育需要与本国传统相适应

英国核心价值观的形成，在政治层面上可以追溯到1688年光荣革命，在社会文化层面上也与传统的启蒙思想等相匹配。英国核心价值观的形成和发展，英国核心价值观教育的施行和具体实践，都建立在资本主义制度之上，是为了维护执政党的统治地位，维护国家的安定和团结所开展的文化教育活动。在英国社会层面，英国核心价值观所蕴含的悠久传统得到了普遍的认同，也为英国核心价值观教育的推行减少了一定的阻力。

虽然我国和英国的社会制度和政治传统存在差异，但是，我国的课程思政工作和思想道德教育也是为了国家的实际发展而服务。实行课程思政和思想教育工作，需要建立在国家的发展实际上，和根植于我国社会的传统观念相匹配，与我国的具体情况相结合。因此，我国思想教育工作的开展需要全面围绕社会主义制度展开，坚持社会主义的办学方向，弘扬我国的社会主义核心价值观，不断推动中国特色社会主义建设事业的发展。

(二)需要制定全面的政策，以政策推进具体工作的开展

英国核心价值观教育的开展和推广，离不开英国政府的支持。英国政府

① 刘晨：《英国基本价值观教育：现实动因、政策演进与实践进路》，载《比较教育研究》2022年第7期，第12~21页。

非常重视价值观教育，并且在推广实施价值观教育的过程中相继出台一系列政策确保价值观教育的有效实施。政策涵盖了英国核心价值观教育的各个方面，包括英国核心价值观的定义、核心价值观教育项目的开展、核心价值观教育实践的具体操作方式、核心价值观教育的评价标准和监管体系等。全方位的政策支持成为了核心价值观教育的有力保障。

我国的教育政策虽然也有着长期的发展和规划，但是与英国的核心价值观教育的政策建设相比，在这方面还具有一定的进步空间。为进一步推进课程思政和思想道德教育的相关工作，国家教育行政部门有必要对思政教育制定更加详细的政策，从而为课程思政提供更加全面具体的制度设计、操作指导、评价标准和监管体系，让课程思政和思想道德教育在政策的引领下达到更好的实践效果。

（三）注重显隐结合，以学生为中心，对价值观教育进行全局规划

英国的核心价值观教育注重显性课程和隐性课程的结合。在基础教育阶段，学校按照政府的相关要求，为学生开展公民教育的相关课程，使用显性课程的方式向学生传授核心价值观的相关知识和内在精神。除此之外，英国核心价值观教育更多地采用隐性课程，将价值观的理念贯穿于学生的生活中，让学生时刻受到价值观的熏陶和感染。学生通过相应的学校文化和氛围，置身于对应的环境和实践条件之中，自然而然地对英国核心价值观产生更加深刻的理解，也为未来的社会生活进行了演习和准备。

相对而言，我国的课程思政和思想政治教育等工作还是以显性课程为主，通过较为直观、显性的教学方式和课程内容将相关知识传授给学生，而隐性课程的发展较为有限。为达到更好的思政教育成果，应以学生为中心，构建起显隐结合的思政教育体系。首先，除了专门的思想政治教育课程，学校应当更加重视课程思政工作的开展，将对学生的思想道德培养渗透于各门学科之中。日常各个学科的教学实践不应该只是单纯地传授知识的课程，应当结合学科的具体内容，把对人的培养融入学科教学，促进学生的全面发展。其次，应当为学生创建更有效的思政教育环境，重视实践活动对学生的培养作用。在开展思想教育的过程中，需要结合具体的场景，将思想政治教育贯穿学生生活的方方面面，促使学生将课程中学到的相关理论和价值观应用在实际生活中。

第二节　美国的核心价值观教育

尽管美国只有仅仅两百多年的历史，是一个由不同的种族、不同的文化、不同的观念合成的“大熔炉”，却能迅速崛起成为超级强国，登上世界霸主之位，至今在国际舞台上仍有着巨大的影响力，不得不令人深思。其成功的原因是多元的、多层次的，但归根结底，崛起绝不是在于该国硬实力的强盛发达，而是文化软实力的内在支撑与强劲推动，即核心价值观对社会生活全方位的渗透。虽说中美两国在社会制度、历史传统、文化背景、经济发展等方面有着很大的差异，但借鉴美国价值观教育的有效方法与途径，不仅为我国的社会主义核心价值观教育提供有利经验，且对维系社会和民族生命力、提升国家文化软实力、增强国际影响力等具有重要的启示意义。

一、美国核心价值观的形成基础与主要内容

美国价值观教育的历史可以追溯到殖民地时期。1620 年，“五月花号”承载着一批英国宗教移民登陆北美，这是一个具有里程碑意义的开始。随后，为了躲避宗教迫害，以清教徒为主的欧洲移民者纷纷前往北美大陆，带去了当时全球最先进的“民主”与“自由”等基督教新教思想，逐渐发展成为日后美国社会的传统文化和核心价值观。如今，超 75% 的美国人信奉基督教，而剩下约 20% 的人也有着其他宗教的信仰，可见宗教是美国的文化底色。在大部分美国人的家里都放有一本《圣经》，从小所受到的家庭教育就是以宗教为主的道德伦理观念，在潜移默化中成为美国人的“思想基因”。因此，宗教是美国文化中不可或缺的一部分。正是由于存在着这样一种强大的宗教道德基础，美国才得以在由来自世界各地各种背景的移民及其后裔组成的社会里，形成自己的价值观和凝聚力。①

被普遍认为是美国精神基础的《五月花号公约》，是美国价值观和意识形态的重要源头，而《独立宣言》《权利法案》和《联邦宪法》成为美国立国的三大基本法律制度，对美国价值观的践行作了明确的规定。深受欧洲启蒙运动的天赋人

① 裴孝贤：《宗教在美国社会中的地位》，载《美国研究》1998 年第 4 期，第 41 ~ 64 页。

权、自由、平等、民主和法制、三权分立等思想的影响，杰斐逊等人于1776年7月4日发表《独立宣言》，标志着美国的诞生。作为美国立国精神的最重要文书之一，《独立宣言》提倡资产阶级的自由、平等和主权在民思想，“人人生而平等”作为美国立国的基本原则，提出的“生命权、自由权和追求幸福之权”有力地推动美国民主化的进程，对美国未来的发展有着极为深远的影响。1787年美国《联邦宪法》确立了联邦制，这是近代著名的资产阶级民主宪法。宪法包含了七大内容，其中个人权利是美国宪法中的重点，允许国民有言论自由和新闻自由等的权利。1791年美国通过的由詹姆斯·麦迪逊(James Madison)提出《权利法案》的修正案包括了言论、宗教和平集会自由等方面，赐予了美国媒体或个人言论自由的护身符，个人主义已然成为美国价值观的核心。

独立战争之后，对于这个新成立的美利坚合众国而言，国内各民族的文化传统和价值观念是千差万别甚至天壤之别的，在这样的形势下，由于缺乏共同的民族记忆，某一民族若想成为核心民族，并以其所倡导的文化价值观以绝对优势的地位压制和统领其他民族的愿望几乎是不可能实现的。① 由此，为解决美国较为严重的文化冲突和种族问题，一种似乎能维系和凝聚起美国人的“美国精神”应运而生。尽管，多元文化下的“美国精神”随着时代的变迁而有所变化，但自始至终不变的是从“自我”出发的个人主义、自由主义，激发美国人的民族自信心，鼓励每个人努力开拓奋斗，提倡“自由、平等、民主”等核心价值信念，在社会整合中发挥着强大的聚合作用。与此同时，在美国沦为英国殖民地之后，也深受盎格鲁-撒克逊文化的影响，并对其主流价值观和意识形态进行不断的渗透。因为，盎格鲁-撒克逊文化涵盖了多方面的内容：以英语为媒介，体现欧洲文学和古典哲学的深刻内涵，并融合了基督教信徒和新教伦理，同时以司法制度为保障等，这就统一了国家理想与社会现实，正是在这样的文化模式影响下，随后陆续而来的移民也很快地融入了美国社会。②

无论是《独立宣言》《联邦宪法》。还是《权利法案》，这些文献宪法中所提倡的自由平等等权利仅限于资产阶级，反映了资产阶级的阶级本质，显现出

① 胡玉荣：《美国价值观建设及其国家认同的巩固》，载《陕西行政学院学报》2018年第2期，第17页。

② 胡玉荣：《美国价值观建设及其国家认同的巩固》，载《陕西行政学院学报》2018年第2期，第17页。

其局限性，个人主义也呈现出极端化发展，尤其到了20世纪中期以后，青少年暴力、酗酒、吸毒等社会问题层出不穷，美国各级政府、社会各界、民众纷纷对价值观教育的呼声越来越大。到了20世纪五六十年代，价值澄清德育理论应运而生，以传授核心价值观为主的现代德育理论运动就此拉开帷幕，让道德教育再次回归学校并备受关注。以路易斯·拉思斯等人为代表的价值澄清理论认为，道德问题就是价值观问题，认为价值教育的核心就是让学生自己学会评价过程，而非他人给出具体的价值观。这种“价值中立”的观念导致学生面对问题时没有清晰的判断，从而导致价值观混乱，并不能解决当时的社会问题。到了20世纪六七十年代，道德教育转型为以劳伦斯·柯尔伯格为代表的道德认知发展理论。儿童道德发展阶段论是道德认知理论的核心内容，提倡教师通过“道德两难故事法”引导学生进行道德推理，从而提高学生的道德认知水平。但这种较为理性的道德推理往往容易忽略道德情感、道德意志与道德行为在道德发展过程中的作用，结果同样地造成了道德缺失。到了20世纪七八十年代，以阿伯特·班杜拉为代表的社会学习理论诞生。班杜拉主张观察学习法(又称榜样学习法)，认为在一定的社会环境下，通过对榜样的观察进行行为学习，显示出榜样示范的重要性，但却忽略了推理能力和思维认知等心理机制的作用。20世纪80年代后，美国掀起了轰轰烈烈的品格教育复兴运动。以托马斯·里可纳为代表的品格教育，把美国的道德教育思潮推向一个新的阶段。品格教育以价值观教育为基础，提倡青少年应具有的核心价值主要包括：同情、勇敢、礼貌、公正、诚实、善良、忠诚、建议、尊重、负责等。

纵观美国两百多年的历史，透过纷繁复杂的社会现象和影响美国的各种思潮，从所继承的丰富精神资源以及历史遗留的问题与危机中不断形成一股力量强大的软实力，即价值观在历史不断发展的潮流中慢慢沉淀，并通过政治力量来加速传播和得以强化。2001年，时任美国总统的布什颁布了名为《不让一个孩子落后》(*No Child Left Behind*)的教育法案，其中特别提到了价值观的问题。这些法案指出：“尊重、正义、公共美德与公民素养以及对自我和他人的责任等核心伦理价值观，是构筑社会稳定健康运行的基石。”①

① 杨威：《西方国家核心价值观培育的多主体系统及其协作——以美国、英国、澳大利亚为主要分析对象》，载《社会主义核心价值观研究》2016年第5期，第60~61页。

二、美国价值观教育的实践经验

美国是一个多民族、多种族、多元文化的国家，其教育管理体制为地方分权，因此，全国对于价值观的具体内容没有统一的说法，即各州、各学区、各学校等有关价值观教育的课程各不相同，他们均可提出各自主张教授的价值观，但整体而言，美国价值观主要从家庭教育、学校教育、社会教育这三种途径进行建设。

（一）家庭教育是推进美国价值观建设的原动力

家庭教育对孩子价值观的启蒙作用是其他教育方式方法无法比拟的。众所周知，父母是孩子的第一任老师，在言传身教中把自己的宗教思想和伦理观念等传输给孩子，从而影响他们道德情感、道德行为和道德态度等价值取向。然而，随着社会的变迁，单亲家庭、同性婚姻等出现，当代美国的传统核心家庭结构也随之发生变化，给传统的价值观带来了极大的冲击。美国婚姻和家庭政策分析专家马赫（B. Maher）主张通过巩固传统家庭模式以强化美国价值观。他认为，婚姻和传统核心家庭是美国价值体系的重要组成部分，政府应该努力维系和促进传统婚姻关系，支持价值观教育的政策首先应该是支持儿童和家庭的政策。① 因此，重视家庭教育，让传统家庭价值观重新回归到社会生活，使正确的价值观念得以传承。

（二）学校教育是推进美国价值观教育的主动力

学校不仅对学生有计划地传播系统的知识教育和道德教育，而且能有力推动经济、文化、政治、意识形态等多方面的发展，是有效传递社会价值观的重要场所。培养塑造全面完整的人，是学校教育的特有职责。对于维系核心的人类价值观和社会共同价值观，并鼓励儿童和青少年加强对这些价值观的认同，学校更是责无旁贷。因此，学校教育应按照社会对个体的基本要求对个体发展的方向与方面作出社会性的规范。由于美国核心价值观教育没有统一的课程和教育方法，美国根据不同学校的特点，各州教育部、大学、中小学等提出了不同的核心教育的方式和建议，主要途径有显性课程和隐性课程。

---

① 杨威：《西方国家核心价值观培育的多主体系统及其协作——以美国、英国、澳大利亚为主要分析对象》，载《社会主义核心价值观研究》2016 年第 5 期，第 58~66 页。

1. 显性课程

主要是指学校开设专门的一个学科，对学生实施价值观的灌输，如德育课程、通识课程和专业课程；专业课程有公民科、历史科、人文科等。其中，公民科教育的目标是使学生理解并认同美国政治制度和国家理念，承担公民应有的社会责任，具有爱国等公民必备的道德品质。历史科、人文科等课程则具有很强的政治性和理论性，以期提高学生对美国价值观的认知与认同度。而美国大部分高校均开设了通识课程，将自然科学、社会科学、前沿热点等基础和知识相统一，在讲解经典文献的同时，将社会、政治和文化的观点囊括其中，把专业学习与美国价值观教育紧密相连。

2. 隐性课程

学校通过教育环境有意或无意地把价值观传递给学生。例如，通过营造民主的班级氛围向学生传递平等、自律、诚信、尊重等价值观。此外，还可以通过学校或班级的网页标语，以及学习生活中的方方面面传递各类价值观，如同"润物细无声"般地发挥其潜在的影响。

此外，学校非常重视学生的动手能力，可通过学生的课外活动进行运用或实践其学习的价值观。其活动的形式是丰富多样的，例如有学校社团活动、学校庆典活动、志愿者服务、社区服务等。这些社区或家庭活动并不是无主题的随意活动，而是学校与家庭和社区合作进行的价值观教育，学校向家长展示价值观课程和教育方法，从而将价值观课程一直延伸到家中，同样，学校通过与社区合作确定价值观主题，以举办活动的形式吸引学生参加。①

(三)社会教育是推进美国价值观教育的辅助器

美国的社会教育主要是通过宗教、政党和政治活动、社区和社会团体、大众传播媒介、实物展览、生活环境等多种途径和手段渗透进行的。②

尽管当今的美国物质文明高度发达，但宗教对美国社会具有强大的影响力，作为社会道德与精神信仰的支柱，发挥着无可替代的作用。在美国这个"大熔炉"里，不同种族的移民能被"熔合"，宗教是"整合剂"。教会活动与许多民众的社会生活息息相关，民众因有着相同或相似的宗教信仰被分散孤立

① 邓达、刘颖：《美国中小学核心价值观教育及其启示》，载《教育科学论坛》2015年第1期，第67~68页。

② 崔志胜：《美国价值观建设及其对中国社会主义核心价值观体系建设的启示》，载《江西师范大学学报(哲学社会科学版)》2010年第2期，第29页。

的社会个体带入相关的社会群体中，使他们相互关联，超越种族的界限，建立起同为美国人的公民身份意识，缓解社会矛盾和道德伦理危机，增强他们对国家的认同感和归属感，从而灌输美国精神，培养他们爱国主义的情怀与价值观。因此，宗教教育备受美国政府重视。作为学校早期的主要课程，移民从中接受美国文化，培养美国意识，有力地推动了社会价值观的大众化。

美国宪法规定政教分离，政府、国会不能通过立法来倡导或者鼓励设立宗教，宗教也不能干预政治，但事实上，宗教与政治相互间的影响是必然存在的。因此，美国政府借助宗教教会、社会团体等组织，在民众主流的意识形态上添加政治色彩。政治权力、政府行为和法律法规积极助力，对价值观的建设提供强而有力的支撑。例如，美国历任总统的就职演说或公开言论，都会有唤起美国人民爱国主义精神的名言警句，反复强调民主、自由、人权、个人主义等观念，让“美国精神”深入民心。每两年的国会选举和每四年的总统选举活动都会反复传播资产阶级的自由、民主、平等观点。平日的宗教集会、社团组织的各类实践活动、志愿者服务等，通过面对面的交流互动，能促进群体内部的融合，增强民族的凝聚力，更有利于参与者对价值观的认同与理解。

此外，大众媒体如互联网、电影、电视、电台以及书刊等具有感召力和影响力的重要工具，大多经过精心设计、有意识地将时代所需的价值理念向社会成员灌输，实现价值观大众化。例如，耳熟能详的电影《肖申克的救赎》《幸福来敲门》《阿甘正传》等，隔着屏幕都能感受到爱国主义、自由、人权、公平、正义等主题。实物展览如向公众开放的各种纪念馆、博物馆、展览馆、名人故居等集中体现美国价值观的场所，对参观者直接输入相关的价值观，导向性鲜明。生活环境如社区、电梯、商场等随处可见的场景，在潜移默化中对民众进行价值观念的熏陶、感染和教育。由此可见，通过大众化传媒、实物展览、生活环境等有形媒介，多途径、多维度地广泛传播价值观。

由于家庭、学校、社会这三者并不是独立存在的，而是相互依存、相互作用的，因此，在推动价值观的建设时，美国主张三者协作，注重发挥不同主体的教育合力，促进不同社会力量的合作与沟通，内化为大众的意识观念，外化为个体的自觉行动，切实把价值观融入生活中的方方面面。

三、美国价值观教育评价

任何社会要推进并落实价值观的建设，必须借助相关政策及法规的强制性与权威性提供稳定且持续的有力支撑。结合多民族、多元文化且日趋严重的社会问题等国情现状，美国制定了一系列培育价值观的计划和法案。上文提到的美国立国的三大文献——《独立宣言》《权利法案》《联邦宪法》，对价值观的推进作了明确的规定，处处体现出“民主、自由、平等”、个人主义及爱国主义等价值观念。此外，为加大价值观的教育的强制性与权威性，美国政府不断提供政策和法律上的运行保障，例如，1965 年的《高等教育法》。1991 年美国佐治亚州教育委员会颁布法令指出，地区学校委员会应该为幼儿园到 12 年级的儿童提供指导，以促进州教育委员会所采纳的价值观教育。1994 年美国联邦政府颁布《2000 年目标：美国教育法》，提出促进学生思想品德和价值观念形成。2002 年布什总统签署了《不让一个孩子落后法案》，提出政府要大力支持公民教育，提升青年人的坚定品格和公民精神的教育目标。2009 年颁发的《爱德华·肯尼迪服务美国法案》提出，要更新全美国儿童和青少年的公民责任伦理和社区精神。2021 年发布的《公民参与教学法》要求，在教育部内设立公民教育办公室，以在全美国推广公民教育。

为了提升教育质量，对价值观教育及时进行科学评价是保持其教育系统性至关重要的环节，能保障价值观教育朝着预想的目标不断推进。当前美国高校通识课程价值观教育已自成一套较为成熟且有效的评价系统，即以定量统计与定性分析、直接评价与间接评价、内部评价与外部评价为主的三组评价方法。现以美国高校通识课程的价值观教育为例，了解及探讨其评价的整体情况，为改善价值观教育和相关课程提供参照。

1. 定量统计与定性分析

自 20 世纪 80 年代起，教育评价开始看重学生的发展，并以学生的学习成果作为核心内容。而学生的学习成果可以从知识、能力和素质这三个维度进行定量统计分析，包括学科知识的掌握程度、批判性思维能力、创新能力、价值判断能力等。但价值观教育会影响到受教育者的心理状态、思想品德等复杂的价值观念，单凭定量统计这一种评价方式是难以深入解释的，因此需要定性分析来诠释数据背后的意义。由此可见，定量统计与定性分析相结合，才能更全面地提供确凿有据的信息。

2. 直接评价与间接评价

直接评价是指直接评定学生是否掌握特定的知识、能力和价值观，其方法包括标准化测试、档案袋评估法、课程嵌入法、面试和问答等。其中很多高校都在使用标准化测试法，比较有代表性的有“大学教育效果评估项目”(The College Outcome Measures Program，COMP)和“大学学生能力评价”(Collegiate Assessment of Academic Proficiency，CAAP)，这是对同时教育知识、能力和素养进行的综合标准测试。① 虽标准化测试法能有效地检测出学生认知性的学习成果，但不能用来检验学生的素养程度，如批判性思维、道德品格等。而以问卷调查法为主的间接评价，可以更深入地了解影响学生学习成果的原因。

3. 内部评价与外部评价

内部评价通常指学校内部评价机构对学生的学习成果进行评价，以改进教学方法、丰富教学内容、完善教育制度。外部评价指政府或社会组织等校外机构对学校是否达到教育目标而进行的量化评价，以督促和规范学校各方面的发展。只有将两种评价方式相互结合，才能起到监督管理的作用，提高评价的覆盖性与时效性，以保障教育的质量。

由于人的知识、能力和价值观存在多样性，对学生学习成果进行评价的方法则不能单一化，这样会造成片面性或过于主观的评价，并不能提供客观全面的信息来准确判断教育对学生的影响程度。因此，应综合运用以上三组评价方式，每组间相互渗透和转化，形成一个有效可靠的价值观教育评价体系，是价值观教育的“指挥棒”。

四、美国价值观教育的启示与借鉴

在数字经济和全球化的时代下，美国能在危机与挑战中突围而出，登上世界霸主之位，其软实力所起的作用不容小觑。因此，结合我国现状实情，对美国价值观教育进行建设的三个主要途径进行有益探索，可以给我国的价值观教育带来一些启示。

在美国，宗教是家庭教育的起点和重要组成部分。我国虽没有像美国那样有着浓厚的宗教色彩，但可借鉴宗教观念在公民教育中所起的重要作用，对历史悠久的佛教、道教、儒家等思想进行“本土化”改良，让孩子从小明白什么是“仁、义、礼、智、信、恕、忠、孝、悌”等基本品德，通过日常生活

① 张宝予：《美国高校通识课程中的价值观教育研究》，东北师范大学 2019 年博士学位论文，第 21 页。

中的点点滴滴，传递“责任心、尊重、公平、关心、正义、守法”等公民意识，在潜移默化中培养良好的品格，朝着社会主义核心价值观——“富强、民主、文明、和谐；自由、平等、公正、法治；爱国、敬业、诚信、友善”的方向逐步发展。

家庭是孩子的第一个课堂。儿童和传统家庭结构在美国都受到相关宪法或政策保护，无非是为了让孩子在健康良好的家庭环境中成长。而家庭环境重要是由父母有意识地去营造。在陪伴孩子成长中，父母也需不断自我完善和自我提升，理解和掌握社会主义核心价值观体系，身体力行地积极践行，建立起良好的家风、家训、家规，对孩子言行举止进行有效管教，从言传身教中传授做人的道理，培养其独立的思考和生存能力，从而树立正确的人生观、价值观、世界观。借助春节、元宵、清明、端午、中秋等有中国特色的传统节日，了解相关的历史文化知识，传承优秀的中华传统，提升孩子的家国情怀，增强民族凝聚力。由此可见，注重中华传统文化的继承和发扬，营造崇德向善的家庭氛围，才能给社会带来良好的道德风气，为培养核心价值观教育提供一片肥沃的土壤。此外，要从小灌输爱国主义教育。只有“根正苗红”了，培养出来的孩子长大后才懂得感恩不忘本，为祖国作贡献，实现核心价值观教育的最终目标。

学校教育是实施核心价值观教育的主要阵地之一。虽说美国价值观教育没有统一的课程和教育方法，但各州、各学校对于价值观的教育都有一套较为成熟和有效的课程，尤其借鉴世界闻名的蓝带学校对德育课程的推进更具有启示意义。其中，蓝带学校在相关教育模式上更为注重价值观的认知、情感体验和应用这三方面，注重显性课程和隐性课程的有机运用。鉴于我国教育机制体制不够灵活，学校缺乏办学自主权，教育发展不平衡等现状，推进价值观的学校教育砥砺前行，任重道远。

虽说我国设有专门的思想政治教育课程，但由于理论性较强，不够通俗易懂，学生在认知上难以做到理解和掌握社会主义核心价值体系。教师应提高自身专业水准与学科素养，发挥学生的主体地位，优化课程，找准学生的兴趣点作为切入点来寻求价值共识。理论联系实际，用身边的人和事来阐述思想政治的理论和价值观，学生更为容易接受与理解，更能调动学生学习的积极性，切身感受到以中国人为荣，获得民族认同感，爱国之情油然而生。此外，还可以通过其他科目课程进行核心价值观教育的全方位渗透。例如英语新教材中提及诺贝尔获奖者屠呦呦、家喻户晓的“铁榔头”郎平等名人时，引导学生分析学习促使她们成功的个人良好品格，还要深入了解造就她们成功背后的集体主义。通过教师的积极引导，提高学生的认知水平，具有深刻的情感体验，使社会主义核心价值观深入人心。而生活中处处皆学问，不仅在课堂上可以进行价值观的教育，在日常生活中，可充分利用各种隐性的教育资源，进行社会主义环境下的“沉浸式”价值观教育。除了课室或校园里的标语，在公交、的士、火车等交通工具，公交站、公园、商场等公共场所，随处可见社会主义核心价值观的 24 字标语，“无死角”地将价值观传输给学生，增加他们的归属感和对价值观的认同感。

此外，美国教育中非常注重通过各式各样的课外活动和社会实践来提高学生的应用能力。宋代爱国诗人陆游曾说过“纸上得来终觉浅，绝知此事要躬行”，在课堂上和在生活中的所见所闻再多，都不如自己的亲身体验，这样才能深刻领悟核心价值观的真正含义，做到知情意行统一是实现价值观的教育目的。如果经济条件允许的话，可创造机会让学生、教师走出校门，甚至走出国门，向有经验的成功学校取经学习，加强学校之间的交流与合作。提高家校共育，精心设计社会实践活动或志愿服务活动等，促进学生形成“责任感、爱心、尊敬”等良好的公民意识，通过认知、情感体验和应用，把社会主义核心价值观的理论知识内化成意识和外化成行为。

美国在一切能利用的场合里，对其社会价值观进行大力的推广和宣传，取得不错的成效。这启示我国社会主义核心价值观建设需动员一切社会力量来参与，对主流的意识形态进行全面渗透。

首先，要发挥党和政府的主导作用，制定配套的政策来推动核心价值观教育的落实，扩大受教育的范围，保证有优质的师资力量、合理的机构设置、充足的教学经费等。号召党员发挥先锋示范的作用，走进基层，带领群众深入了解和学习核心价值观的内涵和以身作则带头践行，成为社会主义核心价值体系的学习先行者。通过大众传媒或者公开演讲，扩大政治精英的“明星效应”，打好扎实的群众基础，充分发挥主流意识形态的导向作用。

其次，大众媒介不仅是信息的载体，还成为核心价值观重要的发起者、倡导者和引领者。当下处于信息爆炸的“互联网+”时代，生活离不开手机、平板、电脑、电视、收音机等电子产品，社会主义核心价值体系是信息洪流中的“定海神针”。坚持正确舆论导向，弘扬主旋律，释放正能量，引导大众躬身力行。如各种电子商家能做到诚信经营、各大留言评论区里抵制“键盘侠”“标题党”、直播带货不再是简单地叫喊“买买买”等，这些无不是在践行“文明、和谐、自由、法治、诚信、友善”等社会主义核心价值观。

最后，在生活中的方方面面，加大理论的宣传力度。除了烈士陵园、博物馆、名人故居等有明显价值观教育意义的场所，搭建更多有利于宣传社会主义核心价值体系的公共文化设施和生活场景，不断培养社会成员的认同感和使命感。

总而言之，培养和弘扬社会主义核心价值观，构建家庭、学校、社会“三位一体”的综合教育模式，家校共育、学校与社区合作等多途径、多层次地联动对接，在政策和法律法规的运行保障下，搭建多种教育平台，综合运用显性教育与隐性教育，形成教育合力，推动社会主义核心价值观教育不断前行。

第三节　澳大利亚的价值观教育

一、澳大利亚价值观的形成基础与主要内容

多元文化主义是移民国家常见的一种文化主义，最早见于美国与加拿大等国家，而澳大利亚则是直至20世纪80年代才将多元文化主义定为基本国策。这也奠定了澳大利亚在此后经济文化社会等层面腾飞的基础。如杨洪贵教授(2007)①曾经详细论述了多元文化背景下的澳大利亚公民教育问题，重点描述了多元文化主义在经济、文化、教育等领域中为澳大利亚带来的变化和发展。这是当今世界很少有纯粹的单民族国家存在，无论是美国或者加拿大等移民国家，还是中国这样本身具有多民族共存的国家，对于澳大利亚从拒绝外来民族的进入心理状态到以多元文化主义的心态广泛接受外来者之间的变化都值得研究，多元文化社会中占据主体的民族文化会对外来民族文化具有更强的包容性，澳大利亚在多元文化主义下发展起来的应对外来民族的手段和模式已经逐渐得到国际社会的广泛认可和推广，多元文化主义下的澳大利亚模式更是成为解决国内民族矛盾和国与国之间冲突的有效方式之一。

---

① 杨洪贵：《澳大利亚多元文化主义研究》，西南交通大学出版社2007年版，第135~162页。

学校价值观教育在澳大利亚价值观教育中属于重中之重的地位。这方面的研究主要集中在三个方面，一是对学校课程内容特点管理模式对我国的启示的研究，如李承宫介绍了澳大利亚中小学的课程结构和课程评价情况，分析了澳大利亚的课程模式对我国的启示。① 二是实践视域下澳大利亚多元文化课程的开发与实施。澳大利亚在确定多元文化主义国策之后经过几十年的开发与努力，已经确立了从基础教育到高等教育的多元文化主义课程模式，且这一模式经过澳大利亚的多年实践与展示已经收获了众多的国际认可，也为澳大利亚的教育树立了兼容并包的文化旗帜。三是研究澳大利亚价值观教育课程的特点以及背后所折射的澳大利亚整体教育价值观。

(一)价值观的内容及其历史演变

澳大利亚价值观的变化过程主要有三个阶段，第一阶段(1901 年至“二战”之前)，这一时期澳大利亚严格意义上并不能完全算作一个主权国家，在这一时期澳大利亚这片地域上的人们一边把自己视为英属国家，另一边又被英国本地国民所不认同，结合当时的世界环境，所以这一时期澳大利亚这片地域上的人追求的是平等、民主与自由。第二阶段(“二战”后至 20 世纪 70 年代)，在这一时期由于大多数国民经历过“二战”的洗礼，在内心观念上已经与之前发生了很大变化，身处在澳大利亚这片地区的人终于开始产生国家认同感，开始将自己视为澳大利亚公民，澳大利亚的国家认同价值观教育也由此而始。第三个阶段(20 世纪 70 年代至今)，这一时期比较标志性的事件是尼克松访华，这意味着自美苏冷战争霸以来逐渐封闭的国际环境有了向暖的趋势，中国作为社会主义阵营的二号国家也开始与美国、日本等资本主义国家建立外交关系，经济全球化的趋势渐显，如此在地球村的世界背景下，澳大利亚的价值观教育目标开始转向培养多元文化主义下的世界公民，在价值观教育中主推了自由、平等、公正、民主、尊重、包容、同情、合作等内容以适应未来澳大利亚的国际发展需求。

1. 一元价值观教育

一元价值观教育属于第一阶段的产物，在这一阶段，虽然名义上澳大利亚成功独立，但实际上无论是从文化上还是制度上以及人们心中的观念上澳

① 李承宫：《澳大利亚中小学价值观教育研究》，东北师范大学 2020 年硕士学位论文，第 13 页。

大利亚都不能说是真正的独立，反而更像一个英属国家，也因此在这一阶段澳大利亚的价值观教育目标是一元地向英国效忠，以此壮大英国的世界霸权地位。

这一时期在一元价值观教育影响下澳大利亚的教育目标是培养生在澳大利亚但忠于英国的英属澳大利亚人。① 在这一终极目标的影响下，澳大利亚人所接受的教育完全沿袭了英国的教育模式，以英国的道德观来约束澳大利亚人的行为，一点一滴地将其改造为英国的海外公民。

澳大利亚沿袭了英国的教育体制，因此在教学内容特别是文化教学内容上直接使用英国课程，除圣经课程外，学生还需要从小学习英国文学、历史、现代和古代语言、地理等课程，同时在这一时期广泛的自由、民主、平等观念影响下，学校实行以学生为中心的教学模式，针对学生学段采取不同的教学方式，注重理论和实践的结合，由此，虽然这种理论与实践相结合的教学方法为澳大利亚培养出了大批人才，但是这些人才从心理上认为自己是英国的海外公民，根本没有对澳大利亚国民身份的认同感，这就更加导致一元价值观教育模式在这一时期大行其道。

2. 价值观教育的多元转变

第二次世界大战通过残酷的血与火深刻地改变了世界格局，也改变了很多人心中固有的观念。比较典型的如澳大利亚在战争中被英国抛弃，这揭开了一直以来很多澳大利亚人视自己为英国海外公民的遮羞布，在现实的剧烈打击下澳大利亚人民不得不开始思考自己未来的道路。由此澳大利亚的价值观教育开始了从一元到二元的转变，澳大利亚人的国家认同感也开始萌生。

"二战"中澳大利亚被美国抛弃的经历促使澳大利亚人不得不进行反思，经过全社会的大讨论终于形成了新的价值观教育目标，即承认一元价值观教育过去的成就的同时开始二元价值观教育，加强对公民国家认同感的培养。

这一时期澳大利亚价值观教育内容主要体现在以下几个方面。②

(1)传统价值观教育的转变。"二战"中被抛弃的残酷现实让澳大利亚人民开始不再将英国的一切视为绝对真理，原来的资产阶级基督教价值观教育

① Barcan A A, *History of Australian Education*, Melbourne: Oxford University Press, 1980, p. 240.

② 沈永兴、张秋生、高国荣编著：《澳大利亚》，社会文献出版社 2014 年版，第 216~217 页。

受到新兴的个人主义至上的中立开放教育的严重冲击，最典型的如“开放课堂”和“实践课堂”被引入澳大利亚的基础教育部分，以类似我国实践才是检验真理的唯一标准的理念，给予了教师和学生更多的开放空间，政府和学校不再设置绝对真理束缚课堂教学，在保证国家认同感教育的前提下给予了一线教师更多尝试的机会和空间。

(2)新社会科课程运动的引进。新社会科课程运动“主要以大规模的、基于学科的课程项目为特征，项目强调对知识、结构和历史的探究模式。新社会科利用发现教学法鼓励学生使用事实、概念和综合的方法产生新知识，尝试采用多媒体资料，并将社会科学融入学科计划中”①。新社会科课程的最大特点是注重教学中对实践技能的培养，强调实用价值理论。

3. 多元开放价值观教育的形成和发展

20 世纪 70 年代以尼克松访华事件为代表的一系列事件表明美苏关系正在缓解，作为社会主义阵营重要组成部分的中国也开始与一些西方资本主义国家进行建交和贸易，经济全球化的地球村畅想即将到来。为此，澳大利亚也及时调整了本国的价值观教育目标以适应未来的发展形势。在经济全球化的世界背景下，自主性和全球性作为本国价值观教育新的着眼点，致力于培养多元文化主义下拥有全球公民意识的未来国民，以适应未来经济全球化背景下的国家需求。

经过之前的积累这一阶段的澳大利亚价值观教育更具有包容性和多样性，在自由、平等、民主、自由、包容、尊重等核心内容外还增加了对本国文化的挖掘和对世界文化的吸收，引导年轻人站上世界舞台，从意识和能力上培养新生群体参与国际事务的意愿和能力。简而言之，就是在培养国家认同感的前提下，培养学生在多元文化主义下的全球公民意识。

(1)从思想上彻底清算了种族歧视主义。建国早期的《移民限制法案》自然早已废除，但遗留下来的种族歧视的种子却始终存在，将多元文化主义设置为国策，澳大利亚从思想上就开始改变对白人以外人种的歧视，肃清了种族歧视的遗毒，真正落实国家与国家之间、种族与种族之间、民族与民族之间的平等、自由、公正。

---

① 韩芳著：《从臣民到公民——澳大利亚公民教育发展研究》，光明日报出版社 2011 年版，第 74 页。

(2)多元文化主义从法律政策上对各种族提供保护。多元文化主义政策从法律层面规划了各种族的权利与义务，在事实上帮助了少数或弱势群体的基本权利，极大地提升了澳大利亚对外界移民的吸引力。澳大利亚的多元文化政策模式也为国际上世界各国解决国内民族纠纷和国际纠纷提供了很好的参考。

二、澳大利亚价值观教育的实践经验

价值观教育路径的选择直接影响着个人成长情况和未来社会人才需要是否能得到满足，对国家的当下发展和未来国力都有着深远影响。澳大利亚价值观教育通过学校、社区、家庭、宗教四个途径开展，并不断探索其他的教育路径。

学校教育是澳大利亚价值观教育的主阵地。一般情况下学校会因为学生年龄、学段的不同而采取不同的价值观教育内容和方式，在尊重学生成长规律的前提下达到更好的教学效果。在具体实施过程中，学校具备一定的灵活操作空间，会因人而异、因时而异地采取实践教学活动，将课上的理论教学内容通过实践活动让学生运用出来，以论己不论心的方式让学生加深价值观教育的学习成果，比如在中低学段学生的课业负担较轻，这一学段价值观教育的主要内容就是以理论教学为主，利用人的记忆成长规律，从小为学生种下价值观教育的种子留在以后发芽成长；而在高学段，学生课业负担较重，就会采用更加有趣味性、开放性的价值观教育模式，通过课堂讨论和实践活动来增强学生的主体意识，锻炼实践能力。此外澳大利亚不同学校性质也代表了各自偏重点的不同。公立学校更加偏重对学生道德教育的培养，而四类学校和天主教学校则更多地增加了社会资源对教育的投入和搭建了学校政府与宗教之间沟通的桥梁。同时为了保证不同性质学校的教育公平，联邦政府部门利用法律手段明确规定了每名学生都有平等受教育的机会，并严格规定了义务教育的起止年限总计 13 年，对不同性质学校实现共同的教育公平有着必不可少的作用。

联邦政府还统一了国家价值观教育课程，这使得所有学校都可以在同一框架下进行竞争，教师在教学过程中的教学目标和评价标准也有了统一而明确的规定，他让学校层面的价值观教育有了可以量化的评价标准，有了更加清晰的执行路径。例如 1991 年澳大利亚教育委员会组成规定在基础教育初级阶段价值观教育主要传授基本知识，在学生升入高年级后教师才会采用一些具有强烈实践性的感知类价值观教育模式，给予学生更多的开放空间来进行思维碰撞和自我探索，引导学生实现自我成长，形成社会责任感。

联邦政府为了发挥家庭在价值观教育方面的重要作用，成立三个组织机构。第一个是国家层面的澳大利亚国立学校组织协会。它在学校董事会和家长之间起承上启下的作用，实现二者之间的沟通。同时澳大利亚国立学校组织协会还有监督学校和家长的作用，通过监督更好地发挥家长的力量，增加学生的国家认同感。第二个是州层面的家长机构，州层面的家长机构能更准确地了解自身所在地的详细价值观教育政策，同时，家长还可以起到监督学校的作用。政府也能利用家长得到更准确的一线教育信息，了解到基层家长最真实的需求，从而在政策制定过程中更具针对性。第三是私人家校沟通机构：家长协会。家长协会并不具有法律效力，更多的是学校与家长进行沟通的一个渠道，在这里学校和家长可以针对争议问题进行解释和讨论，学校有向家长坦白实情的责任，家长也有接受学校指导的义务，只有家校合作才能更好地助力学生成长。

社区价值观教育是最为贴近生活底层的教育途径，澳大利亚在实践中主要发现了有三个作用。

其一，澳大利亚充分发挥社区价值观教育在城市基层治理中的作用。在社区与学校的合作机制中，学校与社区提前进行合适的沟通，形成统一的价值观教育环境，社区还要根据学校的要求布置一定的价值观教育环境和活动，如让学生参与敬老院关爱老人活动，进行打扫社区卫生活动，通过社区特意准备的工作岗位来让学生在实践中获得成长，同时社区也需要对学生的价值观教育活动进行带有签字的书面评价，形成社区评价表带回学校计入成绩。在社区与企业的合作机制上，双方互相说明各自的教学原则的教育情况，在真实价值观教育活动中社区人员可以进入企业体会企业文化和工作流程，甚至获取来自企业的资金支持，而企业则可以进入社区的管理岗位，了解最真实的市场需求和打响企业的名气。这两种合作模式给予了学生更多的实践参与机会和实践参与对象，让澳大利亚的价值观教育更具社会性和实践性，不断提高学生的价值观教育效果。

其二，社区在价值观教育中非常重视环境建设。好的环境建设能为社区价值观教育提供事半功倍的效果。例如澳大利亚的社区养老院就十分考虑老年人的年龄特点，在环境建设过程中尽量选择清幽的环境，在养老院的院墙上也画满了关爱老人的字样或图例，敬老院的社区工作人员也会详细介绍关爱老人的具体做法，从实际行动中让老人感受到国家和社会对他们的重视和关心，从而形成爱的传递环境，培养社区人民的价值观素养。

其三，社区在传播价值观教育方面采取了多种方式的传播手段。可以与当下发达的信息技术相结合，一些澳大利亚社区可以直接通过地方电视台来向人民传播本社区的价值观教育内容，又或者可以通过社区自建网站来展示本社区的价值观教育事例，此外facebook、短视频等形式也广受欢迎，总之，社区价值观教育内容和案例在当下时代的传播方式可以是多种多样的。

澳大利亚是一个典型的移民国家，公民的信仰广泛。在澳大利亚的价值观教育中，宗教教育可以与学校教育、家长教育、社区教育进行勾连，如在天主教学校中学校的宗教教育本身就会导人向善，与学校本身要进行的价值观教育内容相符，符合澳大利亚在培养学生国家认同感前提下培养学生全球公民意识和多元文化意识的要求。同时天主教学校也会与家长进行沟通，要求家长对孩子进行基督教教育。而在学校之外，在宗教信仰较多的地区也会建设相应的教堂为共同宗教信仰的人提供学习场所。① 天主教认为，天主教的信徒就应该热爱基督教，应该尽己所能地帮助弱势群体，天主教信徒的追求也应该是真善美。因此，宗教信仰与澳大利亚的价值观教育活动就有了求同存异的基础，在长久的演化后就形成了政府供给教堂资金，而教堂则按照政府制定的规则来引领学生参与价值观教育活动的现状。

澳大利亚通过将价值观教育融入宗教教育中，一方面充分调动宗教信仰者建设澳大利亚的热情，另一方面也充分发挥了宗教导人向善、触及灵魂的作用。经过教育的信仰者不仅对自己所信奉的教义更加忠诚，激起了他们对澳大利亚民族、国家的认同感，还坚定了他们日后为澳大利亚的发展作出贡献的决心。

三、澳大利亚价值观教育的课程体系

澳大利亚价值观教育的三个主要部分，以培养学生的九项基本价值为主要目的。三个单元都是独立的，侧重于内容传授、活动组织和自我教育，并

① 李新翠：《澳大利亚基础教育》，同济大学出版社2015年版，第178页。

通过嵌套的方式构建了内容系统，确保了各单元的配置不会脱离教学目的，从而实现区域间的差别。三个单元既可以成为教学资源，也可以支撑各个专业的价值观念的培养，也可以作为单独的课程来实现各个学科之间的相互联系，扩展单元的内涵。各单元的教学内容均按照认识发展的原则，采取螺旋向上的教学方法，以实现各阶段的知识水平的垂直联系。

（一）中心嵌套：以价值观为核心灵活组合

澳大利亚价值观教育课程内容以《阿德莱德宣言》的价值观为中心，嵌套"建立学校价值观""促进学生幸福感""跨文化与全球化背景下的价值观教育"三大模块。如图 7-1 所示。

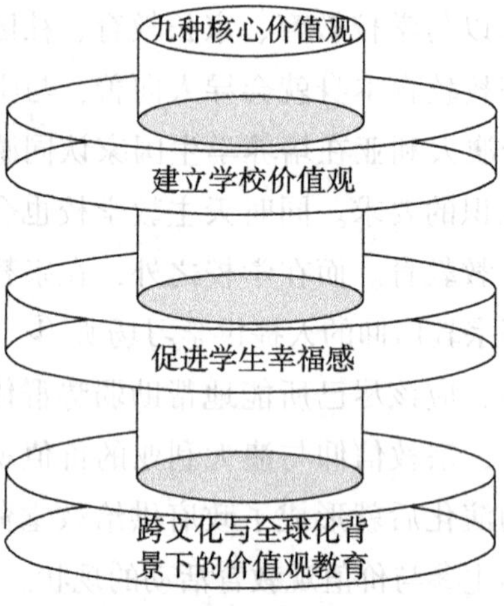

图 7-1　价值观教育课程内容结构

"建立学校价值观"侧重理解价值观教育的核心概念，讲究以人为本，思考人与人、人与社会、人与自然的关系。"促进学生幸福感"侧重价值观教育概念实践，讲究在实践活动中提升学生的幸福感。"跨文化与全球背景下的价值观教育"侧重国家层面的价值观教育，从低年级的"肩并肩"培养学生的理解力到高年级的"价值观世界"培养学生的实践能力。①

① DEST, *Research Resource Kit for the Values Education Good Practice Schools Project Stage*-2, Australia: Curriculum Corporation, 2006, pp. 5-6.

(二)横向整合：以国家课程为架构整合学科

澳大利亚的国家课程体系由学习领域、一般能力和跨学科三维度构成，分设了英语、数学、科学、人文与社会科学、艺术、技术、健康与体育、语言等八个学科。“学习领域”“一般能力”则包含读写能力、计算能力、信息和通信技术能力、批判和创造性思维能力、道德行为、独立和社会能力以及跨文化理解能力。三大模块在实施过程中积极联系国家课程体系，与模块配套的“专业学习方案”为教师在日常的学科教学中整合价值观提供指导，表 7-1 为价值观教育模块内容在国家课程体系中的部分呈现，模块的每一单元都联系不同学习领域和能力。

表 7-1 价值观教育模块内容与国家课程的联系(以小学低年级为例)

模块	单元内容	学习领域	一般能力	跨学科
建立学校价值观	关爱动物	科学；英语；地理；信息通信技术；艺术	道德行为；独立和社会能力	可持续发展
	来吧，加入我们	英语；科学；地理	批判和创造性思维能力；独立和社会能力	
	独一无二的我们	英语；语言；健康与体育；信息通信技术	跨文化理解能力；独立和社会能力	澳大利亚与亚洲交流
	发现责任	英语；信息通信技术；公民和公民身份；健康与体育	批判和创造性思维能力；独立和社会能力	
	百科全书	英语；艺术	独立和社会能力	
	聚焦价值观	英语；艺术；语言；信息通信技术	跨文化理解能力；独立和社会能力	澳大利亚与亚洲交流
	智慧用水	科学；英语；地理	批判和创造性思维能力；独立和社会能力	可持续发展
	你、我和我们	英语；健康和体育；艺术	道德行为；独立和社会能力	

(三)纵向衔接：以认知发展为规律系统设计

纵向衔接主要是以学生的认知发展规律作为教学参考，从易到难地设置教学内容，在不同学段有着不同的价值观教育内容和教学方式，利用螺旋上升的方式来实现各学段教学内容与学生认知水平的平衡。例如“建立学校价值观”模块的“人际关系”主题，低学段有“来吧，加入我们”锻炼学生协作能力，而在高学段又有“建立友谊”单元帮助学生掌握长久建立友谊的方法。①

四、澳大利亚价值观教育实践经验

(一)分权教育下的统一引导

分权教育主要体现在：澳大利亚的联邦制政体决定了各州地方政府有着相对的独立性，也就是说在统一的国家级价值观教育框架下各州还可以根据各自的情况进行自我发挥，调整自己的教学方式。例如，新南威尔士州实行的“学习型社区”制度②和维多利亚州制定的“在了解维多利亚州的历史、文化等前提下了解澳大利亚国家史”。教育分权的方式极大地调动了地方在价值观教育方面的主动性和积极性，开发了地方特色，增加了对学生的多元文化主义思维的培养效果。

统一引导主要体现在：联邦政府为了增强教育分权下的统一价值观引导，采取了以下措施：其一，联邦控制了各州的教育经费的拨付和使用情况，在经济上对学校价值观教育进行控制。其二，联邦政府统一制定国家课程，限定了课程教育的核心内容。其三，联邦政府掌握着严格的监督机制来对各地方学校价值观教育执行情况进行评价监督。通过这些监督机制来保证澳大利亚价值观教育的一致性。

(二)价值观教育的实践作用

澳大利亚价值观教育的根本目的是为澳大利亚的未来培养合格的公民。联邦政府规定在基础教育和高等教育的课程设置中都必须有价值观教育实践活动，高等教育在社会实践课程方面原则上不少于40%。通过实践活动学生把在课上学习的知识应用到社会生活中，培养了学生实践解决现实问题的能力。

---

① 参见 http://www.curriculum.edu.au/verve/_resources/VE_Resource_SSW_primary_dilemmas_matrix.pdf，2021年10月28日访问。

② 周立学：《澳大利亚新南威尔士州多元文化教育培训》，载《科教文汇(中旬刊)》2010年第6期，第2页。

（三）媒介素养手段的充分运用

官方政府利用新媒体广泛性、即时性的特点来进行价值观教育传播，起到了很好的教育效果。例如，由于联邦和各级政府严格管控媒体机构，因此保证了公众对媒体机构的信任基础，而联邦政府可以建立官方网站将想要传达的概念或政策通过影视化的方式进行表达，更容易被人民所接受；而地方政府也可以开通自身的地方政府微博，挖掘本地文化，展示本地的价值观教育理念。同时互联网的虚拟性也为不同种族、不同信仰的人带来了心平气和地谈一谈的机会，这创造了他们之间价值观教育理念交流的基础，这样的相互了解是民族融合的必经之路。

（四）价值观教育民主计划的有效实施

为有效实施价值观教育，联邦政府制定了民主计划。民主计划调用官方力量统一为全国准备了高效的价值观教育资料，并通过资金扶持等手段极大地提高了学校应用资料的积极性。而且民主计划中包含对教师专业能力的评估，通过线上和线下评估结合的方式对教师的专业知识和技能进行了一次摸底，也让大多数教师都了解了本次民主计划的资料。同时从官方层面给予了民主计划的承认和专项资金补助，极大地鼓舞了价值观教育的老师和管理人员，为民主计划的持续开展提供了强有力的智力支持。

通过民主计划的实施，澳大利亚进一步培养了学生的主动公民精神，加强了学校、家庭、社区的联动，学生通过实际行动感受到了自己与国家的联系，明悟了家与社会的关系，认识到自己才是国家未来的主人，从而养成了学生的主人翁意识和社会责任感。

五、澳大利亚价值观教育评价

进入 21 世纪以来，联邦政府为学校价值观教育颁布了两个具体的文件，第一个是 2005 年根据《阿德莱德宣言》的精神制定的学校价值观教育，第二个是 2010 年根据《墨尔本宣言》制定的学校价值观教育。

（一）评价内容

通过梳理《阿德莱德宣言》精神的九大价值观教育内容，我们可以了解到澳大利亚学校价值观教育对学生实践能力的培养。学校价值观教育除了对学生追求真善美的理论培养之外，还用制度保障为学校提供了大量的社会实践活动，通常情况下学生的实践活动要占据学生总课程的一半以上，通过这种学以致用的方式让学生在实践中锻炼对知识的掌握和运用能力，让学生不仅能掌握理论知识，更让学生掌握合作能力、平等意识、实践能力等社会生活中所需要的能力和意识，最终提高学生解决现实问题的能力。

通过《全国青少年发展战略》的内容及其诠释可以看出，学校价值观教育的目标着眼于澳大利亚的未来，突出培养公民的能力、素养以及可持续发展能力。通过学校、家长、社区的联动为学生形成完整的价值观教育氛围，从硬件和软件两个层面给予学生更多的实践活动支持。通过政策的限制来保证学校的价值观教育能脱离传统的知识灌输模式，对学生未来发展所需要的合作能力、实践能力、动手能力进行培养，让学生习惯独立思考，有能力自行判断对错，明辨是非，学会对自己的行为负责，乐观积极地面对未来。

（二）评价方法

第一，质性评价。价值观教育良好实践学校项目提出价值观教育的评价标准，见表7-2。项目由五部分构成，分别是制定计划工具、行动研究、教师案例写作、案例研究和大学联盟网案例研究。①“制定计划工具”相当于我国的学校校本研究和教师教学准备，首先确定学校层面的价值观教育内容和教师的教学方式，如项目式教学法之类；“行动研究”指教师在实际教学中实现教与研的结合，实践探索更好更有针对性的教学方式；“教师案例写作”指在经过一段时间的教研结合实践之后，通过教师与同事共同讨论和实践验证的方式形成包含案例的书面经验总结。“案例研究”指大学联盟网辅助学校将学校层面的个案研究升华为案例研究。“大学联盟网案例研究”指大学联盟网收集到足够的案例研究报告后，由课程公司利用“最显著变化工具”评价整理这些质性资料，最后系统性地找出典型个案进行探讨形成实践项目报告，为后续改进提供参考资料。

表7-2　**良好价值观教育评价标准**

	标准内容
1	是否改变了教师在课堂中的专业实践，教师与学生联系交流是否产生变化
2	是否形成了更平静且更有针对性的课堂活动

① DEST, *Implementing the National Framework for Values Education in Australian Schools*, Australia: Curriculum Corporation, 2006, p. 2.

续表

	标准内容
3	是否能够使学生成为更好的自我管理者
4	是否能够帮助学生形成更强的自我反思能力
5	是否提高了教师的自我效能感和职业满意度
6	是否在学生之间以及师生之间形成了非常积极的关系

第二，量化评价。价值观教育对学生和学校氛围影响效果的测量项目主要通过问卷收集量化数据，参与评价的主体为学生、教职工和家长，研究价值观教育对学生学业勤奋度、学校氛围、师生关系、师生发展以及家庭参与度的影响。评估工具由两套量表和访谈构成，第一套量表《价值观教育对优质教学的影响测量》主要解释价值观教育、优质教学、学生行为、教师实践与学校精神之间的关系。第二套量表《学生参与度调查》主要测评学生学业勤奋度和学校氛围这两个维度。①

六、澳大利亚价值观教育的启示与借鉴

（一）注重学校价值观教育的整体性和融合性

澳大利亚学校价值观教育有宏观上的整体性和微观上的融合性两大方面。在宏观整体性方面联邦政府考虑到了不同学段学生的认知差异，从而在统一设置课程时采用由易到难的螺旋式难度设置方式，力争保证每个学段所面临的价值观教育内容都能与本身学段代表的认知水平吻合。② 例如，在基础教育的初级阶段所面临的价值观教育内容的主要是理论内容，如国家发展史和公民维权方式，而到了基础教育的高级阶段，价值观教育的内容则偏向于实践部分，社会实践课程会占据总课程的一半左右，理论与实践相结合锻炼学生解决实际问题的能力是这一阶段的显著特征。而在高等教育阶段，他们所面临的价值观教育内容主要是对多元文化思维和全球公民意识的培养，在这一

① 廖聪聪、曾文婕：《面向未来的价值观教育课程体系设计与实践——澳大利亚价值观教育课程述论》，载《基础教育》2019年第6期，第73~81页。

② 徐星然：《澳大利亚价值观教育研究》，东北师范大学2018年硕士学位论文，第20页。

阶段学生的国家认同感基本已经培养完成，更重要的是培养学生处理国际事务的能力及多元文化思维，从而加深学生对澳大利亚的认同，吸引更多的优秀移民前往澳大利亚发展。

在微观融合性上，价值观教育如何渗透到其他课程的方式方法值得研究。通常情况下除了学校机构和教师的教研之外，最主要的还是教师的言传身教。利用教师本身坚定的国家认同感在日常教学中潜移默化地对学生形成影响，不自觉地培养学生的主体意识和全球公民意识。

对比澳大利亚学校价值观教育的整体性和融合性我们可以明显发现我国价值观教育活动的两点缺陷，第一是实践活动相对较少，第二是在具体实施上的指导政策相对较少。为此笔者认为我国应该重视价值观教育的整体性和融合性，宏观上增加社会主义核心价值观的教育实践活动，微观上不断尝试价值观教育内容与常规课程的融合渗透。

（二）注重实践对价值观教育的作用

澳大利亚价值观培养过程中极为注重实践的作用。不仅从法律层面上为除了低学段的学生以外的学生强制要求40%以上的实践课程，更是积极推动学校、社区、企业的联合，从而为学生创造充足的价值观教育培养基地，通过真实环境的实操模拟使学生真切感受到所学价值观教育知识的意义，让学生通过在企业、政府机构或其他社会机构的实习工作来加深对澳大利亚价值观教育的理解。

对比中澳两国价值观教育的模式和结果，我们很轻易地发现我国的价值观教育活动中实践的地位还有待提高，充足的实践才是学生教学效果的保证。例如课堂上可以增加一些具体生动的案例，通过案例分析让学生理解社会主义核心价值观的应用，又或者学校与企业和社区合作，真正让学生去实践体验真实的工作岗位，利用现实的操作环境来增加学生的学习效果。

（三）通过开展专项价值观教育来带动价值观教育

澳大利亚通过20世纪90年代的民主计划快速地筛选了一批优秀的价值观教育教师，并通过组织人力设置统一资料参考的方式提升了所有学校的有关教育教学水平。自民主计划实施以来，澳大利亚价值观教育中的自由平等民主公正四大核心快速得到推广，全国人民的法治观念维权意识得到提升，一批具备多元文化意识和全球公民意识的优秀青年才干脱颖而出，成为澳大利亚吸引优秀移民的新名片，极大地促进了澳大利亚的发展进程。

当前我国社会主义核心价值观的内容是富强、民主、文明、和谐、自由、平等、公正、法制、民主、爱国、敬业、诚信、友善。笔者认为，我国社会主义核心价值观在实践的过程中可以参考澳大利亚价值观教育的模式，开展符合我国国情的专项价值观教育活动，以统编版教材为基础设计相应的教辅资料，评估筛选出符合国家需求的一批优秀教师，从而由点及面地实现整体教育的突破。

澳大利亚价值观教育虽然取得了显著的成效，为澳大利亚经济、社会的发展起到了重要的推动作用，但澳大利亚价值观教育也存在着明显的不足之处。

多元文化主义过分强调各自种族的独立性，不经意间阻碍了各民族聚居可能导致的民族融合情况，过分复杂的文化只会导致越来越多的文化冲突，多元文化主义并不能够彻底消灭各种族间因差异导致的冲突和矛盾，只是在共同的国家认同感下将矛盾压抑积累了下来，而联邦政体的分权政策又加剧了这种潜在危险发生的可能性，所以对于澳大利亚政府来说如何应对多元和统一之间辩证又统一的关系是重中之重。

第四节 日本的价值观教育

一、日本价值观的形成基础与主要内容

“二战”后，日本作为战败国被盟军实施了军事管制，受到驻日盟军最高司令官总司令部的军事和行政干预，日本军国主义思想和武士道精神遭到摒弃，日本开启了非军事化与民主化进程。特别是 1946 年新的和平宪法从法理上取消了天皇的特权，还政于民。然而，虽然日本的政治体制和土地所有制等现实物质基础很快得到了改变，但人们的思想观念的改变还需要时间的沉淀，因此价值观教育改革就成为日本“二战”后民主化进程中的重要组成部分。日本废除了教育敕语和修身科课程，创设社会科来承担价值观教育的主要内容，从青少年入手改变年轻人的认知观念，肃清军国主义遗毒，从根本上实现国家认知重构。

“二战”结束之前日本的价值观教育一直被军国主义所统治，整体呈现一种畸形且病态的疯狂，“二战”结束后则受驻日盟军总司令部的影响开始非军事化和民主化改革，废除修身科主要由日本的社会科课程承担价值观教育工

作。这之后，在日本政府主导下，日本的价值观教育就与日本的国家意识和政治诉求紧密联系在一起。

（一）军国主义时期

20世纪30年代至“二战”结束前属于军国主义时期，日本军部和右翼势力掌握国内权力，从政治军事文化社会等各个层面日本在大正民主期间取得的民主化成果消失殆尽，国家的价值观教育整体转变为军国主义和极端国家主义，天皇被进一步神化，整体充满攻击性，这一时期的典型就是武士道精神。

（二）战后民主化改革中的民主主义导向时期

“二战”结束后至20世纪50年代。“二战”结束初期，由于盟军在“二战”过程中见识到了日本的疯狂，因此在驻日盟军总司令部的主导下开启了日本非军事化和民主化进程，从现实物质基础和精神文化领域两个方面对日本进行民主化改革。①

在这一时期省政府和驻日盟军教育改革的首要目的是改变日本青少年的认知，用西方式的民主主义价值替代军国主义时期日本政府的极端国家主义教育，肃清军国主义遗毒。

其中因民主化改革的困难性和必要性，导致日本的精神领域民主化改革与重构必将旷日持久。在此背景下，教育改革为日本民主化进程中的重中之重。这直接影响到后续“二战”军国主义遗毒肃清的效果和民主化改革为日本社会政治经济等各方面带来的改革成果。为了保证民主化改革在政治、经济等现实物质层面和精神价值层面的持续推进，社会科的创设和应用就成为这一时期教育改革的重心。1946年3月编写《公民教师用书》和计划成立新公民科就是一种尝试，但考虑到公民科这个名字曾在军国主义时期被用于传播军国主义思想，为了与过去做切割，这个构想最终夭折。② 1946年10月，日本文部省仿照美国社会科课程为日本建立了一套社会科价值教育方案，并在1947年正式实施。③ 1947年是日本教育改革的关键一年，通过法律限制为日

① 饶从满著：《日本现代化进程中的道德教育研究》，山东人民出版社2010年版，第261页。

② ［日］上田薰著：《社会科教育史资料—1》，东京法令出版社1974年版，第169页。

③ ［日］森茂岳雄、大友秀明、桐谷正信著：《新社会科教育の世界》，梓出版社2014年版，第23页。

本的价值观教育改革树立了框架。在这一年日本政府颁布了新《教育基本法》，并依据1946年新宪法的精神指出了“建设民主、文化的国家”等理想目标“从根本上取决于教育的力量”。特别是新《教育基本法》第一条明确写明“教育应以完善人格为目标，旨在培养出和平国家与社会的建设者，即爱好真理与正义、尊重个人价值、注重劳动与责任、充满独立自主精神的身心健康的国民”。这也成为之后同年3月文部省发布的初版《学习指导要领》的指导精神，同时也因此社会科课程设计框架有了指导思想，得以在同年9月顺利在全国施行。在这一过程中，虽然名义上日本政府宣布不设立道德教育的中心课程，把道德教育融入所有课程当中，但在事实上社会科就承担着道德教育和价值观教育的主要内容，初版《学习指导要领》更是规定了社会科课程应该教授给学生的七大民主主义原理。

(三)经济高速增长中的国家主义与能力主义结合时期

20世纪50年代至70年代，得益于国际环境的变化日本的经济进入高速发展时期。在这一时期美苏争霸进入冷战状态和50年代的抗美援朝战争都让美国认识到社会主义阵营对自身的威胁，从而开始尝试将日本打造为对抗亚洲社会主义阵营的桥头堡。

在日本的战后经济高速发展时期，社会科价值观教育的主要目标就是通过国家主义和能力主义的融合，将价值观教育与知识、能力教育紧密联系在一起，形成“公民资质”概念，为日本的经济发展与现代化建设服务。

20世纪50年代以后，以吉田茂为首的主流政治势力和以岸信介为首的逆流政治势力不约而同地选择要提高国家权威、加强社会秩序、继承民族文化，直接导致国家对教育的控制空前加强，通过法律手段强化国家对教育的管理权威。一系列教育相关法令中都强调了价值观教育和对价值观教育的控制。如强化文部省对地方教育部门控制权的《新教育委员会法》，教科书方面的《文部省设置法》，控制教师方面的《关于确保义务教育学校政治中立性的临时法案》。众多法案中最为突出的便是20世纪50年代天野贞祐编订的《国民实践要领》，这一要领大谈爱国心，甚至要求国民必须崇拜敬仰富有战争罪责的天皇，虽然这一法案最终因阻力太大未能推行，但这一思潮依旧在各大学校价值观教育中产生了深刻影响。

1953年8月，文部省发表的《关于社会科改善的对策》指出了社会科课程的初步目标，1955年版《学习指导要领》正式更正为“要求历史要‘使学生对国家的传统与文化有正确的理解’，地理要‘培养对国家’和乡土的热爱；此外在‘学习民主主义诸原则’之际，要通过对个具体现象的学习，培养爱国家的心情和敬爱其他国民的态度”①。1966年日本中央教育审议会通过了含有高度国家主义色彩的《理想的日本人》草案，在对日本国民能力培养的基础上，进一步提出了勤奋工作、勇于奉献、爱国爱天皇等具体要求。随后，1968—1970年版《学习指导要领》又首次将“公民”概念引入社会科的价值观教育内容，并将社会科定义为“培养公民资质的基础”。“公民资质”更是代表着日本政府将对国民能力主义和国家主义的需求的融合。20世纪70年代末期，日本高中社会科出于时代对能力主义的需求选择增设“现代社会”科目，用以提高高中学生对时代科技常识的了解。直至20世纪80年代，日本的社会科价值教育终于在拆分重组中形成了相对稳定的国家主义和能力主义的双边驱动模型。

(四)政治保守化转向中的右倾异变时期

从20世纪80年代中期到21世纪初期，外部国际环境受冷战结束的影响，国家内部悠悠人口老龄化，政治经济体制僵化等问题暴露，日本原有的经济大国政策实行遇到困难，而为了保证日本的大国地位逐步走向政治保守化与右倾化道路，出现了较为明显的历史修正主义倾向，具体表现为歪曲历史，鼓吹右倾主义等。

在延续上一时期国家主义和能力主义的基础上，配合日本所谓的“正常国家化”路线并为右倾保守意识形态提供合法性基础，用歪曲历史的方式实施政治保守化路线，在原有经济政策无法维持自身大国地位时，选择从政治、安全甚至军事入手维护自身的大国地位。② 需要注意的是，在这一时期的政治保守化中的右倾主义至今仍未彻底消除，日本对待敏感历史问题的态度需要我们持续保持警惕与关注。

这一时期日本价值观教育主要内容是官方话语层面延续上一时期培养德智体三层意涵生存能力“日本人”的国家主义和官方默许下的右倾保守主义。从《学习指导要领》等政策文件中可以发现，官方层面的主要教育内容是在国际化、信息化以及高龄化的社会中育成具备国际生存能力与国际视野的日本

---

① 饶从满著：《日本现代化进程中的道德教育研究》，山东人民出版社2010年版，第261页。

② 时殷弘：《日本政治右倾化和中日关系的思维方式及战略策略问题》，载《日本学刊》2014年第2期，第1~14页。

人。而官方默许下的右倾保守主义主要表现就是日本的历史修正主义思潮盛行，大肆修改历史教科书。事实上，日本修改历史教科书的操作早已有之，最早可追溯到家永三郎的历史教科书篡改案，在沟通十年无果后，1965 年家永三郎起诉文部省，这件事引起了世界范围内的震荡。其后在 20 世纪 80 年代逃避历史主义和 90 年代经济衰退导致的民族主义之下，历史修正主义思潮愈演愈烈成为社会主流，历史教科书将“侵略”改为“进出”的案例不胜枚举。① 同时，日本的右翼团体将日本战后知识分子持有的正确面对历史的进步史观称为“进步史观”，并通过文章、书籍、漫画等方式不断扭曲历史，更令人难以接受的是，“新历史教科书编撰会”基于右倾史观编撰的《新历史教科书》《新公民教科书》等竟然在 2001 年通过了文部省的教科书检定，堂而皇之地成为日本社会科历史课程备选教材之一。哪怕这些右翼教材在日本学校的接受度并不高，但这种行为本身就会在社会层面释放右倾主义信号，将国内矛盾向外转移，极易形成统一的极端民族主义价值共识。

主流社会对正确的进步史观的坚持和全球化时代的需要。在日本主流社会并不接受右翼势力的宣传，其右翼教材的使用率不到 6%，② 且尚有相当部分的知识分子对右翼史观和右翼言论持批评态度，所以日本在这一时期延续了国家主义和能力主义并存的格局。部分政客将右翼势力视为“票仓”，利用支持右翼言论的手段换取政治支持和巩固政权。

在经济崩溃之后，日本的老龄化、体制僵化问题更加突出，原本的经济政策不能再维持日本的大国地位，修改历史思潮在日本盛行。

（五）国家正常化路线中的公共主义本位时期

从进入 21 世纪至今，日本老龄化加速、体制僵化等问题仍未得到解决，又有朝核问题、美国整体战略收缩、特朗普“美国第一”政策、右翼势力的复起等问题为日本维持大国地位带来新的困难。

这一期间价值观教育的目标主要是在“国家正常化”的总体战略路线下通过法律加强青少年的政治参与意愿，强化“公共”概念。而自由民主党当选期间更是利用国民正常化国家的期望，从法律、军事、文化等领域散播极端民

① 董炳月：《战后日本教育思想的逻辑与脉络——以〈教育基本法〉和历史教科书为中心》，载《日本学刊》2015 年第 5 期，第 120～141 页。

② 《19 年度中学校教科書採択状況——文科省まとめ》，载《内外教育》2019 年 1 月 29 日。

主主义来转移国内矛盾，保持政治保守化来获取右翼势力选民支持。

这一时期的主要教育内容是加强青少年的公共参与。长久以来日本青年就存在投票意愿低、政治参与冷漠等情况，进入21世纪后这一情况继续放大，据统计，2017年日本全国20~30岁青年群体的众议院议员投票率仅约为33%，① 为了鼓励青少年积极参与政治，2006年日本修改了《教育基本法》，其中在“教育目标”的部分增加了“尊重传统与文化”“热爱国家与乡土”和“公共精神”等与价值观目标相关的表述，强调为国献身的重要性；2015年6月又通过了公职选举法的修正案将选举权年龄从20岁下调至18岁，2016年日本中央教育审议会正式明确了在高中公民科中开设“公共”科目的基本构想，并将以新的“公共”科目取代自20世纪70年代开设至今的“现代社会”科目。2018年修订的《高中学习指导要领》明确日本政府将于2022年正式将“公共”科目推广全国，着重培养高中学生的“公共精神”，促进青少年的政治参与，强化日本青少年对国家的政治认同。

二、日本价值观教育的实践经验

价值观教育路径的选择直接影响着个人成长情况和未来社会人才需要是否能得到满足，对国家的当下发展和未来国力都有着深远影响。日本价值观教育通过学校、社会、家庭三个途径开展，并不断探索其他的教育路径。

在日本僵化的体制之下，社会、家庭等方面的价值观教育远不如学校中社会科的价值观教育途径，更多地是对社会科价值观教育的配合和现实生活中法律的要求，如日本政府有感于青少年政治参与意愿过低，从而通过公职选举法修正案，降低了选举权的年龄要求，让高中生提前登上政治舞台。

日本价值观教育的重点之一就是对本民族文化的传承教育。依托各种带有传统文化性质的活动和节日在社会层面上形成一种继承和弘扬日本传统文化的社会氛围，让当地居民了解本地的传统文化。同时免费开放日本的纪念馆、博物馆等教育场所，同时欢迎青少年参与民间祭拜活动，使学生了解本民族的传统价值理念。

社会科是学校教育的主要载体。社会科课程从定位上就是培养青少年的

① 参见 http://www.soumu.go.jp/main_content/000255919.pdf，2022年8月11日访问。

公民资质，包含了明确的价值观教育取向，是对日本现行的民主主义政治体制及其理念的认同和实践。在教育主体上，日本政府对地方教育内容有着强大的控制权，文部科学省对社会科的课程情况、教科书的审核情况都有着直接的最终选择权。在负责主体上，文部科学省直接管理地方教育委员会，① 而地方教育委员会直接管理学校的直线型管理体制决定了国家意志可以在一线教育上直接体现出来，也因此，当初右翼教材通过教材审核的事件才那么令国人愤慨。在教育内容上，初中社会科课程中的公民领域设立了“现代社会”“经济”“政治”“国际社会”四个方面的内容，高中公民科中则设立了“现代社会”“伦理”“政治·经济”三个具体科目，其中主要内容都包括对学生的价值观教育，教育目标都设置了政治认同。可以说社会科教育是对学生理解、态度、能力的统一教育，但最主要的内容就是价值观教育。②

社会科课程是日本价值观教育的实际主体。社会科课程贯穿日本小学、初中、高中各个阶段，承担与政治、历史、地理、伦理等内容相关的综合性知识教育和价值观教育，有着“知识与技能”“思考力、判断力、表现力”“学习能力、人格”三方面的主要教育要求。③ 社会科在小学、初中与高中分别有不同的课程形式与教育内容(见表 7-2)。

表 7-2　　日本中小学社会科教育课程体系

<table>
<tr><th rowspan="2"></th><th colspan="2">小学</th><th colspan="3">初中</th><th colspan="3">高中</th></tr>
<tr><th>1~2 年级</th><th>3~6 年级</th><th>1 年级</th><th>2 年级</th><th>3 年级</th><th>1 年级</th><th>2 年级</th><th>3 年级</th></tr>
<tr><td rowspan="2">旧版学习指导要领(2009—2010 年修订)</td><td rowspan="2">生活科</td><td rowspan="2">社会科</td><td colspan="2" rowspan="2">地理、历史</td><td>公民</td><td colspan="3">地理历史科：世界史、日本史、地理</td></tr>
<tr><td colspan="4">公民科：现代社会、伦理、政治·经济</td></tr>
</table>

① 孙成：《日本社会科课程中的价值观教育研究》，东北师范大学 2020 年博士学位论文，第 19 页。

② 孙成：《日本社会科课程中的价值观教育研究》，东北师范大学 2020 年博士学位论文，第 19 页。

③ 孙成、唐木清志：《日本中小学价值观教育：途径、理路与困境》，载《外国中小学教育》2019 年第 1 期，第 19~29 页。

续表

<table>
<tr><td rowspan="2"></td><td colspan="2">小学</td><td colspan="3">初中</td><td colspan="3">高中</td></tr>
<tr><td>1~2 年级</td><td>3~6 年级</td><td>1 年级</td><td>2 年级</td><td>3 年级</td><td>1 年级</td><td>2 年级</td><td>3 年级</td></tr>
<tr><td rowspan="2">新版学习指导要领
(2017—2018 年修订)</td><td rowspan="2">生活科</td><td rowspan="2">社会科</td><td colspan="2" rowspan="2">地理、历史</td><td>公民</td><td colspan="3">地理历史科：世界史、日本史、地理</td></tr>
<tr><td colspan="4">公民科：公共、伦理、政治·经济</td></tr>
</table>

小学主要侧重于生活化与启发性教学，旨在引起儿童的问题意识，建立有关价值观的初步印象；初中主要侧重于价值性教学，开始着眼于价值观本身，通过概念阐释与举例说明为青少年建立起有关价值观的基本认识；高中主要侧重于反思性教学，旨在使青少年通过更为深化、系统的学习以及与其他价值观的比较性学习来进行价值反思。

三、日本价值观教育的特点

(一)价值观教育突出民族性与时代性的结合

"二战"后日本面临的国际形势几经波折，经历了美苏冷战和抗美援朝导致的经济大发展时期、广岛协议后的经济大衰退时期，但日本对本民族的民族性文化始终传承，焕发出不一样的时代魅力。如日本早期对个人价值的忽视，以及进入 21 世纪后时代对高素质人才的需求而推出的教育振兴计划，既强调了个人的价值，又强调了对国家文化的热爱，实现了国家主义和能力主义的并行。

(二)在行为规范中渗透价值观教育

日本人对细节和礼仪的重视充分体现了日本人在行为规范中渗透的价值观教育。① 在法律层面，日本中央教育审计会提出《理想的日本人》；在校园层面，日本大学特别重视学生身心健康的全面发展，不仅让学生参加大量的体育运动赛事，还在常规课程中渗透了价值观教育的内容。在青少年教育上，日本强调个人自由和公共奉献的平衡。21 世纪大学教育目标提出，培养自由、自律与公共精神文明俱佳的大学生。特别是"宅男"文化的兴起让日本更加注意从行为规范上对青少年价值观的教育。

① 田星：《日本高校价值观教育述评》，载《才智》2016 年第 10 期，第 8~10 页。

(三)社会发展主题融入价值观教育

日本价值观教育的最大特点就是价值观教育内容服务于当下时代的社会发展主题。最为典型的就是军国主义时期的武士道精神，将日本传统观念里的“忘我精神”进一步升华为个体可以为了群体的目标奉献一切。虽然日本在“二战”后开启了民主化改革，但日本总能将传统的忘我精神与时代发展相契合，这也使得日本在美苏冷战和抗美援朝的机遇下获得了一段经济飞速发展的时期，成为当时的资本主义世界第二经济体。

(四)国家意志融入价值观教育

日本把国家意志融入价值观教育的行为古已有之，“二战”之前的时期把忠君为国的思想写入法律，战后民主化改革时期又利用新《教育基本法》和《学习指导要领》控制了全国地方教育机构和学校的教育纲领，将“造就和平国家与社会建设者”的教育目标融入学校价值观教育，到了国家正常化路线中的公共本位时期，国家又把希望青少年积极参与政治的国家意志融入价值观教育，利用法律的手段让高中生提前迈入政治舞台。

四、日本价值观教育评价

社会科课程是日本进行价值观教育的主阵地，有效推广了国家认同的价值观，发挥着重要的价值引领作用。为评估社会科课程中价值观教育的效果，日本教育学界也进行了诸多探索，设计并应用了许多价值观教育评价的工具和方式。总体而言，以社会科课程为主的日本价值观教育主要有两种效果评价方法：量化的标准化测验和质性材料为主的表现性评价。

(一)量化的标准化测验

如何对价值观教育的效果进行评价，一度是日本教育学界的重要课题。与针对知识性内容的一般性考试不同，战后初期的文部省与日本学界均希望能够设计出一份客观测量学生价值观的标准化评价工具，以检测价值观教育是否达到了预期效果。1951 年，日本文部省召集了国立教育研究所、东京大学、东京教育大学等多所知名高校和研究所的专家学者合力开展社会科课程的学力调查设计，最终形成了一份同时包含知识教育与价值观教育的学力调查方案。该方案存在两大测量对象，一是针对“理解”，即知识水平的测量，二是针对“态度与能力”，即价值观与实践能力的测量。

对于价值观方面的测量，该调查方案针对具体的价值观设计综合判断性问题，在具体的故事情境中让学生进行价值判断的选择。但是许多学者对这种测量方式提出了质疑，认为该种方式只能测量出学生是否明白何为出题人眼中正确的价值观，而不能测量出学生真实认同的想法。学生选择了正确的选项，并不代表在现实生活中就会按照正确的价值观采取行动。因此，日本教育学会在继承基于标准化测验的价值冲突问题形式基础上，进行了一定的创新与调整，在其主办的“义务教育结束时的学力调查”之中首先确立了更为系统化的价值观测量目标，包括“责任感”“气量”“协调性”“社交性”“创造性”“研究性”“目的性”七个要素，并在具体问题设置方面，采取了“价值认知”与“价值实践”测量相分离的方式，从要求学生选择单一的价值判断选项，到了对选项进行价值排序和选择的作答方式。这种创新的作答方式意在测量儿童的价值认知水平的同时，测量儿童对价值观的践行和外化水平。然而，这种测量方式虽然意识到了学生的价值认知水平和价值观践行水平可能存在分离的现象，但是依旧没有规避学生只是选择正确的选项，而不是按照自身实际进行作答的状况。而这也是量化的标准化测验中难以避免的问题。因此，日本的社会科课程评价方式逐渐转向标准化测验与表现性评价相结合的方式，更加全面地观测到价值观教育的真正效果。

虽然标准化测验难以避免学生隐藏真实想法的可能性，但是日本社会科课程评价方式中所使用的价值判断测量方式，也能够在一定程度上加以应用。这种量化的标准化测验，能够测量出学生对于价值观的认知，即对于价值观本身的合理性和正当性的认识，是对于价值观具体内容的理解。标准化测验的结果，能够为学生的价值观的发展状况提供一定的佐证。

(二)质性材料为主的表现性评价

自从1955年以来，日本文部省逐步确立了社会科课程“多角度评价”的总体思路，即将社会科课程的评价内容划分为若干个角度和领域来进行分类评价，并进而发布从每一个评价出发涵盖的所有教学单元的具体评价标准。教师通过这些具体的评价标准，对社会科课程对学生的实施效果进行评价。例如初中社会科课程公民领域“民主政治和政治参与”教学单元评价标准，从四个维度对学习成果进行评价：“对社会现象的关心·意欲·态度”“社会的思考·判断·表现力”“活用资料的技能”“关于社会现象的知识与理解”。四个维度之下各自还有更加具体的评价要求，方便教师的实际应用。例如“社会的思考·判断·表现力”中，包含以下两点评价要求：(1)是否能从多角度思考并表达出作为我国政治原则的议会与议会制民主主义的特点；(2)是否能从多角度思考并表达出选举是支撑我国政治运行的主要方法。

在实际的教学实践中，教师通过多样的教学手段和评价方式对学生的价值观学习效果进行检验。学生在课堂中的发言内容、学生日常的行为举动观察、学生的课后笔记等学习资料、学生的考试作答情况等都会按照日本文部省发布的评价标准来进行考核。总体而言，在当前日本的社会科课程价值观教育评价方法中，相比于纯粹的定量的标准化测验评价，教师更加侧重于通过采用基于日常观察和行动分析的综合性评价方法，以获得更为全面和立体化的评价结果。其中，表现性评价得到了高度重视。

表现性评价，是让评价者通过对学习者在实际特定活动中的行动与表现进行观察分析的评价方法。评价者根据能够进行系统化评价的标准和工具，对学生在情境中的表现进行评价。以田本正一设计的“长崎新干线建设问题”为例，该教学案例旨在让学生讨论“赞成还是反对建设长崎新干线列车”问题，从价值判断的角度出发进行分析。学生需要讨论究竟是为了长远的利益修建新干线(牺牲了当地居民一部分利益的幸福价值观)，还是为了保护一部分人的利益而反对修建新干线(忽略了长远发展利益的正义价值观)。在学生进行讨论和观点表达的过程中，教师会对学生的语言和行为进行记录和观察，并根据相应的评价指标对学生进行等级评定。学生的讨论呈现为“无价值观思考”“有价值观思考”“有深入的价值观思考”“有辩证、深入的价值观思考”四个等级，由此对学生是否真正掌握并理解了价值观进行评价。

以质性材料为主的表现性评价，其评价材料收集较多依靠于教师的观察分析。虽然能够较为立体全面地反映学生对价值观的学习和理解状况，但是其工作量较大，还需要较为科学准确的等级评判标准，施行难度较大。①

五、日本价值观教育的启示与借鉴

纵观日本价值观的形成基础和发展历程，可以看到，日本在不同的发展时期都非常强调本国传统价值观的传承和发扬。在此基础上，日本会积极学习并融合现代观念，为价值观注入新的符合时代要求的观念。价值观教育的

① 孙成：《日本社会科课程中的价值观教育研究》，东北师范大学 2020 年博士学位论文，第 23 页。

最终目的，是为了国家的社会经济发展服务。传统与现代并重的价值观念，让价值观的继承和创造并行。这样既能够提高价值观在国民中的接受度，又能够符合当代社会的需要，促进国家的社会经济的稳定发展。

此外，日本价值观的内容与国民教育、公民教育领域的内容高度相关。价值观教育承担着强化国家意识形态主导性，传播社会主流价值观念，增强国民国家意识的任务。社会科、道德科等课程的开展和实践活动的主旨，都涉及了大量的意识形态的主导权。因此，可以看到日本国家意志在价值观教育得到了充分体现，日本政府通过价值观教育牢牢把握着意识形态的主导权和话语权，为日本培育特定的国民价值观念和政治认同打下了牢固的基础。

由此，我国的价值观教育和课程思政工作也可以对此进行借鉴。我国社会主义核心价值观的凝练也需要立足于文化传统，将传统的道德习俗与现代文明进行有机融合。在价值观的宣传上，需要满足社会不同层面的需要，努力赢得社会各界的认同，并让价值观服务于当代社会的建设和发展。国家开展的价值观教育，本身就充分彰显着国家意志和意识形态的主导。实施课程工作，培育和践行社会主义核心价值观，是贯彻落实习近平新时代中国特色社会主义思想的重要措施。在互联网广泛发展的情况下，多元文化相互交织，对处于发展期的青少年会产生重大影响，青少年可能会在错误的引导下产生错误的人生观、世界观和价值观。课程思政工作的开展和核心价值观教育，能够帮助国家把握意识形态主导权，让教育培养出能够担当民族复兴重任，德智体美劳全面发展的社会主义建设者。

日本价值观教育由国家全面主导，进行了全方位的顶层设计，让价值观教育贯穿学校教育的全过程，形成了系统化的价值观教育体系。价值观教育在各个学段均有涉及，并且采取了具有操作性的指导意见，为教学内容设计了全面具体的价值目标。详细的教学目标能够为教师开展价值观教育提供政策保障，同时也帮助了教师进行具体的教学设计。此外，全面细致的顶层设计还在一定程度上保证了教学价值导向的统一，保证了价值观教育的效果。

日本价值观教育的顶层设计也能为我国的课程思政与社会主义核心价值观教育工作提供一定的借鉴。思想政治教育工作一方面应当在各个学段都有所涉及，与不同阶段的教育目标和教学体系有机融合。社会主义核心价值观教育和思想政治教育工作需贯穿学前教育到基础教育，再到高等教育的全过程，促进思想政治教育内容形成必要的承接，促使社会主义核心价值观教育的目标层层递进，深化学习效果。另一方面，思想政治教育也需要构建具体的教学单元、案例、评价标准，为开展思想政治教育提供明确的抓手。

日本开展价值观教育时，注重校内外联合的实践性培育，将知识、价值观与现实课题相结合，促使学生在现实情境和体验中培育核心价值观。这种参与性的校内外衔接的学习方式，不是单依靠学校自身的力量就能达到的，而是需要日本社会多方面的支持。日本中小学与社会教育场所形成良好的协同合作关系，为日本开展校内外学习实践活动提供了基础，价值观教育也受到了政府的大力支持。据此日本的中小学校得以进行大量的价值观教育实践活动，让学生在接触社会的同时形成对价值观念的认同。

回观我国的价值观教育开展状况，虽然已经得到了社会的广泛认同，也在社会上形成了一定的核心价值观教育风气，但是学校与其他场所的合作力度依旧不够。学校开展的价值观教育和思想政治教育工作，大多是以课堂讲述和传授为主，结合具体实践的教学活动较为缺乏。因此，需要将思政工作与现实生活中的实际情境联系起来，形成学校、家庭、社会的价值观教育合力，让学生在实践中对价值观产生更深的感触。具体而言，学校可以设计多元化的教育活动，结合社区、图书馆等公共场所进行价值观教育，形成更加全面具体的价值观培育体系。

（本章执笔人：司晓晗、张小华、洪探）

案 例 篇

案例一：病理生理学课程思政建设与评价分析*

近年来，随着健康中国战略的稳步推进，我国对医学教育创新发展的改革需求不断提升。2019 年，国务院办公厅在“关于加快医学教育创新发展的指导意见”中指出要全面推进医学教育创新发展，建设一流医学课程，培养立足于新时代的“五术”医学人才。① 2020 年教育部在《高等学校课程思政建设指导纲要》中明确提出“把思想政治教育贯穿人才培养体系，全面推进高校课程思政建设，发挥好每门课程的育人作用，提高高校人才培养质量”的建设要求。② 武汉大学泰康医学院（基础医学院）病理生理学课程组紧扣新医科时代的“五术”（救死扶伤的道术、心中有爱的仁术、知识扎实的学术、本领过硬的技术、方法科学的艺术）医学人才培养目标，遵循教育部提出的“着力培养学生医者精神”的医学类专业课程思政建设意见，认真梳理课程思政痛点、锁定建设重点，精选设计教学策略和方案、重构教学内容、探索评价方法，从 2019 年开始开展一系列线上线下混合式教学方法改革，创新建立“授之以渔、立之以信”的课程思政建设理念，坚持知识传授、能力培养与价值引领相结合，“润物细无声”地融入课程思政，以激发医学生为人类健康奋斗终身的信念、职业使命感、奋发创新的信念，充分发挥课程思政在医学生价值培养、人格塑造中的起承转合作用，为培养出更多符合中国特色社会主义现代化强

---

* 本案例执教人：魏蕾、张德玲；执笔人：田欣桐。

① 《国务院办公厅印发〈关于加快医学教育创新发展的指导意见〉》，载中华人民共和国中央人民政府官网，http：//www. gov. cn/xinwen/2020-09/23/content_5546479. htm，2020 年 12 月 20 日访问。

② 《教育部关于印发〈高校学校课程思政建设指导纲要〉的通知》，载中华人民共和国教育部官网，https：//www. moe. gov. cn/srcsite/A08/s7056/202006/t20200603_462437. html，2020 年 10 月 10 日访问。

国建设需求的高素质卓越医学人才作出了积极的贡献。

一、病理生理学课程基本情况

病理生理学是研究疾病发生发展过程中功能和代谢变化机制及规律的医学基础学科，是各医学专业必修的核心课程，也是贯通基础医学与临床医学知识的“桥梁”课程，更是完整培育学生建立医学思维和人文素养的枢纽环节。① 本学科主要包括以下三方面的教学内容：(1)疾病概论：讲述疾病发生、发展的一般(普遍)规律(非特异规律)。如发病的原因、条件，疾病的发展、转归。(2)基本病理过程：指许多疾病中出现的共同的病理变化。如水盐、酸碱紊乱、水肿、缺氧、发热、休克等。(3)各系统病理生理学：指某系统多种疾病中出现的病理变化。如呼吸衰竭、循环衰竭、肝衰、肾衰等。本课程的教学目标是让学生通过课程理论学习和实验认识疾病发生、发展以及转归的一般规律，理解疾病发展过程中机体机能、代谢变化与临床表现间的内在联系，为今后的临床学习奠定坚实的基础。

武汉大学泰康医学院(基础医学院)病理生理学课程团队利用线上国家级一流课程建设优势，开展线上线下混合式教学方法的创新。② 课程组利用建设的国家级线上一流课程以及丰富优质的课程思政资源、教辅资料和数字化教材，开展基于 MOOC/SPOC 的线上线下混合式教学，创设“四课堂、三闯关”情景教学模式。该情景教学模式实施流程是：线上课堂→线下课堂→线上拓展课堂→线下拓展课堂。线上课堂：在建设电子教学资源时，将包含有思政目标的病例、故事等思政元素融入慕课视频、病案资料、讨论题等载体，在潜移默化之中启迪学生心灵；线下课堂：根据 BOPPPS 教学法，巧用思政元素嵌合的病案贯穿课堂教学主线，通过师生讨论互动、翻转课堂、情景模拟、课后讨论作业等方式开展思考与反思，达到“润物细无声”的思政育人效果。线上拓展课堂：开设与课程内容相关的行业专家访谈、医患互动、医学科普知识、最新研究进展等主题板块，使学生们感受行业榜样力量，提升医学生的职业素养。比如，新冠疫情期间，病理生理学课程团队跟踪报道了武汉大

① 柴高尚、聂运娟、吴亚先等：《以培养临床思维为导向的病理生理学综合教学模式探讨》，载《中国高等医学教育》2020 年第 9 期，第 79~80 页。

② 张策、徐晓飞、张龙等：《利用 MOOC 优势重塑教学实现线上线下混合式教学新模式》，载《中国大学教学》2018 年第 5 期，第 37~41 页。

学人民医院呼吸内科余昌平医师的抗疫经历视频，并形成“新型冠状病毒感染、临床症状和病理机制解说”系列抗疫教学专题，引起热烈的社会反响，激发了广大医学生的学习热情。线下拓展课堂：将最新研究成果和教学内容有机融合，通过调研、观摩提供学生们与科研大咖、临床专家面对面的交流平台，建立碰撞“发现问题、解决问题”思想火花的常规路径，激发同学们探索医学奥秘的信念、开拓创新的精神。

病理生理学课程面向的是大学二、三年级医学各专业学生。学生们已完成一部分基础医学前导课程学习，知识储备呈现碎片化特征，① 单线程的简单思维不足以在面对复杂多样的疾病及临床表现时作出正确判断，学生表现出一定的畏难情绪，自主学习意识、迎难而上的奋斗精神尚未建立。病理生理学前导课程主要包括解剖学、组织胚胎学、生理学、生物化学和分子生物学、免疫学和微生物学等，后续临床课程主要包括内科学、外科学、妇产科学、儿科学、传染病学、精神病学，等等。病理生理学以基础医学中讲解人体发育和结构的组织胚胎学和解剖学，讲解人体健康状态下的心率、呼吸等重要功能调节的生理学，讲解糖、蛋白质、脂肪等物质代谢的生物化学等人体机构功能的知识为基础，密切联系微生物学等疾病发生原因，重点阐述病因与人体的相互作用导致的病理变化及规律，理解患病机体表现出的症状和体征，为后续学习临床诊断疾病、掌握疾病的治疗方法奠定逻辑思维基础，通过本课程的学习，医学生可以掌握病理生理学中的基本概念及重要的基础理论知识，掌握主要病理过程和常见病的病理变化特征，并获得从病因、发病机制、病理变化、临床病理联系及结局等方面认识疾病、分析疾病的能力，从而使学生能把病理生理学的基础理论知识运用于后续医学专业课的学习，为学生进一步学习临床各科常见疾病的诊断防治等奠定重要的理论基础，使学生运用所学的病理生理学知识指导将来的临床实践。因此本课程是沟通基础医学与临床医学之间的桥梁，所以它在医学教育中起着承前启后的作用。

二、病理生理学课程思政目标确立和思政元素提炼

武汉大学泰康医学院(基础医学院)病理生理学课程自 2018 年开展一系列

① 李从德：《浅析“碎片化”学习对现代医学教育的影响》，载《现代交际》2016 年第 11 期，第 159~160 页。

线上线下混合式教学方法改革以来，如今已走过四个年头。一方面，国家级一流本科课程建设持续深入；另一方面，国家级课程思政示范课程建设项目“思政元素+病理生理学”课程体系的建设已经启动实施。无论从课程目标、方向、进程的确定与推动来看，还是从课纲、课标、课件、教案、教学内容等各个方面的撰写与建设而论，2022年已呈现出阶段性成果。

一所大学的稳步发展，既要有近期、中期、长期的规划建设目标，又要有清晰鲜明的办学理念和富有特色的教书（育人）理念，武汉大学以“三创教育”（即创造教育、创新教育、创业教育）为办学理念，营造自由开放与鼓励创新的氛围，落实“三全育人”教育理念，促进学生全面发展，以世界一流大学为办学目标，历经“十三五”期间的努力奋斗，初步完成了世界一流大学的基础建设。病理生理学课程的建设从倡导“四课堂、三闯关”情景教学模式建立，再到深度融合课程思政元素教学创新设计的启动，推进“十角色、三矛盾”的思政教学教育体系建设的目标越来越清晰，如图1所示。

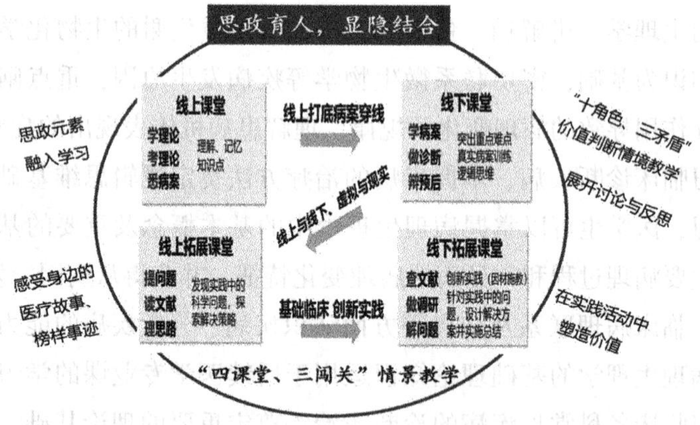

图1 “四课堂、三闯关”情景教学模式深度融合课程思政实施路径

（一）思政目标确立

在全球信息化、多元化的时代背景下，中国当今社会独生子女“00后”学生的成长经历决定了他们大多以自我为中心，追求个人努力和价值实现，尚未具备“医者仁心”精神的医学职业素养和社会责任感。如何将病理生理学课程中凝练的思政元素和课程内容有效融合，并形成“知识传授—价值引领”的协同育人体系，增强该课程的强基、铸魂的育人功能？这是在教学过程中急

需解决的思政目标。为了达成以上思政目标，课程团队将四个课堂均设置三项闯关环节，思政资源通过多种形式巧妙地融入各个环节，激发学生的思政学习兴趣及满足个性化学习需求，有效地提升思政强基、铸魂的育人效果。

(二)思政元素提炼

第一步，如何确定和提炼思政元素？这是摆在病理生理学课程组团队教师面前的共同难题，团队首先分析了课堂受众的主体“当代医学生”的一些主要特点。早在古罗马时期，普罗塔克就明确指出学生不是一个需要填满的罐子，而是一个需要点燃的火种！一个生命的火种、精神的火种、心灵的火种！现如今在世界多极化、经济全球化、社会信息化、文化多样化的多重影响冲击下，对医学生的理解，一定要超越传统意义上的学生观，必须充分认识到医学生是“健康养生文化中的人”“现代生活世界中的人”“医患关系中的人”“认知未完成的人”和“后疫情时代背景中的人”，要充分认识到学生的天性、兴趣和真正的需要。

第二步，依照病理生理学课程思政总体教学目标，深度挖掘理论主题特色内容、课堂实验与社会实践等教学环节中蕴含的思想政治教育元素(简称思政元素)。课程团队选用身边的医学人文故事、医疗救治中的真实案例，引用生命医学领域涌现出的“感动中国人物”榜样事迹、巧用医学史上的重要医学发现、善用实施健康中国战略行动社会新闻和医疗卫生行业热点资讯，建立病理生理学课程丰富多样的思政元素资源库，形成与全部理论主题教学相对应的课程思政元素思维导图(见图2)，将思政教育与专业教学内容密切联系并深度融合。例如，病理生理学课程思政的第一个教学目标，社会主义核心价值观与社会责任感具体对应教材的“疾病概论”“缺氧”和“呼吸功能不全”三个章节，通过融入实施“健康中国战略”行动宣讲、“登山队员完成人类首次北坡登顶珠峰的故事”“一线医生感染新型冠状病毒引发肺炎导致呼吸衰竭真实案例”，主要涉及“生命至上、健康中国”“舍生忘死、社会责任”等思政元素。病理生理学课程思政的第二个教学目标，医者仁心与医学职业素养具体对应教材的“绪论”“水、电解质代谢紊乱”“酸碱平衡和酸碱平衡紊乱”“休克”“心、肝、肾功能不全”等章节，主要涉及“关爱患者、职业操守”“救死扶伤、大爱无疆”“甘于奉献、勇于创新”等思政元素。

“思政元素 X+病理生理学”课程组通过集体备课、多轮试讲、小组讨论，反复打磨上述思政元素 X“嵌合”入专业知识的呈现方式，譬如，通过课堂播

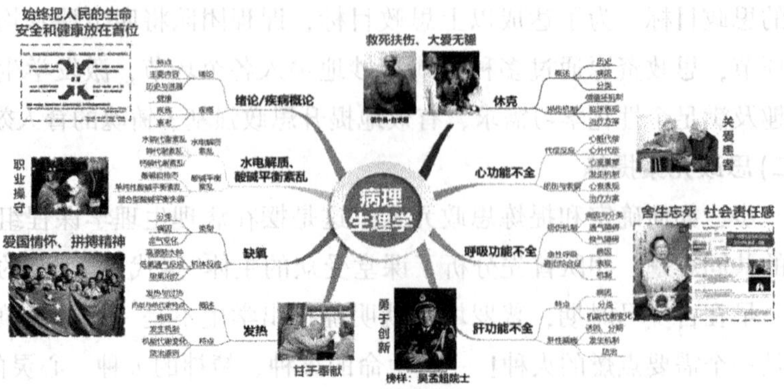

图 2 “病理生理学”课程思政元素思维导图

放《“健康中国 2030”规划纲要》3 分钟解读微视频，全面展示党的十八大以来，以习近平同志为核心的党中央把保障人民健康摆在优先发展的战略地位，坚定实施健康中国战略，推动卫生健康事业取得新的发展成就，在这次抗击新冠疫情中发挥了重要作用，经受住了重大考验，以确保“健康优先、人民至上和生命至上”的中国式抗疫理念和“人类命运共同体”的普世情怀等课程思政元素有机融入教学的方方面面，提高思政强基、铸魂的育人精准度和有效度。与此同时，病理生理学课程教学团队结合混合式教学创新设计思路，进一步修订并扩展了高度体现课程思政全要素的全新教学大纲、课件和教案等教学资源库。

三、课程思政元素融入教学过程

立足专业人才培养目标和医学课程特点，在病理生理学课程线上线下混合式教学方法创新的基础上，凝练“授之以渔、立之以信”的课程思政建设理念，从提升医学生理想信念、职业素养、个人修养这三个层面展开，确立课程思政教学目标。牢牢把握“深入挖掘课程所蕴含的思想政治教育元素”和“有机融入教学”这两个课程思政建设的关键点①，借助线上线下混合式教学的优势和实践经验，加大挖掘思政素材的深度和广度，探索课程思政教学的实施路径、创新课程思政融入专业教学的新方法，充分发挥课程思政在武汉大学

---

① 韩宪洲：《课程思政方法论探析——以北京联合大学为例》，载《北京联合大学学报(人文社会科学版)》2020 年第 18 期，第 1~6 页。

医学生价值培养、人格塑造的作用。

探索课程思政融入专业教学的新方法，是课程思政建设的重点内容之一。面对真实世界中，新疾病不断出现、患者个性化治疗等与时俱进的时代需求，病理生理学课程教学团队精选临床真实案例，模拟与临床诊疗密切相关的医生、患者、家属、律师等十个主要角色，围绕“治疗和疾病”“费用和疗效”“现实和期许”三类主要矛盾，创设“十角色、三矛盾”价值判断情境教学（见图3）。让学生从不同身份、多角度地分析社会、人文、政策等因素对疾病发生、发展过程的影响，激发医学生建立“抗击疾病”的使命感、“救死扶伤”的医者仁心精神、有医学人文情怀的职业素养，并点燃学生“自主学习”“奋发求知”的热情，实现价值塑造。

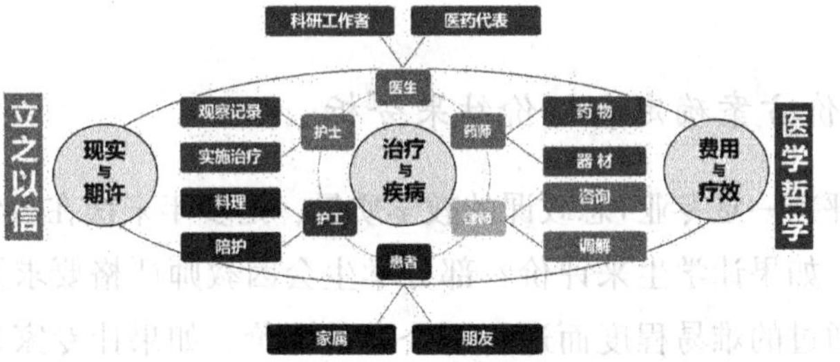

图3 围绕“十角色、三矛盾”医学哲学问题创设教学情境

“病理生理学”“4+3、思政+X”课程设置就是从理论教学的讲台到实践操作技能平台及临床思维训练全过程教育方法探寻课程思政元素有机融入教学的新设计方案。“4”指四课堂，具体包括线上课堂→线下课堂→线上拓展课堂→线下拓展课堂等；“3”指三类主要矛盾，如：“治疗和疾病”“费用和疗效”“现实和期许”等；“思政”指国家规定的思想政治品德修养和医学职业素养和社会责任感；“X”指医学人文素养要素；“4+3”注重医学职业素养的积累，“思政+X”则夯实新时期医科大学生的人文素质：“为医与为人“两个维度，相互支撑，以立德树人为根本，培养高尚的医德、具有中华养生文化底蕴、全球文化视野的学生，构建新时代新医科本科学生培养模式。

如果传统课堂教学为主的方式为“1”，与之相比，“4+3”不是改革，是创新；不是标新立异，是顺应新时代变革规律。我们把“4+3”和“1”的教学成果比喻成我们哺育了一对双胞胎，一个只接受“1”的教育，另一个是接受“4+3”

的教育，其结果是两个孩子虽然都能顺利完成医科大学本科学业，但却因教育理念与教学方法的显著差异或不同，其成就的高度也有天壤之别。“4+3”不仅仅解决了医学职业素质全面培育的问题，还在“四大课堂”中融入的临床案例分析和医学药学前沿领域文献分析条目，并先后通过线下拓展课堂主办了四届“绘绎疾病——科普绘图大赛”。如：为了激发医学生将专业知识与人文艺术创作相结合的想象力和创造力，并向大众传播医学知识，2022年，病理生理学课程团队联合武汉大学基础医学院团委青年发展咨询服务中心和武汉微循环学会共同举办了以糖尿病为主题的第三届科普绘图大赛，共收到56份医学生绘图作品，从中精选13幅优秀作品制作成精美画册；2023年举办的以肾炎为主题的第四届科普绘图大赛，共收到33份医学生绘图作品，作品饱含同学们的奇思妙想，风格各异，精彩纷呈。从中精选16幅优秀作品制作成精美画册。

四、评价方案确定和评价结果分析

如何去评判一堂专业+思政课的教学质量，是多年来摆在教学管理者面前的一道难题。如果让学生来评价？部分学生会因教师严格要求及考勤的严格程度、考试通过的难易程度而进行不公正的评价。如果让专家来教室里听课评课，虽具有一定权威性，但难免会因为侧重于授课教师的课堂教学过程，导致学生学习效果的评价缺失。

为了准确、客观公正地评价病理生理学课程思政教学和育人的效果，根据多年的教学实践经验，病理生理学课程教学团队认为教学效果必须由隐性（基础性）的教学效果和显性（直观性）教学效果所构成，两者缺一不可。在课程思政教学效果评价中，尽管课程思政建设标准是一个重要的前提，但病理生理学课程教学团队还必须坚持“效果为王”的原则。这是因为课程思政建设标准是课程思政教学效果评价中的必要条件，主讲老师根据课程思政建设标准编写教案，这仅仅是为上好一堂课提供了可能性。什么是显性（直观性）教学效果？显性（直观性）教学效果包括“天时地利人和”的三个必要条件，一是老师的人格魅力（有理想信念、有道德情操、有扎实学识、有仁爱之心），这是“天时”，对教学质量起到了决定性的作用；二是授课班级学风，这是“地利”，因为优秀的班级学风体现了学生积极向上、认真学习的精神状态，也是教学质量的前提；三是良好的师生关系，这是“人和”，因为亲其师，才能信其道。良好的师生关系是师德和医德建设成功的标志，也能使老师及时了解到医科学生的反馈信息和思想情绪，是教学质量的关键。这三个条件至关重要，缺一不可。

病理生理学课程思政具体的评价框架流程是将学习效果评价与教学及实践活动有机融合，课程组建立多元化、全程化的课程考核评价体系，包括理解分析测试、理论测试、综合应用测试、学习行为过程性评价、素质和科研设计能力评价、实践项目表现性评价六个环节，课程思政目标达成度即学生素质培育效果评价按照心理-行为学评测原理贯穿于各个环节，全程评价思政教学活动中作用，客观体现思政培育需求导向，引导学生的学习行为转变的程度，以上六个考核环节所占成绩权重如表 1 所示。

表 1　**多元化课程考核评价体系中的课程思政评价**

考核环节	成绩权重	对应课程思政教学目标
理解分析测试	5%	医学生职业素养
理论测试	20%	
综合应用测试	60%	创新意识；医学生职业素养
学习行为过程性评价	5%	
素质和科研设计能力评价	5%	医学生职业素养；社会主义核心价值观与社会责任感
实践项目表现性评价	5%	创新意识；科学精神

除此之外，病理生理学课程教学团队在武汉大学课程思政教学研究中心的具体指导下，教研组细化形成性评价指标，授课教师可以随时了解学生在学习上的进展情况，获得教学过程中的连续反馈，为教师随时调整教学计划、改进教学方法提供参考。① 对学生日常学习过程中的表现、所取得的成绩以及所反映出的情感、态度、策略等方面的评价，是基于对学生学习全过程的持续观察、记录、反思而作出的发展性评价，其目的是“激励学生学习，帮助学生有效调控自己的学习过程，使学生获得成就感，增强自信心，培养合作精神”。形成性评价使学生“从被动接受评价转变成为评价的主体和积极参与

① 莫雷主编：《教育心理学》，教育科学出版社 2007 年版，第 330 页。

者”。武汉大学课程思政教学研究中心建立了详细、客观的形成性评价标准，比如，在“综合应用测试”部分，对应“医学生职业素养”目标，设置开放性问答题，包括专业知识、综合运用、交流沟通、价值取向等多维度、分等级的具体评分依据，教师做出文字记录和评分，及时向学生反馈评价意见，满足学生的个性化指导需求。同时，病理生理学课程教学团队提取学生讨论和回答问题中的关键词，形成词云图分析①，准确评价学生的价值取向(见图4)。

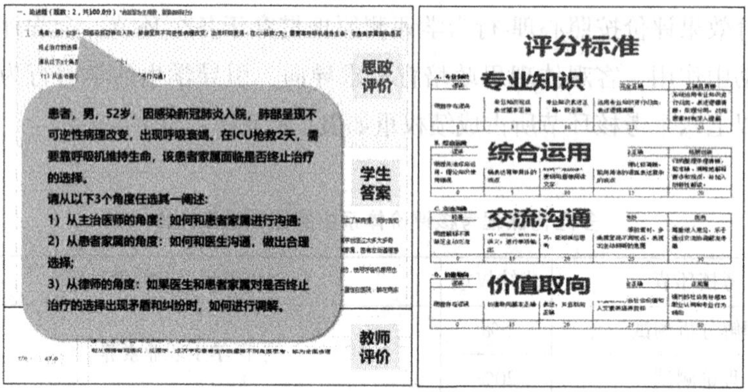

图4　“综合应用测试”部分中的素质评测策略和形成性评价标准

形成性评价不单从评价者的需要出发，而是更注重从被评价者的需要出发，重视学习的过程，重视学生在学习中的体验；强调人与人之间的相互作用，强调评价中多种因素的交互作用，重视师生交流。在形成性评价中，老师的职责是确定目标任务、收集资料、与学生共同讨论、在讨论中渗透教师的指导作用，与学生共同评价。

自2019年实行课程思政教学创新实践以来，学生对课程思政包括教师教学能力的整体满意度显著提高，学生对线上、线下课堂学习的热情高涨，课程成绩不断提升，各项评价反映学生的综合能力普遍增强。词云图分析显示，学生在课程学习中表现出从“专业知识认同”“专业情感认同”到“专业行为倾向”的转变(见图5)，并将行动从课内延伸到课外。

① 王郢、方癸椒：《基于词云分析技术的课程思政评价探索》，载《教育信息化论坛》2022年第4期，第99~101页。

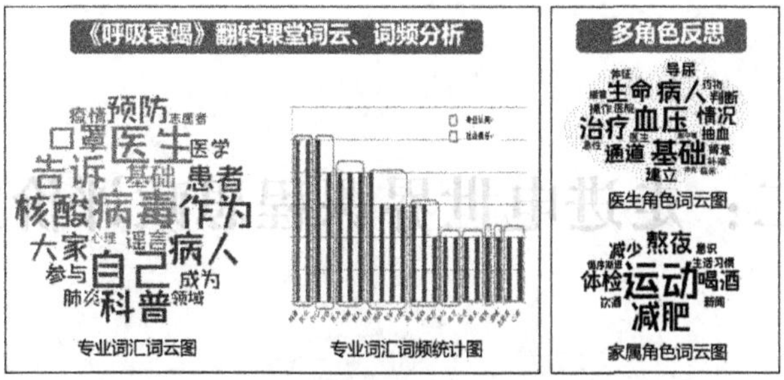

图 5　课程思政教学促进医学生对专业情感认同的变化

医学生们积极参加医学科普绘图大赛、病例分析大赛、科研实践等线下拓展课堂活动，实践创新能力持续提高。近五年来，病理生理学课程教学团队指导本科生获大学生创新实践项目 20 余项，发表论文 20 余篇。病理生理学课程教学团队带领本科生参加全国及省级创新创业竞赛获奖 10 余项，以赛促学、德技并修。2019 年，在第五届中国“互联网+”大学生创新创业大赛中斩获金奖。病理生理学课程教学团队指导的长学制本科生陆续在随后的研究生学习、科研工作中展现出强劲的发展潜质和潜力。同时，依据问卷调查反馈信息，课余参加本校“救护之翼”公益救护组织、医院和社区志愿者服务、服务于医学公众号的同学人数越来越多，表明医学生们在个人修养、职业素质、理想信念等思政素养方面得到大幅度提升。

案例二：走进电世界课程思政评价案例*

一、课程基本情况介绍

走进电世界是武汉大学电气与自动化学院电气类专业概论课，是该专业最重要的学科认知平台课程。它开设在大一学年和小学期，总学分为 1.5 学分。其中，大一学年为理论课学习，1 学分；小学期为实践课学习，0.5 学分。该课程是电气类学生所接触的第一门专业课程，旨在对本专业进行系统性的整体介绍，让学生了解自己专业所包含的领域、自己专业所需要的知识、自己专业的课程体系、自己专业的历史发展沿革、自己专业未来的就业去向和具体用途等内容。后续学生将会学习信号与系统、电路原理 A2、电子技术基础等学院平台课程以及电磁场、电机学、电气工程基础等专业必修课程和其他专业选修课程，进一步深化专业内容，形成完整而精细的系统化知识框架。

走进电世界的教学内容分为六大板块，包括电气科学与高等教育、电磁学理论的建立和通信技术的进步、电气工程技术与理论的发展、发电类型与电能利用、中国电力工业的发展和特色、电气工程二级学科及相关学科(电力系统及其组成、高电压与绝缘技术简介、电力电子技术与电力传动技术、电力通信技术、自动化、建筑电气与智能楼宇)等内容。在具体教学实践中，课程内容还紧跟电气工程学科发展前沿和技术进步，关注行业发展，充分收集学会、行业网站发布的与课程相关的视频和动画资源，及时更新课件，例如增加特高压、智能电网、直流输电、人工智能、大数据等内容。① 通过系统学

---

* 本案例执教人：唐飞；执笔人：黄雨佳、郑鸿杰。

① 樊亚东、孙元章、唐飞等：《“走进电世界”国家一流本科课程建设探索》，载《中国电力教育》2022 年第 8 期，第 68~69 页。

习走进电世界课程，学生能了解电气工程专业所包含的发电、输电、配电、变电等一系列环节的作用及其重要意义，从而开阔视野，了解行业新动向、新技术与新发展，提升其专业基础知识、思维能力和科学素养，进而整体上提升综合能力，为本科学习打下坚实的基础。

传统的专业概论课局限于课堂，以教师单向讲授为主，过于重视知识和能力学习，缺乏情感体验和价值培养。武汉大学电气与自动化学院平台概论课走进电世界课程组则打破了这一弊端，提出了一种"社会实践类"体验课程的课程计划，创造性地在大一学年后的小学期引入实践类教学环节。该环节旨在引导学生参观湖北省电力发展博物馆、水电站、供电公司，体验电力维修工作等，在体验观察和社会实践中具身感受和体验本专业的知识运用，将理论学习和实践经验相结合，从而在本质上通晓电力文化、了解电气知识。通过这一教学方式改革，走进电世界实现了将电气工程的现实社会情境、电气工程专业知识的现实运用、电气工程行业与国家社会发展的现实连接融入课程，学生能够通过多种方式加深对电气工程课程的概念化认识、拓宽对电气领域的认知，再通过理论梳理，在从体验到理论的认知过程中构建系统的知识体系，以塑造专业认同、科学精神和家国情怀。

实践课引入社会实践的教学方式，而理论课则充分利用信息技术，采用线上线下相结合的混合式教学方法。在课堂上，教师采用多媒体教学，将抽象概念具体化，以直观形式促进学生的知识学习、素质培养和能力提升的有机融合。每一堂课，都注重自主、合作、探究的学习方式，教学活动充分调动学生的自主能动性，在安排教师讲授的环节之余，还引导学生自主展示和小组讨论。自主展示强调学生的独立思考和创新能力，主题多为开放式，如"新能源发电之我见""百年电力回头看"等，且形式不限，鼓励创新。小组讨论则培养学生的合作交流能力，围绕如"以法拉第和麦克斯韦的研究为例，试说明实验和数学在科学研究中的作用""申请专利的重要性"等主题，要求学生一方面勇于表达自我想法，另一方面批判性地听取他人意见，并在过程中始终注重沟通的基本原则和方法。课程组还利用武汉大学 MOOC 平台"珞珈在线"开展 SPOC 教学模式，发布教学视频和相关资源，便于学生课前预习和课后拓展。同时利用 QQ 群交流互动、及时答疑，将课堂由线下延伸至线上，教学内容得以延展，学生个性化需求得以满足，从而提高教学效率，锻炼学生的综合能力。

为探究教学方式的有效性，尤其是对于课程思政元素的挖掘和落实，本案例追踪调研了 2021 年入学的电气类专业的大一学生。其中男生 281 名(76.6%)，女生 86 名(23.4%)。

二、课程目标和思政元素的确立

为落实立德树人的根本目标，每门学科都应承担起寓“思政”于课程的重任，构建高校课程育人体系。课程思政的目标是实现“知识传授”和“价值引领”的有机统一，即“将思想政治教育元素，包括思想政治教育的理论知识、价值观念以及精神追求等融入各门课程中去”。对于各专业课程，不能仅注重知识传授和能力培养，还应结合专业特征，培养学生的品格与价值观。

走进电世界的课程定位是专业概论课，是学生了解本专业相关领域、培养本专业后续课程学习能力、激发学生对本专业的兴趣和情怀的基础课。在确保课程性质不变的前提下，充分挖掘其中的思政要素，使其与课堂教学有机融合，达到“课程思政”的育人目的。

其课程思政目标有三个：一是让学生对本学科和专业有初步的系统认识，全面了解本专业人才培养目标、教学计划、课程体系，掌握工科学生的学习方法，为进一步深入学习本专业打下扎实的创新思想基础。二是让学生从 100 多年的电气发展和创新创造史中了解专业发展概貌，通过对专业方向未来发展趋势的探究，以及对学科发展所面临的重大问题和前沿技术的思考，增强学生专业责任感和创新意识。三是让学生感受电气与自动化学科重大技术发明的艰难历程，以及科学家和工程师们经历的失败、突破和成功，培养学生实事求是、敢于探索和无畏攀登的精神。①

这些目标不仅契合了武汉大学“厚基础、宽口径、高素质、强能力”的创新型复合人才本科教学特点，而且深刻而准确地把握概论课的定位，更顺应了 21 世纪科技变革对人才提出的新要求。

走进电世界开设于第一学年，面向对象为大一新生，在课程开始前，主讲老师应向他们介绍本专业的课程内容、学习方法和未来去向，使他们对电气专业具有比较深入、全面的认识，为后续学习打好知识和能力基础。同时，

① 樊亚东、孙元章、唐飞等：《“走进电世界”国家一流本科课程建设探索》，载《中国电力教育》2022 年第 8 期，第 68~69 页。

在大学教育的初期阶段激发学生的专业学习兴趣，引导学生热爱本专业、认同本专业价值，培养基本的专业素养、专业精神和专业情怀。现代科学技术的飞速发展呼唤着更高素质的创新性人才，国家之间的博弈本质上是人才竞争。高等工科教育作为科学教育的重要组成部分，必须改革其指导思想、结构体系和教学内容等，使得培养出来的学生具有责任意识、批判思维和创新能力。而《高等学校课程思政建设指导纲要》提道："工学类专业课程，要注重强化学生工程伦理教育，培养学生精益求精的大国工匠精神，激发学生科技报国的家国情怀和使命担当。"电气类专业学生未来所从事的工作包括发电供电、电力维修等，关涉千家万户，是维护国家长治久安的重要保障之一，专业课程必须培养学生的爱国精神、服务社会的责任意识、复兴民族的使命担当。

为达成以上三个课程思政目标，走进电世界课程组结合新工科课程思政指南要求，在分析人才培养方案和学科特征之后，将走进电世界的思政元素确立为专业认同、科学精神和家国情怀等。

在诸多研究中，我们发现，对于影响专业认同感形成与发展的因素，可以概括出个人因素、关系因素和实践因素。学生应在实践中与专业人员互动，从而积累个人经验，提升专业认同感。然而，当代中国传统工科教育模式应以课堂讲授为主，缺乏对学生实践体验的关注。因此，走进电世界课程组打造出"社会实践类"专业概论课程，引导学生通过亲身考察或观摩学习等，体验本专业的知识运用，增长才干智慧，感受专业价值。概论课程中的社会实践又与以就业为导向的社会实践课程不同，学生并没有肩负沉重的任务和压力，在轻松的环境中更能激发学习兴趣，提升专业认同感。

走进电世界是学生入学的第一门课程，不仅是介绍本专业的课程内容、学习方法，更重要的是对学生进行长久的熏陶，其教学重点除了传授知识，还要在潜移默化中增强学生的专业素养、人文修养和精神涵养。课程组深刻认识到人文教育和科学精神教育应相互渗透、相互结合，通过介绍电气科学技术艰难发展与复杂演化的漫长历程、讲述前辈科学家积极创新突破困难的艰辛故事，培养学生理性怀疑的批判思维、勇于探究的献身精神、实事求是的科学态度等。同时，还设置相关主题探究题，引导学生深入理解科学精神，并鼓励创新表达形式。

家国情怀是一种个体从"小我"向"大我"发展的强烈情感，其形成有赖于学生认为自我、家族和国家是一个共同体，对国家具有高度的认同感和归属感，认识到民族复兴和国家兴盛是每位公民的使命，对国家社会具有一定的责任感。这就要求学生不能仅在课堂的狭窄空间里谈论时政，而应深入一线，在社会中实地观摩体验，认识到电气工程对于日常生活和国家安全等的不可或缺性，体会到所学专业具有重要价值的满足感，从而增强工科报国的使命担当，并将对国家的热爱化为具体的爱国行动。走进电世界便是引入社会实践环节，让学生在多样化的教学场景中观察思考、体验学习，了解国情民情，增强家国情怀。

可见，走进电世界课程组在宏观层面设计了社会实践的教学方式，在微观层面则采用“润物细无声”的德育方法，两者相互结合，共同促进专业认同、科学精神和家国情怀等思政元素的落实，以达成“课程思政”的目的，完成“价值引领”的育人要求。

三、课程思政融入过程

课程思政元素的确立只是在课前进行预设，其融入效果应在具体的教学活动中得到检验。本案例选取了专业认同和科学精神这两个思政元素，将详细介绍其融入过程、教学方法和教学效果等。

(一)专业认同

在理论课上，主讲老师首先对电气工程学科的基本构架进行了介绍，学生对于所学专业有了系统的认识。接下来主讲老师介绍了电力工业发展的概况以及电力工业在国民经济发展的地位，学生能知晓中国电力行业的艰辛发展历程、现实重要性和广阔前景，既树立投身电力工程建设的报国精神，又因为感受到专业价值而增强专业认同感。为方便学生对后续基本学科的学习，主讲老师简单讲述了电力系统的基本知识，较为细致地讲解了有关概念和基础知识，并大体对未来四年将要学习的各门课程进行了分阶段、分层剖析。在向学生介绍电气工程基本知识架构及其相关课程时，有的放矢，培养学生归纳各门学科重点和主线的能力，便于他们在以后的学习中不仅更好地掌握相关学科的基本知识，且对这些知识的基本构架洞悉明察，在理解掌握的基础上大胆创新，真正做到学以致用。同时，对专业知识、课程设置、专业价值的系统了解会增强学生的专业认知，为在实践中形成和发展未来职业所需要的思维倾向和行为模式打好认知基础。

在实践课上，学生不再局限于学校教室内，主要以语言交流获取知识和技能，而是在教师的指导下，前往博物馆、水电站、供电公司等，在实际情境中观摩体验，提前积累未来所从事职业的直接经验。在社会实践教学中，学生将更直观地感受理论课上教师所介绍的电气工程的相关知识和具体操作原理，如发电、配电、变电等，从而将理论知识与具体事物相对应，并逐渐转化为实际的动手操作能力。社会实践教学是传统课程中独树一帜的课堂教学手段，学生此前很少体验过，其能增加学生的课堂参与度，激发学习主动性和积极性，从而更能领悟所学专业的乐趣。另外，通过实地观察，学生深刻感受到电力工业与人们的日常生活和国家经济发展息息相关，油然而生一种强烈的自豪感和责任感，加深了对专业价值的理解与认同。

理论课的教学方式为教师讲授、自主展示和合作探究，其重点更倾向于知识传递和情感渗透；实践课以社会实践的教学方式为主，强调学生的具身感受和实际操作。两者相互结合、共同促进，使学生的专业认知、专业情感和专业行为倾向得到充分的发展，有效提升学生专业认同感。

（二）科学精神

科学精神强调学习者具备理性思维、怀疑态度、探究精神等，同时牢记科学伦理。对于理性思维、创新创造等能力培养，走进电世界这门课的主讲老师一方面讲授学习电气工程的方法，教会学生准确分析电力系统等，另一方面则依托个人展示和小组合作，为学生表达自我、创新展示等创造机会。而对于批判质疑、勇于探究等情感态度价值观层面的培养，则通过主讲老师分享典型案例，引导学生置身于科学探索的强大引力场中，不断受到各种令人鼓舞的科学发现的冲击，切实体会到科学家发展新理论新技术的艰辛和他们坚持不懈、敢于面对失败的毅力，从而建立起为科学创新而献身的高尚情怀和坚韧意志，并从电气工程发展的历史中获得各自的独立见解。①

例如，这门课程的主讲老师详细介绍了安培如何重视奥斯特的发现，如何重复奥斯特的实验以验证其正确性，如何创新性地深入研究，如何通过实验发现了两个载流导体相互作用的规律，最终安培的发现奠定了电动力学的基础。通过讲述安培进行电学基础研究的典型实例，鼓励学生学习他在科学

① 孙元章、胡钋、查晓明等：《“走进电世界”课程教学的实践性探索》，载《电气电子教学学报》2011 年第 S1 期，第 83~85 页。

研究中坚忍不拔的毅力以及在科学探究道路上锲而不舍的精神，更为重要的是学习安培的科学怀疑精神并使他们知道这种怀疑精神并非毫无目的地怀疑一切，而是辩证地批判地怀疑，不迷信权威，不盲从书本，坚定地从实践中检验真理。

这种在教学中有机联系电学历史和科学家在科学研究时所产生的轶闻趣事的方法，不仅促进了学生对电气学科的深入理解以及对前辈科学家精神品质的高度认同，而且增强了学生的学习兴趣，并在人文环境中让学生拥有无畏探索、欣赏知识、乐在其中的学习心态，更有利于激发学生独立思考、创新研究的意识。

四、评价方案确定和评价实施

课程思政实施的瓶颈在评价。由于课程思政旨在对学生的情感态度和价值观进行引导和教育，而态度形成和价值观塑造具有长期性、隐蔽性和复杂性特征，这使得即时性、横截面式的评价方法难以保证评价信度，而评价工具科学化程度不高、工具箱容量大小不足的质疑也对评价效度产生了负面效果。在传统电气工程概论课程中，往往以知识掌握代替态度形成，以方法训练代替价值观塑造，这使得概论课程的思政效果评价几乎处于空白位置。

在社会实践类的电气工程概论课程方面，走进电世界课程组结合新工科课程思政指南要求，结合人才培养方案和学科特征，将课程的思政目标定义为培养学生的专业认同情感、提升学生的科学精神水平和促进学生家国情怀的情感体验。正如课程学者泰勒所说，评价是对目标达成程度的确认。因此，为了追踪学生在课程前后思想状态所发生的变化程度，走进电世界课程组在课程开始之前对学生进行前测，在课程结束之后对学生进行后测。为了充分保证课程思政评价的信效度，坚持将跟踪性评价与问卷调查法相结合，严格使用李斯特分级量表和前后测等价均衡方法保证评价工具的科学性和可靠性。

(一)评价维度的构建和评价工具的开发

评价维度的构建主要基于权威文件、教学指南和高被引文献综合运用研读基础上构建而来。

(1)专业认同这一概念并没有明确的界定，大多数研究者具体到在某一确定的专门职业中对专业认同的内涵加以定义，因而在不同领域和研究中具有不同的表述。如 Higgs(1993)将卫生专业人员的职业认同定义为：形成“支持从业者角色的态度、信念和标准，并在明确了解作为卫生专业人员的责任的情况下形成作为该职业成员的身份认同”①。而 Paterson 等人(2002)在认可职业认同是一种“自我形象，它允许在预期角色的表现中产生个人充分感和满足感”(Ewan，1988)时，还指出充分感和满足感的获得在于个人发展出“与社会对该职业成员的期望一致的价值观和行为模式”②。这就要求学生不仅在课业上取得成绩，还应在实践中形成和发展未来职业所需要的思维倾向和行为模式。

基于专业认同感的内涵表述，再分析研究者对专业认同结构的具体概括，可发现他们对于专业认同感的维度划分存在一定的共性，几乎都指向认知、情感和行为三个维度，如表 1 所示。

表 1　**专业认同的维度划分**

研究者	认知维度	情感维度	行为维度
Chenney(1983)	相似性	成员关系	忠诚
Dick(2004)	认评知价	情感	行为
王彦斌(2004)	生存	归属	成功

本案例主要参考秦攀博(2009)编制的《大学生专业认同问卷》③，该问卷是中国研究者秦攀博博士对中国大学生进行调查统计分析，通过项目分析、因素分析、信效度检验编制出的符合心理测量学标准的大学生专业认同的测量工具。这一问卷在中国得到了广泛的认同与使用，是目前中国大学生专业认同研究中使用最多的量表(截至我们使用时已被引用 622 次)。使用该量表的许多文献发表在《心理与行为研究》《心理发展与教育》期刊上，这些期刊都是中国在该领域的权威期刊。具体的维度划分如图 1 所示。

① Higgs J.，“Physiotherapy，Professionalism and Self-directed Learning”，*Journal of the Singapore Physiotherapy Association*，1993，Vol. 14，No. 1，pp. 8-11.

② Paterson J，Higgs J，Wilcox S，et al.，“Clinical Reasoning and Self-directed Learning：Key Dimensions in Professional Education and Professional Socialisation”，*Focus on Health Professional Education*，2002，Vol. 4，No. 2，pp. 5-21.

③ 秦攀博：《大学生专业认同的特点及其相关研究》，西南大学 2009 年硕士学位论文，第 18 页。

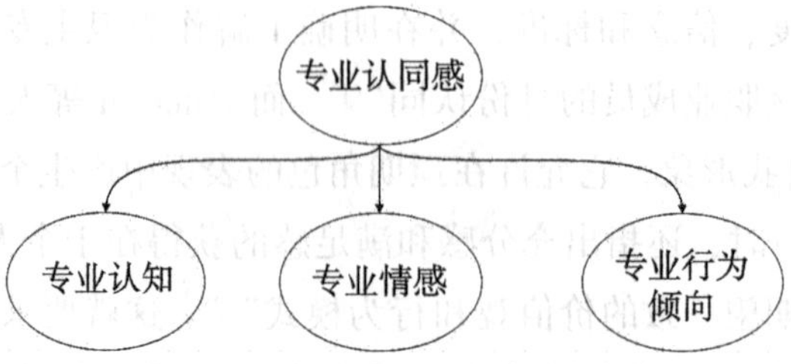

图 1　专业认同感的维度划分

(2)科学精神本质上是一种思维品质以及在这种思维品质下表现出的外在行为，体现在进行科学研究和科学学习的过程中。它强调学习者要具备理性思维，有批判质疑精神，勇于探索，用科学的思维解决问题，同时将科学伦理牢记于心。在教育学界最为权威和具体的是核心素养研究课题组定义的科学精神，该课题组于 2013 年由教育部牵头建立，由北京师范大学等多所高校的近百名研究人员组成，研究成员历时 3 年，通过基础理论研究、国际比较研究、教育政策研究、传统文化分析、课程标准分析制定了我国学生核心素养总框架。“科学精神”被课题组归为我国学生六大核心素养之一，具体是指“学生在学习、理解、运用科学知识和技能等方面所形成的价值标准、思维方式和行为表现。具体包括理性思维、批判质疑、勇于探究等基本要点”①。

谈及课程思政语境下的“科学精神”，课程思政以课程为载体，指向培养学生，从这一角度来看其较为符合核心素养课题组定义的科学精神。但课程思政的最终目标指向“立德树人”，其中“德”的部分也尤为重要，而核心素养课题组的定义中没有强调这一部分。因此，武汉大学课程思政教学研究中心在编制科学精神问卷时以核心素养课题组定义的科学精神为基础，在此基础上增加“德”的部分，认为科学精神是学生在学习、理解、运用科学知识和技能等方面所形成的价值标准、思维方式和行为表现。具体包括理性思维、批判质疑、勇于探究、伦理道德等基本要点。

再者，科学精神是《高等学校课程思政建设指导纲要》中明确要求的理工科课程思政目标之一，本案例结合华中科技大学出版的《新工科课程思政指南》中的划分标准，将其分为科学探究、科学方法和科学伦理三个维度。如图

① 核心素养研究课题组：《中国学生发展核心素养》，载《中国教育学刊》2016 年第 10 期，第 1~3 页。

2 所示。

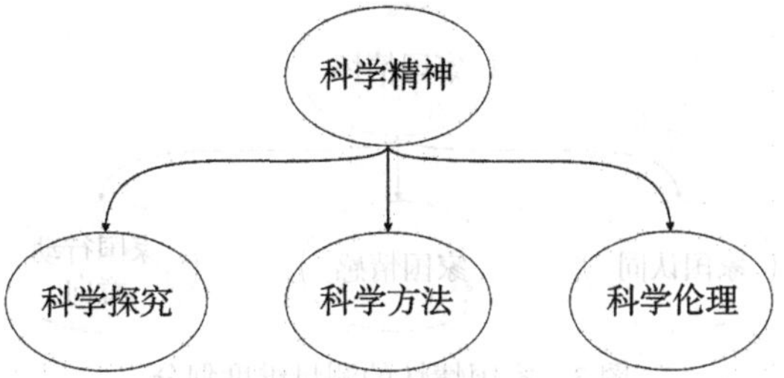

图 2　科学精神的维度划分

(3)学界从不同角度对家国情怀进行了界定。在传统文化的视域下，有学者认为家国文化是“个体对其所生活的家庭、家族以及邦国共同体的认同和维护”①。有学者着眼个人、家族与国家三者的关系，认为“家国情怀源于‘家国一体’思想，内含由家及国的递进关系，将个体对家的眷恋与国家的热爱联系起来，将个体自我发展、家族建构与国家的稳固联结起来，呈现出个体情感范围从‘小我’到‘大我’的发展向度”②。有学者从情感的维度定义，认为家国情怀“是人们对自己国家的高度认同感和归属感、责任感和使命感的体现”③。也有学者具体化家国情怀的内容，认为家国情怀“是公民个体在继承中国传统美德，以建设美好家庭、打造优良家风、追求幸福生活为初衷，以天下为己任，走向建设民主法治国家，进而实现人类命运共同体的意识信念和态度追求”④。

综合来看，家国情怀的对象是“家”与“国”，这两者实际上紧密结合，本质上更是一种积极的情感态度，我们可以结合社会心理学上态度的构成将其定义为人们在基于自身与家国之间关系认识形成的对家国的积极态度，具体表现为对家国的认同、热爱家庭和国家的情感以及爱家、爱国行动的意向。

① 张倩：《“家国情怀”的逻辑基础与价值内涵》，载《人文杂志》2017 年第 6 期，第 68~72 页。

② 王冬云：《国家认同建构中的家国情怀》，载《长白学刊》2019 年第 2 期，第 151~155 页。

③ 徐文秀：《多一些家国情怀》，载《人民日报》2012 年 1 月 20 日。

④ 赵志毅：《家国情怀的结构及其教育路径》，载《课程·教材·教法》2019 年第 12 期，第 96~102 页。

直观的划分如图 3 所示。

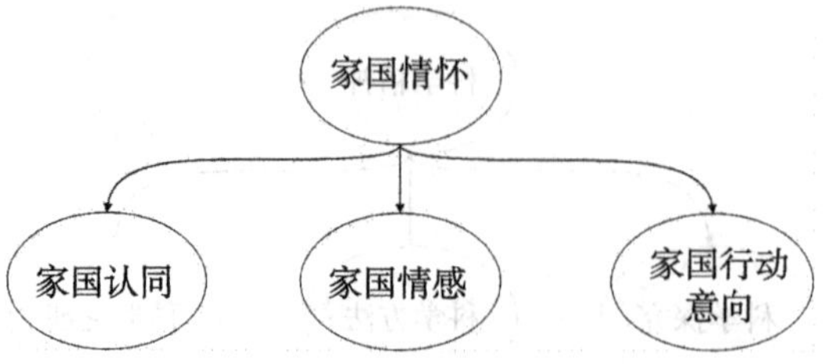

图 3　家国情怀的测量维度划分

（二）评价工具的设置

综合文献分析和专家咨询，武汉大学课程思政教学研究中心开发编制了走进电世界课程思政目标达成评价量表（前后测量表）。问卷分为三个分问卷，每个问卷的分维度如图 1、图 2、图 3 所示每个维度下设置三个问题，并且问卷为李克特五分量表，评价者根据自身真实感受进行 5 级打分，1 代表非常不同意，2 代表比较不同意，3 代表中立，4 代表比较同意，5 代表非常同意。每个维度的得分为各题项平均分。

其中，表格中标注反向检测题的题项需要有特殊处理，具体如下：该类题用于检验填答者是否认真，因此在搜集数据后先依据反向题剔除无效问卷，当填答者反向题和普通题打分处于同级时该问卷无效。剔除无效问卷进行数据分析时需要对反向题进行分数转换，先从问卷星中导出数据 excel 文档，找到反向题将分数按如下规则转换：1—5；2—4；3—3；4—2；5—1。

（三）评价实施过程

问卷在电气与自动化学院 2021 级本科毕业生中选修了走进电世界的学生中展开，通过问卷星链接使用手机投放。在问卷设计中设计了学生性别信息，以检验性别对各个评价指标的影响。同时，为了追踪学生个体的变化过程，问卷收集了学生个人学号。前测共投放问卷 354 份，回收 350 份回收率 99.4%；后测通投放问卷 354，回收 329，回收率 97.2%。剔除单边问卷之后共得到有效问卷 321 套，有效率 96.9%，符合统计学意义，而后将前后测数据以学号为键值进行一对一的合并，共得到 301 个个案。而后经过置信分析和认真筛选，并随机抽选的方式分别形成了前测和后测量表。

而后利用 SPSS24.0 软件对问卷进行克隆巴赫 Alpha 检验以及 KMO 和

Bartlett 的检验，结果输出如表 2、表 3 所示，克隆巴赫系数 α 均大于 0.8，证明问卷具有较好的信度指标，前后测问卷整体的 KMO 为 0.963、0.972(大于 0.9)，同时，其 Bartlett 的球形度检验显著值为 0.000，证明其具有良好的结构效度。

表 2　　信度分析检验表(前测)

量　表	克隆巴赫 Alpha	项
整体数据	0.879	36
专业认同感	0.952	12
科学精神	0.812	12
家国情怀	0.803	12

表 3　　信度分析检验表(后测)

量　表	克隆巴赫 Alpha	项
整体数据	0.915	36
专业认同感	0.959	12
科学精神	0.862	12
家国情怀	0.827	12

在接下来的研究中，为了探究该课程对学生的专业认同感、科学精神以及家国情怀的影响是否显著，课题组在检验性别的影响后将其前后测结果进行配对样本 T 检验。

(四)评价结果及解读

1. 性别与各个评价维度的独立样本 T 检验

首先是性别对专业认同感的独立样本 T 检验，结果显示前测的 Sig. 为 0.391(>0.05)，后测的 Sig. 为 0.172(>0.05)，因此可以认为性别对专业认同感的影响不显著；其次是科学精神的独立样本 T 检验，结果显示前测的 Sig. 为 0.216(>0.05)，后测的 Sig. 为 0.083(>0.05)，我们同样认为性别对科学精神的影响是不显著的；最后的家国情怀，前测数据的 Sig. 为 0.372

(>0.05)，后测的 Sig. 为 0.196(>0.05)同样影响不显著。

2. 各个评价维度的前后测配对样本 *T* 检验

表 4　专业认同感、科学精神、家国情怀的前后测配对样本 *T* 检验汇总表

	均值	标准差	均值的标准误	差分的 95%置信区间		*t*	df	Sig.(双侧)
				下限	上限			
q 专业认知-h 专业认知	0.02726	0.35101	0.02020	0.06701	0.01249	1.350	301	0.178
q 专业情感-h 专业情感	0.12071	0.65313	0.03758	0.19467	0.04675	3.212	301	0.001
q 专业行为倾向-h 专业行为倾向	0.29801	0.55928	0.03758	0.23468	0.36135	9.260	301	0.000
q 科学探究-h 科学探究	0.27058	0.55448	0.03191	0.33337	0.20779	8.480	301	0.000
q 科学方法-h 科学方法	0.42594	0.44206	0.02544	0.37589	0.47600	16.744	301	0.000
q 科学伦理-h 科学伦理	0.19978	0.75557	0.04348	0.28534	0.11422	4.595	301	0.000
q 家国认同-h 家国认同	0.24860	0.53749	0.03093	0.30946	0.18773	8.038	301	0.000
q 家国情感-h 家国情感	0.03146	0.55391	0.03187	0.09418	0.03127	0.987	301	0.324
q 家国行动意向-h 家国行动意向	0.07093	0.68301	0.03930	1.4827	0.00641	1.805	301	0.072

如表 4 所示，经配对样本 *T* 检验，可以发现本课程对专业认同感的专业情感，专业行为倾向影响显著，对专业认知的影响较为不显著；对科学精神中的所有维度，包括科学探究，科学方法，科学伦理的影响都十分显著；而对于家国情怀，只有家国认同的影响是显著的，对家国情感的影响不显著，对家国行动意向的影响比较不显著。由此，可以发现，在将课程思政元素融

入具体的学科教学中，可以有效引发学生的相关特征维度的变化。

五、反思

人们必须自己观察，形成他们自己的理论，并且亲自检验这些理论，杜威强调了“实践类”课程所带来的积极作用。那么我们将实践的元素加入实际教学中就万事大吉了吗？实际上并非如此，在如今的课程教学过程中，我们忽视了思政教育的重要意义，在教育方式上缺少变通，逐渐地使学生偏离课堂中的主体地位，实际上，课程思政“寓价值观引导于知识传授和能力培养之中”①。由此，我们在总结出“完善的课程教学离不开实践”的重要结论的同时，也要明白要使理论具有生命力，就必须深深扎根于实践这一关键道理。而课程思政也能在“社会实践类”课程中得以体现，践行“课程思政”，要求思政教育广泛渗透于各个专业教育课程中，使专业知识、实践能力与学生的道德修养融会贯通，在学生主体地位一定的前提下，建设完善的课程教育体系，呼应“立德树人”的最终目的，实现为国家服务的价值追求。

武汉大学电气与自动化学院走进电世界课程组根据概论课所具有的灵活性特点为基本出发点，找到思政教育与课程内容的连接点——“社会实践类”课程，并利用该类课程所带来的思政元素，使其与专业教育课程有机结合，达到“润物细无声”的效果，以实现“新工科”课程的建设要求。

在实际教学中，无论是工科教育，还是其他学科教育，教育的最终目的是培养国家的建设者，而“课程思政”作为一种有力的手段有助于我们在实际的学科教学中落实习近平新时代中国特色社会主义思想，以习近平总书记关于教育的重要论述为根本遵循，是构建德智体美劳全面培养的教育体系和高水平人才培养体系的关键切入点。② 而如果说课程思政是构建学科专业培养与个体全面发展培养的桥梁，那么课程思政评价就是这座桥梁的斜拉索，对整体的课程融合起到促进、增强的作用，建设好课程思政评价体系，就要解决好学生专业发展、科学精神以及家国情怀的相互关系。武汉大学的课程思政实例展现出了课程思政在具体实施中，学生思想政治道德修养与专业知识、

① 陆道坤：《课程思政评价的设计与实施》，载《思想理论教育》2021 年第 3 期，第 25~31 页。

② 韩宪洲：《深化“课程思政”建设需要着力把握的几个关键问题》，载《北京联合大学学报（人文社会科学版）》2019 年第 2 期，第 1~6 页、第 15 页。

能力、科学精神以及家国情怀相互促进，形成“1+1>2”的效果。

本案例虽然在拓展课程思政与评价的实例研究与实证分析上作出了较大努力，但仍存在需要提升改进的地方，如样本量不够充足、未进行控制变量的对照实验及后续影响的跟踪研究等。后续研究可在此基础上，进一步扩大调研广度和时间长度，并进行稳定性验证。

案例三：现代文学史共情能力评价案例*

一、课程基本情况

现代文学史是武汉大学文学院开设的专业必修课程，共3学分48个学时。中国现代文学史是我国高等院校汉语言文学专业本科阶段的必修课程，为学生掌握有关现代文学史知识奠定重要基础。本门课程教师意在通过讲授重要文学现象、作家作品、社团流派等相关内容，帮助学生梳理中国现代文学历史发展流脉，掌握现代文学的发展面貌及趋向。

本门课程的授课对象为汉语言文学专业本科二年级学生。在此之前，学生已经修习过语言学概论、古代汉语、现代汉语、文学概论、写作等前序课程，具有一定的语言文字、文学理论基础等知识经验，为后续的文学研究、文本赏析奠定了知识基础。同时，前序课程也帮助学生建立了一定的专业意识，能够将“文学世界”与“现实世界”紧密联系起来，从而更好地理解文学作品。但究其本质，文学具有一定的社会性，也是一种审美意识形态，这对学生的审美能力也提出了更高的要求。虽然学生在知识、能力、情感方面都有一定的发展，但毕竟历史上人的生活、情感与现今相隔甚远，学生或多或少存在一定的时间鸿沟和阻碍。因此，现代文学史课程除文学史知识外，以文育德，将思政元素与共情力培养深入教学，拓宽学生学习视野、强化学生专业能力、提升学生审美意识，让学生在学习中树立正确的价值基准。

本课程采用线上线下相结合的方式同步进行，并采取“润物无声”的形式将课程思政元素融入教学。力求在学习知识的同时激发学生的情感体验，通过递进学习得到价值观和人生观的提升，从而实现课程思政目标。

在课堂教学中，采用讲授式教学、互动式教学、问题引导式教学、启发

---

* 案例执教人：叶李；执笔人：肖莹莹。

式教学、探究式教学、分组教学等多元化教学方式和手段，并借用多媒体手段进行辅助教学。首先，教师借助板书与多媒体设备展示教学内容；其次，教师运用探究式教学帮助学生建立新旧知识的关联，产生知识的拓展与迁移；运用讲授式教学帮助学生理解作品文本内容，带领学生掌握文本基础知识；再次，教师运用问题引导式教学带领学生对文本重点进行深度学习，通过创设问题情境引发学生思考，运用互动形式探寻学生掌握情况，运用启发方式引导学生一步一步解决和掌握重点内容。最后，面对课堂中的疑难疑点，教师采用分组教学的方式，通过创设问题情景，让学生利用同侪优势进行互帮互助，并巡回指导，及时对小组进行介入指导。学生小组讨论中碰撞知识的火花，在集体探讨中加深对难点知识的理解。

在课堂教学之外，运用学习通和课程群方式辅助进行。课前，教师利用学习通发布预习资料帮助学生进行课前预习，学生可以针对教师导学内容和问题熟悉课堂内容。通过发布课前测讨论问题，了解学生文学作品的阅读情况和掌握情况。课后，教师利用学习通发布拓展材料，帮助学生课后复习与延伸学习。通过发布课后测讨论问题，了解学生对课堂重难点问题的掌握程度，以便后续课程内容的学习。除此之外，教师利用课程群，制订阅读计划、布置读书笔记和课程作业。在群里定期推送学生对文学作品的读书笔记和作业内容，对学生出现的问题及时进行纠正和指导，也对学生学习中存在的问题及时进行解答。

这种线上线下相结合的教学方式，不仅切合大学生试、听、读、写的学习特点，能够帮助学生掌握基础知识、深入学习解决重难点问题，让学生经历思维过程、逐步形成学科思维范式，建构文学史知识体系，培养解决复杂问题的能力。这也为学生后续学习中国当代文学史、中国新诗名作研读、中国现当代散文名作研读、中国现代文学思潮等课程奠定了一定的基础。

二、课程思政元素和目标的确定过程

课程思政注重把“立德树人”作为根本任务，强调在传授知识的同时发挥思政教育的价值引领作用，促进受教育者的职业能力和人文品质。人文类课程在完成“立德树人”根本任务时有着自身优势，为了达到综合性的课程目标，人文类课程的教师可以发挥这份优势，设置具有特色的内容及融入方式，而培养学生的共情能力恰是贴合人文学科特点的思政方式之一。

共情(Empathy，也译作移情、同理心)是指个体感知或想象他人情感，并部分体验他人感受的心理过程。一般而言，共情的产生包含情绪感染、观点采择和共情关注三种成分或三个阶段。情绪感染是指当个体面对他人情感状态或处境时，会无意识地产生情绪上的唤醒，并形成与他人同行的情绪体验；观点采择(或称角色采择)是指自我从他人视角或他人所处的情境出发，想象、推测和理解他人态度与感受的心理过程，这属于共情的认知成分。与情绪感染不同，观点采择形成于自我与他人的区分以及情绪归因的基础上，要求个体抑制自我中心的视角并与他人进行“换位思考”。除了能够增加对他人情感状态或处境的理解外，观点采择可能会引发个体对他人的共情关注；共情关注指的是帮助他人的心理动机，能理解他人的情感状态或处境，并将自身产生的情感(如同情、怜悯等)外投指向他人的心理过程。① 在阅读文学作品时，受“共情”的影响，我们经常会感觉身处作品人物的情境之中，站在他们的立场上思考他们的经历，与他们同悲同喜。还常常会对人物的遭遇表现出担心、同情等情感。

现代文学史课程以研读经典作品为学习基础，需要学生真正走进文本环境，体验情感生发过程，站在作品人物的角度进行理解和体悟。这对学生的“共情”能力提出了较高的要求。因此，除了传授文学史知识外，还力求从课程思政角度对学生进行“共情”培养，提升学生的共情能力，进而提升学生的文学感知力、个人核心素养和社会责任感。

三、课程思政融入过程

课堂教学是教学工作的中心环节，也是实施课程思政的主战场。在课堂上运用有效的教学方法对课程思政元素进行融入，能够如行云流水般自然而然地对学生产生影响。现代文学史课堂注入了课程思政元素，除了帮助学生建构知识体系外，还帮助学生建构价值体系，让学生从“作品”出发并最终回到“自我”。选取鲁迅专题课程思政教学示例，探寻课程思政的融入过程以及对学生价值体系的构建。

本示例课程涉及两个知识章节。采用线上与线下相结合的混合教学方法，

① 曾向红、陈科睿：《国际反恐话语双重标准的形成基础与机制研究》，载《社会科学》2017年第9期，第3~15页。

在课前、课中及课后三个环节进行教学。课前利用学习通平台发布预习内容、《先生鲁迅》纪录片及相关前测讨论问题，如："你第一次阅读《狂人日记》是什么时候？印象如何？你觉得'狂人'是怎样的人？"课中以面对面课堂教学为主，将启发式、研讨式等多种教学方法引入课程。同时在学习通平台发布相关研讨问题，如："为什么《狂人日记》不叫作《疯人日记》？哪个题目更合适？为什么？"课后利用学习通平台发布课后作业及相关后测讨论问题，如："请用五个以内的关键词总结'狂人'形象"以及"在《呐喊》《彷徨》中你觉得还有哪些角色属于'狂人'？"

在各教学环节中，将思政元素融入专业知识，让学生与鲁迅产生"共情"，通过体悟鲁迅的生平及创作、成就及作品内容，以鲁迅为榜样，继承鲁迅精神、树立文化自信、强化文化认同与自身文化自觉意识。

具体教学实施流程为：

(1)带领学生学习鲁迅的生平与创作概况。通过讲解让学生了解鲁迅在少年时代、求学时代、归国后的沉寂时期、创作上的喷发与辗转生活时期以及在上海的最后十年五个时期以及《怀旧》《呐喊》《彷徨》《故事新编》《野草》《朝花夕拾》等作品的创作背景，体会鲁迅先生两次"觉醒"的历程。在知识讲解之后辅以"视频"手段，播放《先生鲁迅》纪录片片段，结合历史和文学研究者的讲解让学生"亲临"鲁迅先生的一生，与鲁迅先生同悲同喜，引导学生真正理解文学教育关乎民族精神与个体人格的培养，帮助学生树立文化自信与文化认同。

(2)对于《狂人日记》的学习部分，教师通过课堂前测讨论问题了解学生对《狂人日记》的了解情况。在课上带领学生逐段分析文本内容，分析作品的人物关系、狂人的现状与去向以及《狂人日记》中日记体格式的特别之处。通过观看《狂人日记》的话剧片段让学生身临其境，更好地站在狂人的角度体会狂人从被吃者到发现者、质询者以及忏悔者的历程，引导学生了解从古到今人吃人的历史真相，强化学生的作为历史主体、社会主体的"主体性"。

(3)对于《祝福》及《在酒楼上》学习部分，教师带领学生分析文本内容。通过课堂提问与研讨、播放《祝福》朗读音频等方式让学生更加了解祥林嫂悲惨的一生，体悟当时社会人们自私自利及世态炎凉的社会现状，引发学生对受压迫妇女的同情。通过小组研讨、教师启发释疑的方式，体悟人们在帝国主义与封建主义共同压迫之下水深火热的生活。

(4)通过回答“在《呐喊》《彷徨》中你觉得还有哪些角色属于‘狂人’”等相关问题，了解鲁迅成功塑造处于政治压迫、经济剥削和精神奴役背景下的社会人物形象，抨击了传统封建思想吃人的本质。

教师在教学中注重对学生的引导和探究，通过不断推进的讲授让学生由浅至深逐渐掌握鲁迅的作品内容及思想内涵。除了教师的讲授外，还借助多媒体手段辅助教学。以视频和音频的形式拉近学生与作家的距离，拉近现今与历史的距离，让学生能身临其中，与作品人物同悲同喜。

四、评价方案确定和评价实施

(一)共情能力评价意义

自“共情”概念出现，已有近百年的研究历史。西方学者分别从哲学、社会学、心理学等多个角度进行研究。国内现有共情能力评价研究大多集中于卫生保健领域。共情能力在医护人员的从业过程中非常重要，医护人员既需要保持一定程度的共情能力，但又需要保持一定的情感距离(因为情绪变动可能干扰诊断和治疗的客观性，也会降低医护人员的个人耐受力，影响他们的职业生涯体验)。目前医护领域的共情能力评价具有一定的发展，研究者多使用杰弗逊医护合作态度量表、杰弗逊共情量表、RES 问卷和精神健康问题感知问卷等进行测量。部分研究者已对量表进行翻译和改编，并对医护人员和医护学生进行测试，具有一定的测评与发展。

笔者在对国内已有文献进行筛查中，通过中国知网进行文献检索，以“文学共情”为主题词，共检索到学术期刊 80 篇，学位论文 73 篇。通过可视化分析发现，文学共情多为文学共情教学、小说作品中的共情等研究内容；以“文学移情”为主题词，共检索到 38 篇期刊论文和 6 篇学术论文，多围绕文学翻译中的移情、文学创作中的移情、文学语言及儿童文学中的移情进行研究；以“文学同理心”为主题词，共检索到 7 篇期刊论文，符合文学特质的仅有翻译同理心研究。同时，结合测评进行搜索，以“文学共情测评”“文学共情评价”“文学共情测量”“文学共情量表”为主题词进行检索，并没有搜索到相关文献。由此可见，在文学共情能力研究方面，鲜少有学者针对学生的共情能力进行调查和测量，较医学领域共情能力测评的发展存在一定的差距。

现代文学史课程对学生共情能力进行评价，可以帮助教师准确把握学生的情况，挖掘专业课程中蕴含的思政教育内涵，灵活运用课程思政的教学方法和手段，提高课程思政课堂教学的实效性，真正做到习近平总书记所要求的“提升思想政治教育亲和力和针对性，满足学生成长发展需求和期待”①。共情力不仅可以提升学生的个人核心素养，同时对于学生社会责任感的培养，文学感知力的培养也具有重要意义。更为重要的是，一个有家国情怀的人首先应该是一个关心民生的人，是一个能够对民众苦难感同身受的个体。

(二)共情能力评价内容及评价方法

对共情的看法有不同的切入视角，大致可以分为认知视角、情感视角、四维视角。认知视角以皮亚杰为代表，强调共情是一种认知能力，是对他人体验的理解能力。这种能力是可以培养的，可以通过认知的发展来得到发展，而在培养的过程中需要重点关注的“个体角色采择能力”；情感视角以施多兰为代表，强调共情是一种情感过程，主要是对他人状态(主要是困境，但不完全是困境)的情感反应。这种情感反应主要通过观察被捕捉，是一种情感体验，所以应该在具体的情境中得以发生；四维视角以戴维斯为代表，强调共情是复合性心理活动，既是认知又是情感，还可能相互转换。② 既然这么复杂，那么对于共情的研究就应该分为“观点采择能力”“关怀能力”“想象力”“个人痛苦”四个方面来进行研究，但这四个方面较为抽象，还有重合之处，因此在1992年戴维斯的学生莫斯将同理心分为情感、道德价值、认知和行为四个成分。③

基于此，如果要测评共情能力，应该从学生的情感体验、价值标准(是非对错)、观点采择能力、具体行为表现(或者是行为选择倾向)来进行测评。近年来，也有学者将同理心视作个体“社会-情绪”发展中的一个方面来加以考察，这种考察一般不考虑具体的职业背景和学科背景，主要考察个体本身(IRI)。

目前常用的共情力测量方式有三类：强调认知取向的Hogan量表、强调情感取向的Mehrabian情感性同理心问卷以及多维度取向的人际反应指标问

---

① 转引自桑秋云：《共情在课程思政教学设计中的应用》，载《文教资料》2019年第25期，第180~182页。

② Davis M H., “Measuring Individual Differences in Empathy: Evidence for a Multidimensional Approach”, *Jpers Soc Psychom*, 1983, No. 44, pp. 113-126.

③ Morse J M, Anderson G, Bottorff J, et al., “Exploring Empathy: A Conceptual fir for Nursing Practice”, *Journal of Nurs Sch*, 1992, Vol. 24, No. 4, pp. 273-283.

卷。Hogan 量表(64 题)主要通过编写共情等级的标准、收集评定等级的数据、以等级来定义高共情组与低共情组、通过项目分析筛选出题项四个步骤完成测试。Mehrabian 情感性同理心问卷(33 题)，包括情绪易感性、对陌生人的感受、情绪反应性、受人积极情绪影响的倾向、受人消极情绪影响的倾向、同情倾向和帮助困难者 7 个因子构成(Jefferson 同理心量表，The Jefferson Scale of Empathy，JSE)；多维度取向的人际反应指标问卷(Interpersonal Reactivity Index)(Davis)包括共情和想象力两个因子，常常被应用于一般人群同理心测量。

(三)现代文学史课程评价工具设计及实施

通过文献分析和专家咨询，现代文学史课程对共情能力的测评共分为认知、情感和行为三个维度。在认知维度中，通过评价情绪易感性和对陌生人的感受，判断学生是否能够识别他人的情绪、体会他人情绪背后的原因以及是否能够通过陌生人的行为和语言，理解陌生人的背景和情绪状态；在情感维度中，通过评价情绪反应性、情绪影响倾向以及同情倾向，判断学生对他人情绪所引发的自我理解是消极还是积极，是否能够由体谅困境而引发同情、怜悯、温暖和关心的情绪反应以及反应程度，是否可以由他人情绪和现实背景引发乐观、希望、积极等情绪反应；在行为维度中通过困难帮助和社会互动技能，判断学生是否愿意由共情产生帮助性行为，是否能够通过互动表达自身理解和感受。基于以上评价内容，现代文学史课程组开发编制了《学生共情能力调查问卷》。问卷内容仅针对学生共情能力进行测量，不具备学科特色。

课程思政建设的重点是在专业课程教学中融入思政教育，它的发生和实施必然有赖于专业知识，共情能力评价也是如此。依据课程的实际情况加以改造，使评价内容更具有学科特色，能精准发现学生在专业学习中的问题所在。结合现代文学史知识内容及文学学科的属性特征，现代文学史课程组开发编制了《现代文学史课程共情能力调查问卷》。本次问卷设计在《学生共情能力调查问卷》之上进行，结合文学史的课程特征，重新修改了共情能力测试问题设置。经由专家仔细分析和认真筛选共选出 34 个题项，运用随机抽选的方式分别形成了共情能力前测问卷和共情能力后测问卷。

问卷在文学院 2021 级本科生中选修了现代文学史课程的学生中展开，通过问卷星链接使用手机投放。为了追踪学生在课程学习前后共情能力的变化程度，我们在课程的第一节课发放前测调查问卷，在课程的最后一节课发放后测调查问卷。为了追踪学生个体的变化过程，问卷收集了学生个人学号和性别信息。前测共投放问卷 67 份、回收 58 份，回收率 86.5%；后测共投放问卷 67 份、回收 51 份，回收率 76.1%。

(四)现代文学史课程评价结果

在认知维度中，前测和后测问卷分别设有 6 道题目；在情感维度中，前测和后测问卷分别设有 5 道题目；在行为维度中，前测和后测问卷分别设有 4 道题目。四个维度的题目均一一对应，题目选项运用李克特五级量表下设非常不同意、比较不同意、一般、比较统一、非常同意五个选项，学生需选择最符合自身情况的选项。

经过对前后测问卷的分析发现，在认知维度中，2 道题目的后测结果中同意人数的占比较前测呈下降趋势、认为一般和不赞同人数的占比较前测呈上升趋势。其余 4 道题目的后测结果中同意人数的占比较前测呈上升趋势、认为一般和不赞同人数的占比较前测呈下降趋势；在情感维度中，1 道题目的后测结果中同意人数的占比较前测呈下降趋势、认为一般和不赞同人数的占比较前测呈上升趋势。其余 4 道题目的后测结果中同意人数的占比较前测呈上升趋势、认为一般和不赞同人数的占比较前测呈下降趋势；在行为维度中，所有题目的后测结果中同意人数的占比较前测呈上升趋势、认为一般和不赞同人数的占比较前测呈下降趋势。

整体来看，评价的结果是积极的。首先，修读现代文学史课程的学生经过一学期的学习共情能力明显提升，老师的课程思政的教学有相应成果，实施的共情能力测评是有效且必要的。其次，通过问卷也可看出现在的大学生仍有不少人生困惑，他们在上课时不仅希望得到知识，也希望得到某种人生的启示，故教师在课程中关注学生共情能力培养，对其进行正向引导亦有意义。

五、反思

所谓课程思政，意在彰显中国特色、呼唤时代召唤，让课程与思政同步，打造立德树人的课堂。文学类课程作为汉语言文学专业的部分，兼具建构学生知识体系和价值体系的作用，意味着在课程教学中孕育思政教育尤其有必要性与合理性。

立德树人并非一朝一夕就能够完成，课程思政建设应当是一个长期的、可持续的、不断推进的项目。现代文学史作为文学史课程上的一部分，承接从“古代文学史”过渡到“当代文学史”的重要作用。因此对学生“共情能力”的测评并非只是暂时的、不可持续的，应是长期的、可持续的。一方面，经过“共情能力”测评，本课程教师可以了解本课在教学中存在的不足之处，为后续的教学设计提供一定的借鉴。另一方面，“共情能力”测评可以为后续课程的教师提供学生“共情能力”的发展情况，以便教师更好地针对学生的不足之处进行教学设计，更好地立德树人。

学生共情能力测评是武汉大学现代文学史课程的首次尝试，更是文学类课程的首次尝试，具有一定的创新性。课程虽然在学生共情能力的研究上作出了较大努力，但仍存在需要提升改进的地方。其一，测评环境不够稳定。测评问卷在学期之初进行设计与改造，当时新冠疫情较为稳定，教学在线下顺利进行。但后半学期恰逢疫情，学校存在停课、采取线上教学等突发性情况，教学环境并非如想象中稳定，存在一定的实施困境。其二，参与共情力问卷调查的样本量不够充足，参与前后测问卷的人数并不一致。受疫情影响，期末考试经学院讨论后于下学期之初进行，课程测评的推进及参评者自身的状态深受影响，后续需要对学生进一步进行测评。

本课程也吸取经验，进行更加细致完善的“共情能力”测评改进。首先，在下学期伊始会根据学生的期末成绩以及问卷的前后测结果进行个人追踪调查，形成每位同学的共情能力发展雷达图和全班同学的发展的条形图，进行下一步的追踪调查及指导。其次，组建学生共情能力测评小组。小组由多名教育学、心理学、汉语言文学专业专家组成，针对现有测评存在不足之处进行改进。增加测评方式，采取多种调查相结合的形式同时对学生共情能力进行测评。最后，尝试与前后续课程教师一起组建文学专业学生“共情能力”测评小组，探讨测评方案，持续跟踪和引导学生共情力发展。

案例四：自然灾害：从影视、科学到应对课程思政评价案例*

一、课程基本情况

自然灾害：从影视、科学到应对是武汉大学面向全校各专业本科生学生开设的一门修身养性、内外兼修的课程。纵观人类历史，无论是由于自然原因或是人为影响引发的自然灾害，都给人类以及动植物的生存和生活环境带来巨大损失和破坏，与此同时，自然灾害还拥有着巨大的破坏性与难以预测性，使得探讨如何提升公民的应急能力，减轻灾害带来的影响成为无论何时都有意义的议题。按照《中华人民共和国突发事件应对法》规定，“各级各类学校应当把应急知识教育纳入教学内容，对学生进行应急知识教育，培养学生的安全意识和自救与互救能力”。高校是教育的重要组成部分，承载着教学育人的重要使命，也是教育学生减轻灾害伤害，树立其自然灾害安全防范意识的重要场所。在高校中培养并提高大学生的应急能力，对加速我国公众整体应急知识的普及和应急专业人才的培养有着重要的推动作用。此外，对大学生自身而言，在面临灾害时如果能掌握应对危机的知识、具备问题解决的能力、拥有应对灾害的思想准备和心理素质便能更好地在灾难来临时实现自救与互救，能尽可能减少灾害危机的影响。更为重要的是，应急能力培养过程中形成的“应急思维”还能帮助大学生在应对学习压力、就业出路等人生中的各类复杂局面和突发事件积累经验。

为达到教学目的，自然灾害：从影视、科学到应对课程有如下特点：其一，体验式学习。依据心理学家库伯提出的包含具体体验、反思观察、抽象概念和主动检验四个环节的“体验式学习循环模式”，参照学者庞维国对体验

---

* 本案例执教人：陈庭；执笔人：陈庆、方癸椒。

式学习分类为认知体验式学习、情感体验式学习和行为体验式学习的归纳总结，在课堂上，教师有目的地把学生置于直接经验和专心反思中，使其增长知识、发展技能和澄清价值。体验式学习是应急能力学习的有效路径。与传统教学相比，体验式学习更加强调学习环境的情境性、学习主体的主动性、学习结果的实践性，适用于需要激发学习者情感体验使其主动在真实情境中学习和实践的教学内容，应急能力的学习便属于其中一种。认知体验式学习通过建立学生实际感知帮助学生了解应急知识及其产生过程，行为体验式学习为学生应急动作技能习得提供实践场域，情感体验式学习加深学生对珍爱生命、危机意识等情感领域应急能力的认识。在教学实践中，通过设置电影赏析、沟通讨论、虚拟游戏、时间比赛等多种情景化的教学方法，将体验式学习应用于实际的教学中。其二，激发学生提高面对人生困境的能力。应急处突能力，是指应对紧急情况，处置突发事件的能力，在课程中将紧急情况从自然灾害上升到就业、升学、恋爱等各方面可能遭受的各类人生困境。首先通过深化学生对危机的思想认识，纠正学生对危机的错误认知，丰富学生对于危机的理解，进一步坚定理想信念，进一步提升面对危机的勇气，不断提高应对危机挑战的本领，使学生在真正面临危机时能够保持冷静，不会畏首畏尾，敢于出手抓住机会，敢于出手尝试突破其所面临的困境，并掌握一定的危机挑战应对方法，能够尽可能地降低危机对自身的影响，与此同时能够在面临巨大压力的情况下作出正确的选择，直面人生中的危机困境并成功克服。其次增强学生的风险意识，居安思危，思则有备，有备无患。通过风险意识的养成，使学生克服长久以来养成的突发事件与己无关的错误认识，让学生深刻地认识到危机随时随地都有可能发生，并引导学生做好风险预判和应急预案，以应对各类可能发生的危机。通过课程引导学生练就过硬本领，全面提高自身综合素质，在面对人生中各种困难时可以保持一颗平常心，冷静应对各种突发情况，并作出最合适的判断，顺利克服人生路上的阻碍。

二、案例蕴含的思政元素分析

将知识传授与价值引领相结合运用可以引导培养大学生理想信念、价值取向、自身综合素质的题材与内容，全面提高大学生面对自然灾害、人生挫折等危机时的处理能力，让学生成为德才兼备、全面发展的人才，达到学生专业知识和思政素养双提升的目标。在思政目标方面，本课程将应急事件上升至人生困境，引导学生在升学、就业、恋爱、工作等方面受到挫折时如何调整心态，以正确、豁达通透的姿态去应对，进而归纳总结出以下四个方面的思政元素。

(一)居安思危，未雨绸缪

引导学生增强忧患意识，防患于未然，防范自然灾害时首先需增强防灾意识、了解与掌握避灾知识。在自然灾害发生时，知道如何处置灾害情况，如何保护自己，帮助他人。不仅是自然灾害，当今世界处处充满着挑战、未知和不可预测，随时都可能遭遇各种各样的变迁，训练学生积极思索身边潜在的危机或可能存在的突发事件，并为此提前做好准备，有备无患，以增强学生的危机感，提升学生积极主动地预判危机、分析危机、化解危机的能力。

(二)齐心协力，团结合作

在实践教学中，将实践技能培养与价值观引导相结合，以工程应用背景为基础，以综合实践为载体，采用专题研讨、团队合作、课程设计等方式，围绕严谨、高效、协作、安全等积极的价值取向开展实践教学，在训练与巩固专业技能的同时，提升学生的创新实践能力，在团队合作中，激发学生的学习热情，提升应急处理能力，培养学生的工程理念，增强学生的团结合作意识。

(三)沉着冷静，从容不迫

自然灾害、事故灾难等事件具有突发性、猛烈性等特点，面对该类事件，人们往往处于紧张急迫的状态，信息掌握不充分，难以全面考虑，从而处于恐慌、激动之中，从而导致处理出现失误。通过体验式教学，将学生带入突发事件的场景之中，训练学生理智处理紧急情况的能力，以培养学生面对危险时保持沉着冷静，从容不迫的心理素质。

(四)突破陈规，勇于创新

人生面临诸多困境，如何去面对、去解决值得人们去思索，通过课堂研讨、示例展示等形式引导学生突破思维，在面临抉择或困难时主动出击，勇于创新。陈规易束缚人的思维和手脚，创新是穿破未知障碍的匕首，是打开智慧大门的钥匙，是通向成功彼岸的桥梁，但创新创造的过程中往往充满艰辛。培养学生强烈的创新意识，通过糅合不同学科知识，交叉学习，以引导不同专业的学生大胆探索尝试，观察发现、思考批判。

三、课程思政融入过程

自然灾害：从影视、科学到应对课程是武汉大学“通识教育”课程，供全校本科生选修，目前已开设四学期并在学生群体中取得良好反响。学生在课程中通过电影赏析、讨论沟通、虚拟游戏、实践比赛等多种情景化教学设计进行应急能力学习。本课程以体验式学习的理念指导教学设计，通过“课堂内外+线上线下”的教学形式，将课程所要传递的核心价值传递给学生，引导学生在面对应急情况时要保持清醒、理智逃生，在进行人生规划时，要勇于创新、大胆尝试，在面对人生困境时，要居安思危，未雨绸缪，具体的课堂思政元素融入过程和方法如下：

（一）运用情景模拟，深化认知体验

采用情景模拟，能够丰富学生的类真实体验，帮助学生进行应急知识的习得。课程中，利用“灾难逃生”的小游戏将应对灾害的知识点用逃生的主线串起来，同学们可以通过投票的方式，来制造紧张真实的气氛，确定游戏的发展走向，然后在游戏中体验地震状况，并因此来学习地震时的逃生技巧，掌握生存知识；通过《浩劫求生》等视频激发同学的学习热情，知晓灾害发生的特点、了解灾害应急专业的搜索与救援，并邀请学生模拟情境，想象个人如若身处其中要如何进行逃生；设计互动视频，和学生一起经历各类应急事件发生和应对的过程，体验应急事件从预警、干预、应对和恢复的全过程，并组织学生基于体验过程总结应急事件应对知识、技能、心理各方面的技巧；带领学生参观国家自然灾害实验室，体验灾害监测和应对的手段，使学生在和实验室高科技器材的互动中习得应急能力。

（二）利用项目式实践，创设行为体验

实用技能的学习，尤其是动作技能的需要依赖实践创设行为体验。课程中教师以小组共同完成项目的形式结合不同专业的特点为学生提供实践场域。例如调动文学院、历史学院的学生共同创作灾害科幻小说、情景剧本；土木工程专业的学生进行减震建筑设计；政治与公共管理学院的学生对防灾减灾救灾的政府应急管理体系进行剖析；遥感学院的学生进行灾情监测；历史学院的学生研究极端天气与朝代更迭；计算机学院的学生研发防灾知识游戏等。除了结合专业特点组队完成项目外，该课程还调动同学们积极筹备成立自然灾害研究协会进行相关的社团活动，号召参与每年的国家防灾减灾宣传日/周

的宣教活动，使学生从应急能力学习者转变为应急能力的科普传播者；组织学生参与自然灾害应急演练与训练，激发学生参与亚太地区洪水和海啸预警、逃生设备设计等比赛，使学生将所学知识与技能展示在比赛过程中。这些活动丰富了学生的实战经验，实现和检验了动作领域应急能力的习得。

(三)利用观察学习，激发情感体验

观察学习特别适用于情感、态度与价值观的学习。当我们想要强调"危机意识""敬畏生命"这些情感维度时，不可能真的让学生面对生命危机，这时就可以采用观察学习的模式。课程选择"灾难大片"作为观察学习的素材进行情感体验式学习。"灾难大片"兼具科学性与艺术性，在学生一同赏析相关自然灾害片段时，能从震撼人心的画面、扣人心弦的情节和生死攸关的人物命运中收获知识与能力的启发，同时组织学生们赏析大灾难中不同人群的个人选择和命运，进而思考自己未来的人生选择，为大学的学习生活，未来就业规划提供启发。例如在《地震、海啸：从影视、科学到应对》这一章节中，课程以电影《2012》中人物在灾难中的应对、选择与结局为线索，引领学生感受生命的珍贵与渺小，并由此启发学生思考自己的"人生困境"，居安思危，未雨绸缪，为自己未来的人生做好规划。

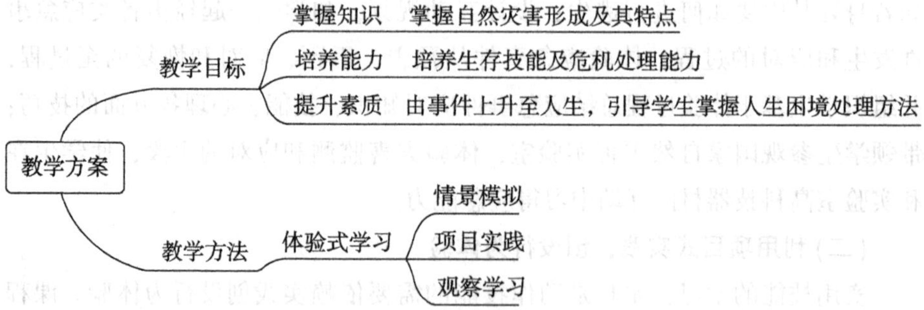

图1 教学方案

四、评价方案与评价实施

评价内容为学生在自然灾害：从影视、科学到应对课程中的学习结果，学习结果是指"学习者以某种学习形式参与学习过程后有意或无意获得的结果"，包括学生了解掌握的专业知识技能和学习到的态度价值观。具体的评价方案如下：

采取访谈和课堂作业的形式邀请学生围绕“在课堂中收获了什么”这一议题表达自己的观点，利用 Nvivo11 软件对文本资料进行了关键词词云、词频分析。在初步了解学生应急能力学习结果概况后，采用扎根理论对文本资料自上而下逐级编码分析，进一步了解学生应急能力学习结果的内容构成。编码过程共有三步：第一步，设置“主观前瞻”(即根据前期文献研究对“应急能力”内容的大致判断)，对文本数据进行编码，理清词、句、段的含义，找出与学生学习成果相关的概念、内容，并对其进行初步命名，最后得到 83 个自由节点。第二步，将这些自由节点相互关联，并反复比较、分析和整合，然后得到 8 个树节点。第三步，在相关编码的基础上，研究人员进一步对“核心类别”进行筛选和编码，最后确定三个核心类别：知识、技能、态度价值观，这也与应急能力分类的维度相对应。分析编码结果，对教学成果进行评价。

通过对学生反馈的文本数据分词和清洗进行词频分析，形成词频图，如图 2 所示。

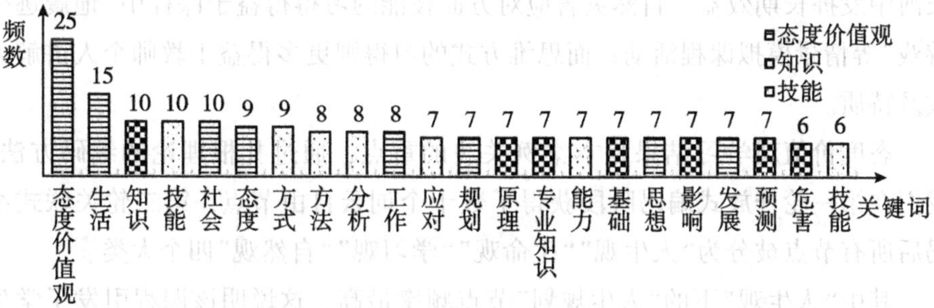

图 2 关键词词频统计

从图 2 可以看出，学生的应急能力学习结果体现为知识、技能、态度价值观三个方面。在知识方面，主要表现为对自然灾害相关基础知识的了解，包括预测、原因、影响、危害等，学生借由课程中观影等认知体验式教学对自然灾害“是什么”有了初步的认识；在技能方面，学生在习得应对自然灾害方法与技能的同时也产生了思维模式的改变；在态度价值观层面，学生在体验式学习的过程中生发了对人生、生活的思考，开始思考人生中可能的突变并做好规划，在视角上也从关心个人放眼于关心社会的每一个生命体。

图2中，“人生”“生活”“原因”“思维”“社会”等词出现频率较高，它们和知识、技能、态度价值观三类学习结果相关，但呈现出“态度价值观比重较高，知识与技能相对薄弱”的特点。词频最高的5个词中有3个和态度价值观相关，仅有1个与知识和技能相关，这说明在本课程中采用的体验式学习教学模式更有助于激发情感体验，进而促进态度价值观的生成。这一点在进一步对文本资料进行逐级编码分析后的层次分析中也得到佐证——在体验式学习教学模式下，学生在态度价值观层面的认知较多，学习结果最为深刻与丰富。

在体验式学习的教学模式下，学生一方面习得如何应对自然灾害的技能，这些技能可以被应用到从自然灾害发生前到发生后的全过程中，包括事前的预防预警、事中的逃生方式以及事后的生理和心理救援；另一方面借由对于自然灾害的认识习得了一些思维模式，既包括要不安于现状“打破常规”的危机意识，最终表现为未雨绸缪的行动意向，又包括不断质疑，不断思考“为什么”的批判性精神。自然灾害应对技能的习得能够在灾害发生的短期内起到关键性作用，而思维模式的习得能够在学生日常生活、学习中，在漫长的生命长河中发挥长期效益。自然灾害应对方面技能的习得得益于课程中“地震逃生游戏”等情景模拟课程活动；而思维方式的习得则更多得益于教师个人讲解方式及特质。

态度价值观学习结果是本案例关注的重点，通过扎根理论的编码方法，我们在第一轮开放式编码阶段获得了数十个词云自由节点，第二轮关联式编码后所有节点被分为“人生观”“生命观”“学习观”“自然观”四个大类。

其中“人生观”下的“人生规划”节点频率最高，这说明该课程引发了学生对自我生命的思考以及开始将“打破常规，未雨绸缪”的理念秉承于心，并外化为做“人生规划”的行动意向。这两种学习结果也成为了学生“人生观”形成的核心。在生命观层面，学生产生了敬畏生命的情感，对他者生发了人文关怀，同时感受到了生命的渺小与脆弱，拥有了想要珍惜当下的信念和生活态度。应急能力的作用和保护对象是生命，生命观层面的学习结果表明课程实现了一次有效的生命教育。学者许世平曾将生命教育分为生存意识教育、生存能力教育和生命价值升华教育三个方面，即珍惜生命的意识，生存和发展的条件，生命质量的提升这三个层次。生命层面的学习结果可以体现出学生珍惜生命的态度以及关怀他者的人文情怀，实现了第一层次和最高层次的生命教育。自然观层面的学习结果和自然灾害紧密相关，却体现得较少，这可能是因为课程中营造的认知、行为、情感体验都更多聚焦于人，注重体会人的所见所为所感，而没有刻画自然本身，使得学生缺失了以自然为主体视角的体验。学习观方面的学习结果和应急能力没有直接关联，但学生学习态度的转变及学习兴趣的产生是其学习应急能力必不可少的条件。

五、教学反思

利用体验式学习的教学模式进行大学生应急能力的教学能够带来丰富的学习结果，通过分析自然灾害：从影视、科学到应对这一课程案例我们获得了一些经验启示，也探寻到了一些缺憾。

在经验方面，一是要营造多元化的情境体验，这些沉浸式的情境体验能够激发学生真实的情感，从而加深印象并增强感受。值得一提的是，当无法构建完全真实的情境时可以构建类真实情境来替代，但效果会打折扣。二是可以引入基于互动式、项目式的学习体验，实现知识、技能的吸收与内化。在本案例中互动式的逃生游戏以及小组项目式学习在学生应急技能习得的过程中起到了关键作用。三是关注对学生应急思维的拓展，通过反思式的认知体验在无形中实现思维模式的习得。

体验式教学模式并非全能，在实施过程中我们也发现了一些不足之处。一是体验式学习的教学模式更有利于激发学生的情绪体验，而情绪体验更有助于态度的习得，因此其教学效果往往呈现出“重态度价值观，轻知识与技能”的特点，在日后使用过程中可以考虑将体验式学习与其他教学方式融合，弥补这一缺失。二是有些体验情境的营造过度依赖教师的指导，这种指导与教师的个人特质和魅力有较大关联，教学效果不具备稳定性，并且对教师的时间和精力投入要求较高。三是构建体验式学习的场景，激发学生体验可能会花费更长的时间，且一些学习结果是隐性的、短期内不可见的，难以及时获得反馈。

案例五：国际经济学课程思政评价案例*

国际经济学课程组在新文科背景下积极探索课程思政建设创新，打通课内课外，实现课程思政建设全覆盖，坚持理论与实践教育统筹推进，注重学思结合、知行统一，在第一课堂进行理论学习的基础上，着力打造课程思政第二实践课堂，课程组在第二课堂的教学设计和教学筹备过程中，挖掘专业课程育人资源，根据学科专业的特色和优势，深入研究专业育人目标，科学合理拓展专业课程的广度、深度和温度，推进国际经济专业课程与思政元素的有机融合。在课程思政教学评价中基于 CPII 模式进行评价，既同时涵盖教师、学生等输入和输出方面的评价，也同时涵盖第一课堂、第二课堂进行评价，最终形成显著的教学成效。

一、课程基本情况介绍

“国际经济学”为武汉大学经济管理学院开设的专业选修课程，共 3 学分 48 个学时。“国际经济学”课程为经济学类学生专业指定选修课，开设于第四学期。国际经济学是以经济学的一般理论为基础，研究国际经济活动和国际经济关系，是一般经济理论在国际经济活动范围中的应用与延伸，是经济学体系的有机组成部分。主要研究对象有国际贸易理论与政策、国际收支理论、汇率理论、要素的国际流动、国际投资理论、开放的宏观经济均衡等。国际经济学是 20 世纪 20 年代初在传统的国际贸易学和国际金融学的基础上逐步发展起来的。第二次世界大战后，它在资本主义国家越来越受到重视。站在世界百年未有之大变局和中华民族伟大复兴的战略全局的基础上，课程通过引领学生走进国际经济学这一领域，掌握正确客观的国际经济关系分析方法，充分认识到国际经济利益关系的复杂性，同时关注中国现状，维护中国利益，

---

* 本案例执教人：郭凛；执笔人：尹杨、方癸椒。

从而培养学生成为未来世界经济的塑造者、社会主义建设者和接班人。

本门课程的授课对象为经济管理学院经济学类本科二年级学生，之前学过宏观经济学(必修)，货币金融学(必修)，具备一定的宏观经济学素养和经济问题分析能力。本科二年级下的学生正好即将在学期结束面临专业分流和开始步入社会实习，同学们普遍存在理论学习与实习误区，可能忙碌于考证与实习、过于注重实践忽视理论基础学习。通过该门课程的学习，学生能学习到国际贸易理论、宏观经济政策与经济要素国际流动等方面的知识，培养学生将来源于现实的理论最终用以解释现实现象，做到学以致用；坚实理论基础，为中级宏观经济学、经济思想史的学习和专业分流方向的学习打好坚实的基础。

围绕新文科背景下的国际经济学教学不断展开创新，从课程定位谈起，以国家一流本科专业建设、一流本科课程建设、拔尖学生培养为切入点，分析了新的学情，剖析了课程创新的瓶颈，吸纳先进的教学理念，制定科学的教学目标、教学内容，创新教学方法和考核方式，取得显著的教学成效。特别是在教学环节中将第二课堂与第一课堂进行互动与融合，发挥第二课堂协同育人成效，通过两者之间的相互促进，促进学生综合性的发展。第二课堂是相对于第一课堂而言的，是第一课堂的补充、延伸、延续，具有一定的教育性，助力于学生的发展与成长。第二课堂是围绕立德树人根本任务，旨在通过以创造性的教育模式、具体的实践活动，帮助学生拓宽眼界，提升学生综合素养。高校第二课堂活动所具有的独特价值正日益凸显，尤其是对经管学科的学生而言，它不仅是课堂教学的有效补充，更是实现人才培养目标的重要环节。为了更好地帮助学生依据国际经济学理论理解现实国情，国际经济学课程组积极探索第二课堂课程思政新模式，课程组在第二课堂的教学设计和教学筹备过程中，挖掘专业课程育人资源，根据世界经济学科专业的特色和优势，深入研究国际经济与贸易专业的育人目标，科学合理拓展专业课程的广度、深度和温度，推进国际经济专业课程与思政元素的有机融合。

二、课程思政元素和目标的确定过程介绍

哲学社会科学类课程如何进行课程思政教学设计？国际经济学授课教师结合世界经济学科课程思政建设实践，从课程思政目标、课程教学内容以及教学过程等方面对进行系统设计。在课程目标上，哲学社会科学类课程应当

在深入把握世界百年未有之大变局和中华民族伟大复兴的战略全局的基础上，把当今在校大学生培养成为未来世界经济的塑造者、社会主义建设者和接班人，不仅能讲中国故事，还要能讲懂中国故事、讲好中国故事。针对经济学类专业的学生，要运用世界经济学科通用的研究范式，引导学生关注国际经济现实，在教学中引导学生扎实掌握基本理论和基本政策，塑造正确的价值观。通过理论联系实际分析评价中国的经济发展对各国的影响，关心贸易繁荣稳定，推广中国经济开放的大国战略和话语体系。

作为经济学类专业的学生，应该懂得经世济民是经济学人的历史使命。经济安全是国家安全的基础，是国家安全体系的重要组成部分，而到了“十四五”时期，我国面临的外部环境更趋复杂，不稳定性、不确定性明显增加，国内发展不平衡不充分问题依然突出，国家经济安全仍然存在不少薄弱环节，在国际经济上，国际政治经济冲突对全球生产网络分工造成较大影响，中国产业链和全球产业链面临脱钩风险，因此维护国家经济安全责任重大。课程致力于树立学生维护中国国家利益的责任感与使命感，激励学生努力学习并运用相关专业知识为中国经济的持续健康发展作出贡献。

教学定位的难点便是注重重难点和挖掘思政元素。“江汉关既是汉口开埠的见证，武汉近代沧桑历史的纪念碑，也是武汉从闭关自守走向开放包容和快速发展的重要载体，具有重要历史价值”，江汉关博物馆馆长单宏均表示，从近代海关到城市博物馆，今天的江汉关不仅是一座史料研究的巨大宝库，也是一笔仍然鲜活的文化遗产。2015 年开放的江汉关博物馆是一座反映武汉城市现代化历史的专题性博物馆，也是收藏、保护、研究、展示武汉近现代历史文物的重要机构。江汉关是武汉海关的前身，在 20 世纪 20 年代时曾经争取海关主权的华员职工开展了一场轰轰烈烈的斗争，他们的目标是收回海关主权、独立国家税收以及改善华员的生活待遇。这场斗争虽然最后失败了，却在江汉关的历史上留下了浓墨重彩的一笔，在此之后，江汉关的职工有的加入了中国共产党，作为中国共产党的一分子，在党的领导下默默潜伏在江汉关进行革命斗争。“江汉朝宗”展作为江汉关博物馆的基本陈列，主要展示了武汉城市现代化历程，通过“汉口开埠”“艰难跋涉”“走向辉煌”三个单元全方位反映汉口开埠设关后西方列强对武汉地区的掠夺，人民饱受压迫后在中国共产党领导下奋起抗争走向幸福生活的历程。

因此，在教学设计之初，教师将本课的思政元素定义为“家国情怀”与“历史教育”，通过对关税主权的讲解，并让学生参观通商口岸租界博物馆的活动形式，融入“关税主权也是国家主权一部分”“落后就要挨打”“青年自当自强”的课程思政教育内容，让学生了解半殖民地半封建社会时期我国关税主权被殖民者侵占的屈辱历史，促发学生对国家责任感的体验。曲折的近代历史能够激发学生努力学习、报效祖国的爱国情怀，让学生们深刻理解主权独立和国家发展的重要性；结合时事热点问题，使学生认识到当前国家面临的严峻形势，培养学生思考和分析现实问题的能力，激发学生爱国情怀和力行担当的意识。综上，将国际经济学理论与国家历史进程紧密结合，尤其是中国近代半殖民地半封建社会历史同当代中国改革开放的进程和取得伟大成就相映衬，使学生深入学习相关理论的同时，认识中国特色社会主义道路，使学生建立理论认同并肩负起大国责任，从而使学生建立起世界观、认同感和国家情怀。

在“家国情怀”与“历史教育”的课程思政元素融入方面，主要从优化课程内容供给、第二课堂教学供给等方面进行。在优化课程内容供给方面，国际经济学课程组(以下简称课题组)根据 CSSCI 期刊近五年来以“习近平经济思想”为关键词的论文中被引率最高的文献，整理成备课材料，以习近平经济思想为指南，优化国际经济学课程思政内容供给。一方面，课程组引导学生参考《习近平谈治国理政》相关章节及其英文版，师生共同整理并发布了《中国经济对外开放标志性概念 50 条》的中英文双语词条，供学习该课程的中外学生查阅并规范使用。另一方面，课程组精心挑选《这就是中国——走向世界的中国力量》《中国经济开启复式时代 2021》《中国人，你要自信》等书籍作为拓展性读物向学生推介，帮助学生了解专业领域的国家战略和相关政策，引导学生关注现实问题，培育学生经世济民的职业素养。同学们更容易接受这些与教材形式不同的新教学资源，在第二课堂结束的时候，同学们用手机弹幕的方式，把新学到的关键词用滚动屏幕的方式播放出来，中英文双语展示国际经济领域中中国倡议、中国方案和中国思路等关键词，在江汉关博物馆前合影留念。

在打造课程思政第二课堂方面，课程组教师多措并举探索“课程思政”建设，以期增加思想性和趣味性，提升学习体验和学习效果。与理论课课堂教学相比，第二课堂内容丰富，可以弥补课堂教学内容和形式的局限性和片面性，有利于促进大学生通过自主参与，以喜闻乐见的方式，在思想、政治等方面都得到全面、和谐的发展。学生在第一课堂中已经学习了“关税”和“关税主权”的概念。第二课堂则组织学生参观江汉关博物馆(鸦片战争后国内第一批通商口岸和租界)，介绍半殖民地半封建社会时期我国的关税主权被殖民者侵占，虽然国际贸易繁荣但清政府却无法获得足够税收的现实。课程组积极联系江汉关讲解员随队讲解，第二课堂采取现场参观讲解和信息化分组研讨相结合的方式进行。

三、课程思政融入过程

课程组积极探索第二课堂课程思政新模式，推进国际经济专业课程与思政元素的有机融合。作为第二课堂的重要教学环节，在2021年5月27日、5月30日，课程组郭凛、胡艺、李锴等老师组织修读该课程的近80名学生分批前往中国特色社会主义教育基地——江汉关博物馆进行参观交流，充分展现课程实践内容和参观地中的中国实践成果，引导学生正确认识习近平新时代中国特色社会主义思想和国际经济秩序的中国主张。到达江汉关博物馆，同学们一下车便惊讶于江汉关钟楼的精致外观，多位同学表示希望自己能够趁此机会更多地了解我国对外贸易和港口经济的发展历程，帮助自己更好地理解书本知识。课程组为参观学习设计了前测、后测和思考题，同学们带着问题开始了此次的参观。

为了增强外国留学生同学的体验感和互动感，本次馆内讲解员采用双语模式为同学们耐心讲解。讲解员以1861年汉口开埠为切入点，结合馆内丰富的文物陈列，通过“汉口开埠”“艰难跋涉”和“走向辉煌”三个篇章向同学们全面展示了江汉关百年风雨历程。不少同学注意到馆内有处展现江汉关海关业务为主题的复原场景，并就历史上江汉关经办的报关业务与讲解员进行了深入交流，这也加深了同学们对于关税自主权和海关业务的认识。港口发展是城市发展的重要缩影，江汉关的兴衰史也间接反映出武汉的发展史，江汉关博物馆的陈列真实反映了中国共产党领导中国人民进行新民主主义革命、社会主义建设和改革开放后武汉迈向现代化的重要历程。

讲解结束后，师生将事先准备的书籍《海关史话》作为礼物赠予历史的讲述者和传承者，以此感谢讲解员无私、耐心的讲解，也希望未来能够加强交流合作，激励同学们发扬志愿者精神，开展内容丰富、形式多样的习近平新时代中国特色社会主义思想教育活动。带队老师郭凛总结参观活动，希望同学们能够以江汉关博物馆参观交流活动为契机，学思践悟，在了解江汉关兴衰史的同时明确我国现阶段坚持改革开放的重要性和必要性，坚定理想信念、厚植家国情怀。

课程组邀请积极参与课程思政内容建设的同学们，借第二课堂的契机，举办了图书赠予仪式，赠送国际经济代表性著作作为学生课程学习资料和拓展性学术读物。在学院杰出校友墙前，课程组负责人郭凛老师和特邀研究生嘉宾向本科生赠书。世经系党员学生骨干作为学长姐代表也参与本次活动，寄语学弟学妹们要扎实课程知识的理论学习，做好理论联系实际，正确认识世界和中国发展大势，正确认识中国特色和国际比较，正确认识时代责任和历史使命，正确认识远大抱负和脚踏实地，努力在实现中国梦的百年征程上贡献一份武汉大学经管人的青春力量。

同学们就参观江汉关博物馆的亲身体验展开分组讨论，分享学习体验，其中陈雨露同学说道："非常感谢'国际经济学'课程组老师的精心组织，本次活动帮助我更好地理解中国跃升为第二大经济体后应对国际经济格局变化的策略和在世界和平和发展中的大国形象、大国责任、大国担当。希望未来能够通过更多途径、更多形式参与'第二课堂'，实现理论学习和实践锻炼相结合，全方位提升自己在国际经济领域中的理论知识和实操能力，助力提升中国在国际经济领域中的话语权。"

国际经济学课程组打通课内课外实现课程思政建设全覆盖，坚持理论与实践教育统筹推进，注重学思结合、知行统一，充分展现课程实践内容和参观地中的中国实践成果。课程思政第二课堂旨在引导学生依托专业课程开展党史、新中国史、改革开放史和社会主义发展史的学习，帮助学生坚定中国特色社会主义道理自信、理论自信、制度自信、文化自信。

四、评价方案确定和评价实施

（一）评价方法的确定与实施

建立健全课堂教学质量评价机制。对标国家级一流课程建设要求，课程组邀请专家面授课程思政建设经验，组织课程思政专题培训会，联合武汉大学课程思政教学研究中心研究制定新的课堂教学质量评价方案，明确提出课程思政要求和考核观测点，综合考察教师教学行为、教学实施过程、学生学习行为、学生学习收获和整体满意度。在教学设计之初，教师将本课的思政元素定义为"家国情怀"与"历史教育"，因此，我们将对了解半殖民地半封建社会时期我国关税主权被殖民者侵占的屈辱历史的了解和学生对国家责任感的情感体验作为主要评价对象。

课程思政评价既面临着“态度内隐”的评价困难，又面临着行为外化的真实性顾虑。在教育评价领域的诸多评价模式中，已有学者基于CIPP模式开展相关课程思政评价实践，作出有益的尝试。CIPP评价模式是由美国学者斯塔弗尔比姆在对目标反思的基础上提出的，这一模式由背景评价（Context Evaluation）、输入评价（Input Evaluation）、过程评价（Process Evaluation）和结果评价（Product Evaluation）四项活动组成，既包含对教师教学设计和教学行为的评价，也包含学生学习过程和学习效果的评价，贯穿课程实施的全过程，是目前国内比较主流的高校课程思政评价方法。背景评价旨在分析育人环境、明确教育需求，是对教育环境的影响进行评价；输入评价是对达到目标所需的资源、条件等进行评价，使实施方案切实可行；过程评价主要考查教师与学生的表现以及教师在方案实施过程中是否进行了连续的监督、检查和反馈，是否对方案进行了持续的修正和改进；结果评价是对方案实施结果、成效及影响的评价。

根据CIPP模式的要求，课题组确立了各个维度的评价目标及评价方法（见表1），完善第二课堂“江汉关与国际关税主权”中学生参观江汉关博物馆评价方案的具体设计，该评价方案以问卷形式，从课前调研问卷、课程开启到课后感言，在“历史”这一主线之下观察分析学生的情感体验和观点的明显变化。

表1　**“江汉关与国际关税主权”课程CIPP评价方案**

背景评价	明确学生在“第二课堂”之前的情感状态	通过学生小作文中“上课前的预期与准备”这个栏目来获取
输入评价	明确“第二课堂”中课程的内容设置	通过对“第二课堂”课程内容中知识点的列明、知识点层次分析，每一个知识点需要生发的课程思政元素加以明确
过程评价	明确“第二课堂”过程中学生的感受	通过学生课后小作文中“上课时的感受”“感受最深的几个瞬间”以及“第二课堂”的教学设计进行分析
成果评价	明确学生在“第二课堂”教学之后情感态度发生的变化	填答量表，量表根据态度理论分为知识获取情感体验两个部分

基于态度形成的长时性特点以及情感体验的外显性需求，在课程思政评价中可以将 CIPP 评价模式与词云分析技术相结合，采用 CIPP 评价模式指导评价过程设计，将词云分析技术运用在课前、课中、课后各环节，采集和分析学生各阶段的情感体验，把学生内隐的态度外显出来，辅助实现各阶段的评价目标。词云分析技术主要运用在课前背景评价和过程评价两个环节。在实践教学开始之前和结束之后，教师通过“学习通”终端请学生书写自身的感受，捕捉学生不同阶段的态度。在课堂开始之前，通过提问学生“你预想中的江汉关是什么样子的”明确学生对通商口岸的初始情感状态；在课堂结束之后，通过提问学生“参观江汉关时，你印象最深刻的是什么”来搜集学生的后续情感状态。

评价需要搜集的材料和工具有：

(1)结构化小作文。由教师提供小作文的结构要求(必须包括哪几方面的内容)，学生在课后完成，字数 400 字左右。

(2)学习评价量表。根据态度形成理论设计开发。题量控制在 6~10 题，以封闭式选择题为主，题目需要根据第二课堂的具体教学内容进行。

(3)教师第二课堂教学设计方案。

评估结果应包括的内容：

(1)针对整个第二课堂教学的评估，如目标的达成情况，教学过程实施情况。

(2)学生小作文的质性分析(使用 NVIVO)。

(3)具体 3~4 名学生的案例、学生作品(小作文)、量表数据分析。

(4)“第二课堂”教学活动。

(二)评价工具

1. 课前调研问卷

(1)九省通衢的武汉是长江中游重要的经贸枢纽。早在 19 世纪末，作为开放通商的口岸，江汉关的国际经济贸易、国际金融服务已经在全世界享有盛名。你在今天参观江汉关博物馆之前对于武汉曾经的国际经济情况有什么样的认识？(如实描述自己所知即可，篇幅不少于 100 字)

(2)你想象中的江汉关是什么样的？(如实描述自己所知即可，篇幅不少于 100 字)

2. 思考题(课中开启)

(1)中国的海关却由洋人当家作主的现象维持了数百年之久，直到1949年__________成立后，带着殖民主义色彩的税务司制度才彻底画上了句号。

(2)请问你如何看待关税主权及其与国家自主之间的关系？(不少于100字)

(3)2010年上海承办了以“城市，让生活更美好”为主题的第41届世界博览会，吸引了全世界7308万人次前来中国感受世博会的魅力。早在1866年，江汉关就参与组织筹备我国参加世界博览会，率领__________团在19世纪初连续多届世博会上屡获佳绩，参展作品数量一度仅次于上海。

(4)你认为参与世博会对于中国清末经济发展有什么作用？其作用与如今我国主办世博会有什么不同？(不少于100字)

(5)__________是中国近代商埠中最重要的对外贸易口岸之一，所在地汉口也是中国的“四大名镇”。民国建立之初，由汉口港驶向国外的轮船，已可直达德国的汉堡、不来梅，荷兰的鹿特丹，埃及的塞得港，法国的马赛，比利时的安特卫普，意大利的热诺瓦等地，汉口港已成为近代闻名世界的国际港口。

(6)请你尝试用国际经济学的知识来剖析江汉关对外贸易繁荣的基础及其衰落的可能原因。(不少于100字)

3. 课后感言问卷(课后完成)

《江汉关参观考察》之课后感言

(1)江汉关博物馆参观中给你留下最深刻印象的是什么？(请你结合自己的体验感受留言，不少于150字)

(2)江汉关博物馆参观中有什么是与你想象中不太一样的地方？(请你结合自己的体验感受留言，不少于150字)

(三)评价结果

1. 背景评价

背景评价是对学生在进行教学之前的已有知识经验背景进行综合评估的过程。学生的已有知识经验背景包括知识背景和情感基础两个方面。通过对参与学生的综合调查发现，参与第二课堂的学生对于“武汉江汉关”的了解不多。在知识层面上，大家通常将江汉关作为一个历史遗迹来对待，很少从经济学的视角来解读其经济学地位和意义，对于19世纪六七十年代的武汉金融、贸易情况也缺乏具体细致的了解。这种缺乏既表现在具体知识点上，也表现在认知体认上。如留学生 MOKOSHA“只知道武汉这样的几个地方，作为长江中游最重要的航运中心武汉是中国中部最大的交通枢纽。武汉也是重工业基地”。但对于“武汉的国际经济形势知之甚少”。弘毅学堂古皓元同学对于汉口的认识“是《马关条约》之中的一个通商口岸”。国际经济学 2019 级左帆同学“只知道武汉有很多法国企业”，但具体为何是法国企业，为何集中在制造业等原因了解得不多。

在情感体验方面，学生在中学阶段和大学“两课”学习中，对于汉口开埠通商的情感倾向于“屈辱”和“负面”。金融学谢显峰同学将“江汉关与虎门销烟、被迫开关、坚船利炮和闭关锁国”等词语联系起来。曲一童同学认为“武汉贸易的开始是经济掠夺与侵略”。学生对于武汉曾经的国际贸易作用和地位少有期待。来自韩国的崔韩尔(CHOI HANEOL)同学说“我没有想到武汉会有这样的经济史和情况”，留学生 Rashed 说“交通发达”是他对武汉的“唯一信息”“唯一认知”。

2. 输入评价

输入评价是在课程实施过程中对于课程内容及其组织的判断，输入评价需要关注两方面的内容：

(1)有哪些课程内容？这些课程内容指向什么样的课程目标？

(2)课程内容是如何组织的？是否有一定的线索或层级逻辑。

课程内容输入：第二课堂设置了基本史实参观了解和基本国际关税知识讲授两方面内容。从同学们的填答反馈来看，都较好地达成了教育目标。学生对于学习软件上及时反馈的填空题都能够正确填写，并且对于所讲授的知识都自发进行了系统梳理。

特别需要提出的是课程内容中思政元素的融入。例如在第二课堂的内容设计时将国家关税与国家自主权利的关系，国家综合实力和国家财政税收关系等内容进行了特别强调。这里融入了丰富的思政元素：一方面这是中国近代历史中发展史、抗争史、屈辱史与建设史的集中体现；另一方面，江汉关、武汉的发展也是中国经济发展、综合国力提升的表现。

内容组织输入：第二课堂教学内容形成了三个梯度，不断进行螺旋上升，在每个梯度里面，又分别体现了“实践到理论”“过去与现在”“现在与未来”的一种拓展关系。第一梯度是江汉关海关税务司与关税主权问题；第二梯度是改革开放后上海世博会与清末经济状况；第三梯度是江汉关历史与国际贸易繁荣与衰落的原因探析。

3. 过程评价

过程评价是对教学实施过程推进中学生课程经验的评估，在本课程中主要关注学生的情感和价值观体验。江汉关具有特殊的历史地位，在教学意义上具有矛盾属性。一方面它展示了武汉历史上曾经在国际贸易体系中举足轻重的辉煌历史，但另一方面也展示了在半殖民地半封建社会的经济发展只能是“低人一等”的发展。因此，学生在第二课堂的教学中必然会得到矛盾的体验，他们除了收获基本的关税知识和国际贸易知识之外，一定还会在情感上既有自豪感，又有屈辱感，更有时代发展赋予他们的使命感。彭诗雨同学写道“令我印象最深的是当时清末海关办公人员的工资与洋人员工的工资对比。明明是一样的职位，洋人员工工资是国人的 1.5 倍多，这足以看出当时的中国百姓是处在怎样低下的位置。百姓积贫积弱，生活都成了困难”。Rasha 写道“当我读(走向辉煌)单元时，我震惊地看到了武汉的现代化发展有多快”。左帆同学说“从武汉沦路口来到江汉关博物馆参观意义非凡，我们佛能看到当年武汉人民的浴血奋战和英勇无畏。我认为，大学生是这个时代的未来，应当铭记历史，珍惜和平，承担起新时代报效国家的重任”。

4. 结果评价

结果评价是对学生认知、情感和行为变化情况进行的评估，主要考查学生经过教学活动是否在认知层面得到发展，是否在情感层面得到丰富体验和触动，以及是否发生了行为转变。

通过分析学生填答问卷的关键词云图发现，“历史”“曲折”“甘苦”“想象”“现代”等成为热点词汇，这说明他们在信息关注上，已经完成了教学设计中需要他们关注到的思政元素。在对关税与国际贸易兴衰的认识上，很多学生能够从国家主权强弱、综合国力强弱、科技发展对交通便利性影响等角度提出观点，说明他们对于知识的理解与运用已经超越了彼此孤立的“知识点”，而是在更为广阔的历史背景和社会现实下来考虑。许多学生用到了“令我印象深刻”“超乎我的想象”“永远被铭记”“比想象中好”等词汇，这证明他们在此次第二活动教学中的情感得到了触动。

评价发现学生在参观前后的情感体验在一条主线上发生了变化。主线是对历史的感知；而变化在于对“发展”“我们”(自已肩负的责任感)“时代”等有了更深刻的认识。在实践教学开始之前和结束之后，我们通过“学习通”终端请学生书写自身的感受，发现学生的情感体验和观点在“历史”这一条主线之下有了明显的变化(如图 1 和图 2)。

图 1　参观前学生感想词云图

图 2　参观后学生感想词云图

利用词云分析技术，提取学生“第二课堂”教学前后书写感受时运用的高频词、关键词形成词云图，使之可视化。经分析发现，学生课程前后的情感体验围绕对“历史”的感知这一主线发生了明显的变化。在课程开始之前，学生对于江汉关这一通商口岸的情感是从旁观者视角感叹历史的“甘苦”“曲折”“尝之者识”“履之者知”。这些观点和教科书内容重叠，证明虽然学生在以往的学习中对于中国封建社会时期的屈辱更有所认识，但这种认识与教科书的叙述语句一致，表现出明显的“服从”和“接受”倾向，缺乏主观的认同。而在课程结束之后，学生对江汉关感受的表达中出现了“我们”“时代”“发展”“人民”等具有主观责任的词汇，表现出学生将外界赋予的体验与自身的认识相结合的倾向，生发出了国家责任感。

五、评价反思

首先是在课程思政评价对象和方式选取的方面。从课程思政评价对象方面，既可以对学生思政认知发展、情感体验和行为表现进行评价，同时也可以对教师课程思政的意识和行为进行评价。武汉大学课程思政教学研究中心教师依据态度形成阶段理论，采用 CIPP 课程评价模式对此次第二课堂活动展开教学评价，对教师的政治意识、立德树人、教学投入、教学方式方法、课堂秩序管理、课堂内容难度和作业量、与学生的互动交流、课程考核方式等都有考查，同时编制专业教学评估报告和学生情感态度发展报告，对教师立德树人、潜心教书育人、重视课堂教学、坚守教师职业道德底线，学生投入学习都有较好的引导。课程组教师也结合自己对教学内容与课程思政的结合的前期探索提出，课程思政教学评价可以涵盖教师、学生等输入和输出方面的评价，也可以涵盖第一课堂、第二课堂进行评价。同时情感体验和行为外化的评价则很难通过传统评价方式考查，过程性评价、定性评价、描述性评价和发展性评价等都可以成为对于学生情感、行为评价的主要类型。

其次是对用词云技术进行文本分析的讨论。词云技术本身只是一种技术，并不具备价值判断功能。使用词云技术对课程思政效果进行评价依赖于相关人员对专业课程中所蕴含思政目标的深刻理解、对词云统计结果的精准解读和对教育规律的熟练把握。在目前的实践中可以发现，词云技术运用于课程思政评价仍然存在着两大制约因素。其一是数据采集对象渠道的制约，语言和文本是主要的途径；其二是数据解读理论的制约，从可视刻画角度来解读思政效果仍然以主观经验判断为主，缺乏丰富的理论支撑。态度理论认为态度形成的终极目标是行为改变，而词云技术停留在文本提炼和解读上，后续课程思政评价需要将词云分析和其他的评价方式相结合，进而形成完善的课程思政评价体系。

最后，课程思政旨在通过专业课教育“溶盐于水”，对学生的价值观念、情感态度加以教育和影响。在课程思政评价的过程中，我们始终遵循情景式原则和体验式原则。行为改变往往依托于真实情境，根据态度行为一致性理论的研究成果，态度与行为的表达必须基于真实情境，并减少外部压力才可能真实表达。有了真实的情境，学生自然而然就会在情境中产生体验。体验既是一种心理过程，也是一种行为表现，而这恰好与课程思政中“内化于心、外化于行”的演化路径相同。思政教育不仅是要对学生的态度和价值观施加影响，更是对学生“内化于心”后的“外化于行”有所期待。因此，课程思政评价的实施，也应该以对学生在情境中的体验为主。具体来说，学生的观点性言论、价值判断性行为、思想发展性痕迹等都可以成为评价的数据来源。有鉴于此，我们为一线老师设计评价方案时，都尽量在真实情境和学生切身体验感受中加以观察。

案例六：数字地形测量学课程思政评价案例*

一、课程基本情况

数字地形测量学是测绘类专业的大类平台课程，3 学分 56 学时，是一门理论性和实践性都很强的专业核心课程，主要内容涉及测量原理与方法、仪器与操作、地形图测绘与应用等。通过理论与实践相结合的教学环节，学生能够利用测量基本知识、基本理论和方法理解、分析和解决地形图测绘方案设计遇到的问题，具备项目实施的综合能力，养成严谨求实的科学精神和创造性思维，为学习后续专业课程以及从事工程技术工作和科学研究打下牢固基础。

课程深入剖析学生学情和教学痛点，构建了"三融合、三协同、三结合"的教学实践与评价体系。综合运用案例教学法、任务驱动法、情境教学法和启发研讨法等方法，既保证专业知识点的传授，也无形中把蕴含的思政内容予以传递，潜移默化地达到思政育人的目的。

课内通过优秀的专业思政案例引导学生，而课外躬行，则是实现主动的思政实践，是课程思政实施的有效补充。将课堂教学与课外教学有机融合，能够帮助学生将思政元素内化为精神追求，外化为自觉行为。通过聆听测绘行业专家专题讲座，厚植家国情怀，锤炼工匠精神；利用第二课堂时间，组织学生走进测绘与地理信息知名企业，观摩企业创新成果，接触前沿科技，开阔专业视野，感受测绘行业对国家发展与建设的重要作用，激发和增强测绘专业学习的兴趣和信心。引导学生参加全国测绘技能大赛，强化学生创新实践能力，增强学生勇于探索的创新精神。

---

* 案例执教人：黄海兰；执笔人：黄海兰、焉宇航。

二、课程思政元素和目标的确定

教育部于2020年印发的《高等学校课程思政建设指导纲要》指出，全面推进课程思政建设是落实立德树人根本任务的战略举措。落实立德树人根本任务，必须将价值塑造、知识传授和能力培养三者融为一体、不可割裂。全面推进课程思政建设，就是要寓价值观引导于知识传授和能力培养之中，帮助学生塑造正确的世界观、人生观、价值观，这是人才培养的应有之义，更是必备内容。

课程思政建设内容要紧紧围绕坚定学生理想信念，以爱党、爱国、爱社会主义、爱人民、爱集体为主线，围绕政治认同、家国情怀、文化素养、宪法法治意识、道德修养等重点优化课程思政内容供给，系统进行中国特色社会主义和中国梦教育、社会主义核心价值观教育、法治教育、劳动教育、心理健康教育、中华优秀传统文化教育。

作为工学类专业课程，数字地形测量学更应根据测绘学科专业的特色和优势，深入研究专业的育人目标，深度挖掘提炼专业知识体系中所蕴含的思想价值和精神内涵，科学合理拓展专业课程的广度、深度和温度，从课程所涉专业、行业、国家、国际、文化、历史等角度，增加课程的知识性、人文性，提升引领性、时代性和开放性。课程思政建设过程中，既要注重科学思维方法的训练，培养学生探索未知、追求真理、勇攀科学高峰的责任感和使命感。同时，又要注重培养学生精益求精的大国工匠精神，激发学生科技报国的家国情怀和使命担当，提高学生正确认识问题、分析问题和解决问题的能力。具体思政教学目标、思政切入点与案例部分如表1所示。

“专业课程是课程思政建设的基本载体”，为了达成确立的思政目标，测绘类课程的思政建设应植根于专业知识，体现测绘课程的特色。从专业课程教学内容中挖掘思政元素，建设思政资源库，根据思政资源进行爱国主义教育、法治教育、社会教育和专业教育，在专业知识传授的同时实现价值引领，从而厘定了爱国主义、家国情怀、科技强国、责任担当、团队协作、奉献精神、危机意识、创新精神、开拓精神、专业自信、职业认同、工匠精神、诚信意识、民族自豪感、追求卓越的精神、自力更生、艰苦奋斗的精神、爱岗敬业精神、奉献测绘事业的情怀、爱国主义、保守国家秘密意识、专业规范意识等思政元素。课程思政资源库与思政元素部分如表1所示。

表 1 **课程思政案例资源库**

资源库类型	案例名称	思政元素
学科发展	传统测绘	团队协作、奉献精神
	信息化测绘	危机意识、创新精神
	智能化测绘	科技强国、责任担当
	测绘学科在国家建设中的地位与作用	专业自信、职业认同
人物事迹	测绘领域院士领军人物	家国情怀、科技报国
	测绘领域大国工匠人物	爱国主义、奉献精神
	测绘领域校友人物	创新意识、开拓精神
重大工程	国之重器：港珠澳大桥、大兴国际机场的测量支撑	民族自豪感、追求卓越的精神
	红旗渠建设的测量支撑	自力更生、艰苦奋斗的精神
	武广客运专线的测量支撑	创新精神、工匠精神
	其他工程(如川藏铁路、海底隧道)的测量支撑	爱岗敬业精神、奉献测绘事业的情怀
职业道德	测绘专业职业道德教育资源	严谨求实、开拓精神、诚信意识
	测绘专业保守秘密教育资源	爱国主义、保守国家秘密意识
标准规范	测绘专业法规和技术标准教育资源	专业规范意识

数字地形测量学作为理论与实践一体的课程，包括理论知识教学和测量实训。将专业课程所涵盖知识点的思政元素融入专业教学，既能丰富课程内容，又能以德育促进智育，将立德树人的根本任务贯穿专业教育教学的全过程。以课程知识点为基础，在各知识点中融入相应的思政元素，从而达到知识教育与思政教育有机结合的目的。思政元素在教学中的切入点如表 2 所示。

表 2 **课程章节的思政切入点及思政目标**

课程章节	思政切入点	思政案例	思政元素	思政教学目标
1. 测量学基础知识	1.1 测量学概述	刘经南院士打破美国 GPS 雄霸天下的局面，为北斗作出杰出贡献	北斗精神 社会责任	引导学生深刻理解新时代北斗精神，激发学生科技报国的家国情怀和使命担当

续表

课程章节	思政切入点	思政案例	思政元素	思政教学目标
2. 平面测量与全站仪	2.1 角度测量原理与全站仪	测绘装备发展见证大国崛起	爱国主义 创新思维	培养学生不畏艰难、勇于钻研、不断创新的科学精神
3. 高程测量与水准仪	3.4 三角高程测量	珠峰高程测量	珠峰精神 测绘精神	引导学生理解测绘人不畏艰辛、勇攀高峰、突破极限的职业精神，培养学生“艰苦奋斗、无私奉献”的测绘精神
4. 控制测量	4.2 平面控制测量	国测一大队	测绘精神 社会责任	引导学生深刻理解测绘行业的职业精神和职业规范，培养爱岗敬业、无私奉献、开拓创新的职业品格
5. 碎部测量	5.3 地貌测绘	南水北调等重大工程前期勘测工作——地形图测绘	职业规范 工匠精神	强化学生工程伦理教育，培养学生精益求精的大国工匠精神
6. 地形图测绘	6.3 地形图的内业成图和检查验收	测绘法宣传日暨国家版图意识宣传周活动	爱国主义 职业素养	提高学生国家安全意识和国家版图意识，厚植爱国主义情怀
7. 地形图应用	7.1 地形图的工程应用	数据保密、警钟长鸣	职业规范 工程伦理	强化学生工程伦理，教育引导学生深刻理解并自觉实践测绘行业的职业规范

测无限天地，绘锦绣蓝图是测绘学科的历史使命。游历祖国美好河山，体验华夏五千年文明，“数字地形测量学”课程本身存在许多思政元素。突出课程思政的实践性，在实践教学中构建育人机制，培养德才兼备人才，培养精益求精、严谨务实的作风。为此，课程组力求在课程教学中突出测绘专业的思政目标：培养学生的政治认同、家国情怀、使命担当、科学精神、创新精神、工匠精神、团队精神、工程伦理、职业规范、专业认同、批判思维、探索精神、敬业精神、奉献精神等精神品质。

三、课程思政融入过程

课堂教学是思政教育的主渠道，也是课程思政的主要途径，知识、能力目标只有在正确价值目标的指引下才有真正意义。在课堂教学中，推进现代信息技术在课程思政教学中的应用，激发学生学习兴趣及动力。通过线上慕课+线下课堂+数字化教学资源的混合式教学方式，以润物无声的方式融入课程思政元素，实现对新时代大学生传道授业的价值引领。

例如在“三角高程测量”单元中，结合专业知识融入课程思政元素，首先引入案例：2020 年 5 月 27 日，我国珠峰测量登山队登顶“地球之巅”珠穆朗玛峰，全部采用国产设备为珠峰“量身高”，队员在峰顶停留 150 分钟，顺利完成峰顶测量任务，创造了我国在珠峰停留时长新纪录。

接下来对此案例进行分析：本次高程测量重点在以下方面实现技术创新和突破：一是依托北斗卫星导航系统开展测量；二是国产测绘仪器装备全面担纲本次测量任务；三是应用航空重力技术，提升测量精度；四是利用实景三维技术，直观展示珠峰自然资源状况；五是测绘队员登顶观测，获取可靠测量数据。另外测量积雪深度、天气和风速，以帮助冰川监测和生态保护。同时首次 5G 传输、4K+VR 拍摄珠峰登顶过程。

引导学生对案例进行分析讨论，激发学生主动思考与交流，自主探究和小组研讨。再由老师引导进一步分析案例中的思政元素：珠峰测高体现了国家的综合实力和科技实力，展现了测绘人不畏艰辛，勇攀高峰，突破极限的职业精神，彰显中国品质和中国精神。在高程控制测量知识点中引入珠峰高程测量的典型案例，既提升了学生对测绘前沿技术和知识的了解，激发学生思维创新，增加探索专业知识的兴趣，又培养了学生“艰苦奋斗、无私奉献、精益求精、敢于突破”的测绘精神。

四、评价方案确定和评价实施

课程思政实施效果的表现形态大部分都是隐性的，比如家国情怀、民族自信、责任感、创新能力、工匠精神和职业规范意识等，很难通过定量的考核机制进行评价，难于找到定量的评价指标体系。因此，如何制定思政效果测度的知行合一评价体系，客观反映和及时反馈学生的学习状态，引导学生重视过程性理论学习和实践，促进思政育人成效，是值得探讨及商榷的问题。

与考核知识掌握和运用的程度不同，课程思政教学效果的考核关键是考查学生能否实现“知行合一”。课程思政背景下的教学评价将重点关注教师能否从过去以知识传授为主转换为学生学习过程的建构者、组织者和促进者，教师的课堂教学方法和教学过程是否能充分调动和保持学生参与教学过程的积极性；能否使学生在“做中学”和“学中悟”中提升正确认识问题、分析问题和解决问题的能力，塑造正确的价值观；能否使学生的思想始终与党和国家对大学生的要求一致；能否通过教学提高学生的综合素质，能否培养学生在正确思想指导下主动探索知识的能力等。

首先，可以探索建立基于 OBE 理念的过程性评价考核机制，重点考查学生的平时表现和对实践技能的掌握情况。比如，在进行实验成绩评定时可以制定如下规则：小组内如果有外业观测数据超限的同学，那么整个小组的成绩就不及格。通过这种方式促使学生意识到团队合作的重要性，培养学生互帮互助、团结友爱的团队精神。其次，探索以学生对测量作业规范和工程伦理的理解作为评价要素之一。比如，测量工作的每一个环节都要求遵循测量技术规范，数据必须真实可靠，一旦发现学生涂改数据或者伪造数据，实习成绩将以零分计，以此强化学生的职业规范意识和严谨求实的职业道德。最后，学生可以通过评教或者问卷调查的形式参与思政教学评价，包括思政内容选取、融入方式、认同度和接受度等方面。通过师生互评，完善评价方法和标准，增强课程思政教与学的主动性，并持续改进，推动课程思政和立德树人落到实处。

(一) 评价框架的确定及工具搭建

经过多方交流讨论、文献查询分析及专家咨询，根据评价内容目标，明确学生学习前后及过程中对课程或专业的情感及认知，数字地形测量学课程组开发了针对“数字地形测量学”这门课程的专业认同、学情调查及教学反馈问卷。专业认同问卷主要从认知、情感、行为这三个维度展开，旨在调查学生对专业的认知、对专业的情感、做出的职业行为及学习行为；学情调查问卷主要收集学生的学习风格、学习习惯及学习经历，并调查课前学生对于课程的认知与期许；教学反馈问卷旨在调查学习本门课程之后，学生对专业的认知、学习情况及各方面能力的评价。

同时确立了“批判性思维能力”“创新性思维能力”评价框架，从这两个维度构建了高阶思维能力评价工具。批判性思维能力从说明、推断、检查、归因、生成、计划这几个模块展开；创新性思维能力从比较、组织、决策、实施、总结这几个模块展开，分别生成矩阵单选题，以对学生的高阶思维能力生成比较可信的评价。

（二）评价实施

问卷在测绘学院修习过数字地形测量学课程的学生中展开，通过问卷星链接在专业相应年级群进行投放。为了保证收集问卷的可信度以及便于追踪学生个体的变化过程，课程组收集了学生的年龄、年级、学号、性别、党员与否、生源地等基本信息。投放的问卷中，“专业认同调查问卷”共回收234份有效问卷结果，“学情调查问卷”共回收112份有效问卷结果，“教学反馈问卷”共回收96份有效问卷结果。

（三）评价结果

专业认同问卷中，在专业认知方面，大多数学生对专业认知比较清晰，约46%的人群对专业认知比较了解，25.43%的人群对专业认知非常了解；在职业情感方面，多数人对本专业持积极态度，总体上喜欢并认可本专业；在职业和学习行为方面，多数学生也在积极深入了解并主动学习专业内容，计划从事本专业工作或在本专业进一步深造。

学情调查问卷中，多数同学在学习测绘专业之前对测绘专业不是很了解或是了解很片面，不符合测绘行业发展实际。对这门课程的预期学习内容与学习方式如表3、表4所示。在学习风格习惯方面，近50%的学生表述知识通过实际操作比较容易接受，其次比较多的同学比较容易接受视觉信息。同时大部分同学只有部分动手实验的学习经历，实践能力有待加强。

表3 学生通过课程希望学习到的知识或能力

选项	小计	比例
专业相关的理论知识	26	23.21%
具体实践操作技能	22	19.64%
解决复杂测绘工程问题的能力	34	30.36%
学科发展的前沿知识	21	18.75%
行业发展动态的知识	9	8.04%
本题有效填写人次	112	

表 4　　学生希望的课程教学方式

选　项	小计	比　例
启发式的课堂教学	25	22.32%
小组研讨式教学	8	7.14%
案例及项目式教学	23	20.54%
校企合作开展拓展性实践教学	21	18.75%
线上线下、虚拟真实结合的混合式教学	35	31.25%
本题有效填写人次	112	

在教学反馈问卷中，明显可以看到，在学习本门课程之后，近 70%的学生对专业了解比较清晰全面，仅有少部分人仍对专业不是很了解。多数同学在学习本门课程之后认为自己在理论知识、动手能力、创新能力等方面得到了提升，对课程呈积极态度，对课程评价体系呈满意态度，总体对于课程满意度平均分为 8.82/10。

（四）评价结果解读

整体来看，评价的结果显然是积极的，学习课程之后，学生对专业的理解认知有了大幅提升；课程教学内容与教学方式也符合大多数学生的预期；通过课程学习，学生的理论能力、实践动手能力、创新能力、自主学习能力等也得到了锻炼提升，高阶思维能力也得到了较好的发展。

经过近两年的课程思政示范课建设，初步达成部分建设目标，课程评价形式更加灵活多样，评价效果较好。混合式教学模式极大地激发了学生自主学习的内驱力，学习质量得到了提高。学生对课程教学的满意度逐年攀升，在学生评教中团队成员多次名列全院前 10，先后有 5 人次获评学校本科优秀教学业绩奖。通过本课程学习后，大二学生参加创新创业项目的人数百分比从 2018 年的 13%上升到 2021 年的 27%，学生在全国高等学校大学生测绘系列大赛中也连续三次获得团体成绩全国第一。

教师教学能力和水平也得到显著提高，主讲教师先后获得省高校教师教学创新大赛特等奖、全国高校混合式教学设计创新大赛三等奖、学校课程思政说课比赛唯一特等奖、学校青年教师教学竞赛一等奖等，主持校级示范课堂建设项目 1 项。团队成员 1 人获宝钢优秀教师奖，1 人获省师德先进个人；

团队成员参加的“智能化时代测绘类专业新工科改革探索与实践”获批教育部新工科实践教学改革项目立项，参与的“测绘工程专业(智慧矿山方12向)”获批教育部首批虚拟教研室建设项目；课程所在教研室被评为省首批优秀基层教学组织。

课程建设成果在全国测绘类专业中起到示范作用，课程先后获得校级精品课程、省级精品课程、省级线上一流课程和国家级虚拟仿真实验教学一流课程，在中国大学MOOC和“学习强国”等平台上线，在同类MOOC中访问人数领先。团队成果先后获得了1项国家级和4项省部级教学成果奖，课程教学资源被全国200多所高校使用。

五、反思

课程思政任重道远。在新工科建设背景下，专业课教师要紧跟时代特征，做好思政教育与专业教学的融合与创新，立德树人。本节基于数字地形测量学课程的特点和内容，提炼课程知识体系中蕴含的爱国情怀、创新精神、职业规范等思政元素，探讨课程思政导向的教学方法与评价体系，强化学生的创新实践能力和职业道德素养等综合素质，持续提升测绘专业人才培养质量。

“同向同行、价值引领”是新时代贯彻高校立德树人根本任务的重要手段，课程思政必须紧跟时代步伐、与时俱进，在传授专业知识的同时，融入富含时代气息的思政元素。思政内容不是一成不变的，价值观念也在不断更新，时刻吃透党的高等教育育人方针，与党中央保持一致，保持高度的政治敏锐性，深度剖析和发掘思政元素，优化和充实课程思政内容。同时提升教师思政理论水平，“教育者先受教育”，感同身受，推己及人，唤起学生情感共鸣，使课程思政鲜活，发根于知识传授的沃土中。在课程标准制定、实施的全过程中，全面贯穿思政内容，无缝对接，全方位覆盖，尤其要将思政教育融入实践教学过程，“变形监测分析与预测”的实践教学是学生体验职场环境的高仿真过程，在实践中所形成的个性品格、思维习惯，将成为学生未来职业生涯的起点。来自学生切身的感受和体会，避免了单纯空洞的说教，这样培养出来的学生职业观、价值观将更加坚定，才能培养出具有时代精神和民族精神的有用人才。

上述经验也给了我们一些课程思政评价的启示。一是评价要分专业、分科目，不同专业的思政功能定位不同，不同学科有不同侧重；二是要有评价的反馈，帮助我们验证评价的结果；三是评价要结合思政需求和学科现实需求，二者共赢教师才会更有动力。

在专业课程中融入思政教学，对于引导学生坚定理想信念、厚植爱国情怀、加强品德修养、增强综合素养，具有十分重要的作用。加强数字地形测量学课程思政建设，要求教师发挥“主力军”作用，抓紧课程建设“主战场”与课堂教学“主渠道”，将专业知识与思政元素有机融合，运用多元化教学手段，真正实现高校教育教学全过程与全方位育人。但同时，当前，关于专业课程融入思政元素的教学研究仍然较少，如何建立专业(学科)完整的课程思政体系，专业课程教材如何体现课程思政元素，然后建立更加多元化、科学化的课程思政评价体系等，还需要我们进一步探究。

案例七：病原生物学课程思政评价案例*

高等教育课程思政建设关乎高等教育“培养什么人、怎样培养人、为谁培养人”的关键性问题。课程思政的重要形式是将思想政治教育元素，包括思想政治教育的理论知识、价值理念以及精神追求等融入各门课程，潜移默化地对学生的思想意识、行为举止产生影响。以2020年起席卷全球的新冠疫情为契机，武汉大学生命科学学院教师对专业课病原生物学的教学进行了从教学目的到教学设计实施的创新性改革，在专业知识的教学基础上融入思政环节，以“家国情怀”和“专业认同”课程思政元素切入，从学生喜欢的影视元素入手，通过自主查找相关资料和课堂互动讨论的方式，引导学生结合亲身经历进行专业知识的应用和综合分析比较，唤醒学生的情感体验，并通过递进性认知自发得到价值观和人生观的提升。通过创新性思政评估手段，做好课程思政教学评估，产生显著成效，为学校推进课程思政的高质量建设提供特色经验借鉴

一、病原生物学课程基本情况

病原生物学为武汉大学生命科学学院开设的专业选修课程，共3学分48个学时。病原生物学是重要的基础医学学科，也是生命科学的重要分支。病原生物学在助力人类健康的同时，日益成为经济社会发展和生命科学研究的重要支撑。本门课程教师设计的教学重点为病原体的致病机制和防治策略，包括传染病病毒的传播途径和传播原理。

本门课程的授课对象为生命科学学院本科三年级的学生，此时的学生已具备基础生物学、细胞生物学、生物化学、微生物学、病毒学的分科知识，初步掌握生命科学实验操作技能和问题分析能力，但缺乏将零散的分科知识

* 本案例执教人：刘昱；执笔人：尹杨、方癸椒。

点融会运用的整体性思考和与社会因素相联系的宏观理解。同时，大学三年级正值进入科研见习和科研实习前期，在大四学年将会完成毕业设计和毕业论文写作，学生们也需要通过本课程的学习了解病原相关的研究方向和研究进展，为确定个人兴趣和选择未来的科研方向作铺垫。

病原生物学总论部分共有五讲，每讲需 3 个学时。在课程的第一章主要讲解病毒的传播途径、确诊标准、临床表现以及病原体的寻找与控制等专业内容，本章课程内容以“家国情怀”和“专业认同”课程思政元素切入，以教学观影和翻转课堂作为教学中心环节，以自主查找相关资料和课堂互动讨论作为教学方式，引导学生结合亲身经历进行专业知识的应用和横纵向综合分析比较，在对病毒和病原体专业认知的基础上，唤醒学生的情感体验，并通过递进性认知自发得到价值观和人生观的提升，从而实现课程思政目标。

二、课程思政元素和目标的确定过程

新冠疫情对病原生物学专业课课程思政目标的确定和课程思政元素的挖掘与融入给予了启发。学生们亲身经历疫情的发生与发展，经历了恐慌—有序—逐步恢复常态的过程，目睹我国政府全力完善医疗保障、全民动员硬核防控、全方位布局科研攻关、通过多种渠道解决民生以及积极援助其他国家抗疫等重大措施，同时也不断了解世界其他国家各种各样的防控措施。而对于该课程而言，寻找可达成的课程思政目标是一大难点，病原生物学课程组(以下简称课程组)在一次对学生讨论的观察中寻找到了突破点。一位学生提到“浏览外国网络新闻时发现，某些国家接种疫苗是随机的，以摇号的形式执行，但在我们国家不太一样，我们没有摇号，我们是应打尽打”。受到学生讨论的启发，结合我国疫情的现实情境，课程组将本课程中思政方向的评价目标确定为：学生是否在了解病毒传播及控制的过程中产生了“制度自信、文化自信”。

如何在专业课教学中融入思政元素，立足于本学科特点找到思政政治教育融入专业知识技能培养的有效路径与思路，挖掘出合适的思政元素，实现知识传授与价值引领的结合并进，是值得众多一线教师思考的问题。理科专业和人文社科类专业相比更具鲜明的专业特色，理科课程具理论性和抽象性，同时重视实践操作(例如生物学的必修专业课程都有配套实验课程)，专业性较强，相互差异较大，难以发掘契合的思政元素，课程思政实践起来难免会有这样那样的困难。学生在专业课学习的过程中、在结合个体认知与体验中生发出来的价值观会在潜移默化中对人的成长与发展产生影响，这是一种内生的、深远持久的影响。如果牵强附会地将思政元素任意抓取并强行融入、流于说教，则不仅达不到课程思政育人效果，同时也会影响课堂教学，有违落实课程思政教育理念的初衷。事实上，理工科专业的课程中有许多思政元素可以挖掘：增强专业认同，培养创新意识与工匠精神；人地和谐，理解人与自然和谐共生理念；坚守“四个自信”，厚植家国情怀与使命担当责任感等，而目前对高校理科课程思政的探索和实践渐成研究热点。

新冠疫情启发我们在理科专业课程的授课中不仅要授业解惑，还应注重学生的人文关怀和价值观的培养。病原生物与人类生存的环境相互作用对人类社会产生重大影响，病原微生物引发的疾病伤害了人类的健康，病原生物引发的大规模疾病影响着人类文明的进程。但同时随着人类对病原生物相关研究的不断深入，推动了现代医学防疫事业不断飞跃发展。由此可见，从自然特点来看，病原生物对人类的危害程度与病原体自身特性和被感染者的免疫力有关；而其对人类危害程度从另一方面来看，与社会和自然因素密切相关，例如近 20 年的新发传染病都跟人类社会活动及自然生态环境变迁密切相关。因此，教师在病原生物学的课上不仅要教会学生病原致病的相关科学知识，也需要从人文和社会角度引导学生思考和理解更加复杂和更为关键的问题，例如：为什么传染病的防控不仅是科学问题，更是社会问题？在大灾大疫面前怎样做到人文关怀，体现社会精神文明？人人为我我为人人，生命科学专业的学生未来除了做科研回答基础科学问题之外，还可以做些什么更好地为人类为社会作贡献？通过对这些问题的思考和讨论，立德树人的课堂思政就在潜移默化中完成了。在学生亲身经历新冠疫情的时候，我们适时地在教学内容中融入两个思政点——“专业认同”和“家国情怀”，以专业知识为基础，通过生生互动和师生互动，引导学生结合自身体验和自主学习交流，产生对这两个思政点的深切认同。

近 10 年以来，部分媒体甚至某些学校以就业率和收入为尺度进行专业比较，将生物学列为“四大天坑”专业之一，以至于有学生自入学以来即对前途抱有疑虑，被动去应付而不是主动投入课程学习。因此加强生命科学学院学生的专业认同感和职业使命感，是我们在专业课程思政建设中另一个需要考量的因素。病原生物学课程组在课程设计中，将新冠疫情中的社会现象融入课堂教学中，开展案例教学和互动式教学，并邀请相关著名科学家前来讲座交流，以提升学生的专业认同感和职业使命感。与此同时，课程组认为，具有创新思维力的人可以为国家创造出更大的价值；而创新思维的培养本身又能引起学生专业学习和实践的兴趣，提升学习的意义和价值感。因此，基于本课程的授课对象为即将进入科研实习和实践的大三学生，课程组在课程设计中加入大量最新科研进展，结合基础理论知识进行科研思路的讲解，以帮助学生建立创新思维。

在课程的第一章教学实践中，教学重点为病毒的传播与临床确诊等专业内容，借助新冠疫情这一时代背景，结合学生在疫情防控期间的所见所闻，课程组对课程思政融入的“专业认同”和“家国情怀”元素进行进一步挖掘与明确阐发，围绕“立德树人”根本任务给出爱国、爱党、爱人民等具体指向，具体细化解释“专业认同”和“家国情怀”元素，对应社会主义核心价值观基本要义，分析该元素融入教学内容的方面，具体如表1所示。

表1　　病原生物学可供选取的课程思政点选取分析

<table>
<tr><td colspan="4">制度、文化自信</td><td>目标指引</td><td colspan="4">制度、文化自信</td></tr>
<tr><td>课程思政融入教学内容</td><td>对应价值观</td><td>具体细化</td><td>具体指向</td><td>根本任务</td><td>具体指向</td><td>具体细化</td><td>对应价值观</td><td>课程思政融入教学内容</td></tr>
<tr><td rowspan="3">新冠疫情中个人、国家采取的防控策略</td><td>爱国</td><td>家国情怀</td><td>爱国</td><td rowspan="6">立德树人</td><td>有用之才</td><td>专业认同</td><td>敬业</td><td rowspan="3">新冠疫情的科普，科研前线的点线面</td></tr>
<tr><td rowspan="2">法治</td><td rowspan="2">“四个自信”(制度自信)</td><td rowspan="2">爱党</td><td rowspan="2">高素质</td><td>创新思维</td><td rowspan="2">敬业</td></tr>
<tr><td>工匠精神</td></tr>
<tr><td rowspan="3">新冠疫情中各国采取的防控策略及成效</td><td>文明</td><td rowspan="3">人文关怀</td><td rowspan="3">爱人民</td><td rowspan="3">有远见</td><td rowspan="3">人与自然和谐共处</td><td rowspan="3">和谐</td><td rowspan="3">新型冠状病毒及其新发传染病溯源及启示</td></tr>
<tr><td>平等</td></tr>
<tr><td>友善</td></tr>
<tr><td colspan="4">家国情怀</td><td>课程思政元素挖掘</td><td colspan="4">专业认同</td></tr>
</table>

对课程思政元素“专业认同”和“家国情怀”的解释如下：

1. 专业认同(广义)

(1)专业认同：学生应意识到，在新冠疫情防控过程中，自身应有力行担责的使命感与责任感，无论是疫情期间大众科普、生物制药研发，还是致病机制原理研究，都需要生命科学工作者的砥砺攻关，生命科学是有价值的，是为人类生命健康与世界生态保护作出巨大贡献的学科。

(2)创新思维与工匠精神：在专业课程学习中阅读了解最新科研进展，结合基础理论知识探索科研思路，建立创新思维；认识与生物学有关的职业，广大医务人员凭借自己的专业知识技能无私奉献、英勇奋战，科研团队加强科研攻关，致力疫苗研发与药物研究。

(3)人与自然和谐共处：新型冠状病毒及其新发传染病的病原体溯源及启示引发学生思考人与其他生物的关系、人与周围环境的关系，意识到生物多样性保护的重要性与人在生物圈中作用的深远影响。

2. 家国情怀(广义)

(1)家国情怀：学生们在国家疫情防控中应该意识到，家国情怀应是家国责任与担当。家国责任首先应意识到个体责任，因而学生能遵守国家有关疫情防控规定，能够勇于成为疫情防控志愿者，能够用自身所学专业知识去为他人、为公众提供心理咨询辅导与专业知识科普。

(2)“四个自信”：在抗击新冠疫情的过程中，中国政府坚持“把人民群众生命安全和身体健康放在首位”，坚持“全国一盘棋”精准施策，打响了疫情防控的人民战争。学生身处其中对道路优势与制度优势应具强烈地认同与坚持发展优势制度的信心。

(3)人文关怀：包括对人的生命健康权的关怀与保证与人民精神层面的关怀。对比新冠疫情各国的防控策略及成效，中国政府坚持人民至上、生命至上的理念，广大医务人员无私奉献、英勇奋战；广大人民群众众志成城、团结奋战，塑造了生命至上，举国同心，舍生忘死，尊重科学，命运与共的伟大抗疫精神，为疫情防控和民族复兴注入精神动力。

三、课程思政融入过程

在课程的第一章教学实践中我们为本章内容设计了三个教学环节：知识讲授——影片观看——讨论，在影片观看环节本课程选取了 2011 年上映的英国电影 *CONTAGION*(《传染病》)，这部影片在当初上映时反响平平，虽然聘请了多位亚特兰大疾控中心（CDC）的专业人士和流行病学专家作为顾问，在科学事实上投入了大量工夫，但在现实票房中这部电影乏人问津。本片以 SARS 为原型，从真实的防疫角度描述了感染者、病患家属、医护人员、政府官员、媒体和普通百姓在疫情中的心态和行动。在以往的教学中我们要求学生观影后所开展的讨论主要围绕着“影片中的传染途径是什么、确诊依据是什么、患者临床表现是什么、0 号病人是谁、为什么”等知识基础性问题。

基于新冠疫情的现实经历，课程组从传染病防控策略角度切入，将爱国主义、家国情怀、人文关怀和职业担当的课程思政思政元素融入课程教学中。课程组希望学生能结合自身经历自主完成事实收集工作，在专业认识的基础上理性思考，形成事实判断，在理性思考的过程中增强对中国体制、抗疫模式以及以人为本的指导思想的理解和认可，同时提升对专业学习的认同感和社会责任感。因此，课程组对课程进行了以课堂讨论与翻转课堂为中心的教学设计。

（1）在前五讲病原生物学总论的学习过程中，将新冠流行病学特征、新冠疫情防控策略、新型冠状病毒致病特征、人体免疫学特征、新冠肺炎临床表现的病理生理机制分别融入每一讲对应的环节，适时引导学生结合生活经历进行理解和深入思考。

（2）总论第一讲结束后，布置观看电影《传染病》的作业，并同时布置电影涉及的、与总论内容密切相关的八个思考题，并让学生自行准备作答，其中最后一题为综合讨论题——“现实社会显然与影视作品的表现不一样，请自行组建讨论小组，分别查找中国、美国、英国、意大利、印度和日本的新冠疫情防控策略和效果”。

（3）在总论前五讲结束后，安排一次讨论课，内容为分小组交流观影作业，对布置的八个思考题进行讨论，生生互动和师生互动，并汇报各小组的讨论结果。

（4）讨论课结束后，布置文本作业——“讨论后的感想与思考”，并在三天内提交。

（5）在同学们讨论和翻转课堂汇报的时候，教师加入一定的互动环节，提出新问题，引发学生深度思考，在不断的互动过程，让同学们形成一种递进性的认知。

在课程的第一章关于观影与课程讨论教学中，教学设计与实施过程如表 2

所示，每一教学环节都有对应的目标导向，教学目标除了学生知识技能的提升，合作学习能力的培养以外，同时也将课程思政目标积极纳入，在讨论问题设计和翻转课堂汇报的教学环节融入课程思政元素。

表 2　　　　教学环节设计

<table>
<tr><td>一</td><td colspan="3">教 学 目 标</td></tr>
<tr><td rowspan="7">二</td><td colspan="3">教学设计和实施</td></tr>
<tr><td>序号</td><td>教学环节</td><td>目标导向</td></tr>
<tr><td>1</td><td>·课堂讲解原则
·布置观影作业</td><td>·知识理解
·应用、分析、评估
·唤醒个人体验
·激发专业使命</td></tr>
<tr><td>2</td><td>·生生互动
·小组式讨论
·翻转课堂汇报</td><td>·互助学习
·分析和再创造</td></tr>
<tr><td>3</td><td>·师生互动引发深度思考</td><td>·启发追问产生递进性认知</td></tr>
<tr><td>4</td><td>·课后提交感想及思考</td><td>·学生自我归纳提升</td></tr>
<tr><td>5</td><td>·对课堂发言和作业进行词云分析</td><td>·获得教学反馈，进行教学评估</td></tr>
<tr><td>三</td><td>教学评估</td><td colspan="2">利用词频云图、关键词柱状统计图进行分析</td></tr>
<tr><td>四</td><td>教学反思</td><td colspan="2">课程时间安排不合理，“人与自然”探究不够深入</td></tr>
</table>

教师在思考题的设计中，将课程思政元素划分为人与社会、人与自然、专业素养、专业素养四大板块，依次设计相关思考题，各小组汇报自己的相关问题的讨论结果，通过生生互动的汇报过程达到互助学习的目的，教师的启发追问和师生互动能帮助学生产生递进性认识，最终达到分析和再创造的目的。

我们对学生的讨论进行观察，发现一位学生描述了自己在武汉经历新冠疫情的心路历程，得到了很多学生的响应和共鸣。受此启发，在 2021 年的授课学期中，结合当时我国疫情的现实情境，我们加入了新的讨论任务——“自行组建讨论小组，分别查找中、美、英、意、印和日等国的新冠防控策略及效果，并加以比较”，并在第三次上课时让学生开展讨论。

表3　**教学内容(课堂思考题设计)可融入思政点分析**

板块	对应思考题设计	启发追问与递进性认知
人与社会	1. 影片中出现的传染病传播途径是什么？确诊依赖于什么？ 2. 此病患者有哪些临床表现？让大众恐慌的原因是什么？	·防控是社会问题 ·政策解读、科普和辟谣需要专业
人与自然	3. 此病的0号病人是谁？为什么？ 4. 影片从哪些角度开展了病原体的研究？ 5. 影片表现出如何控制该病的传播与流行？ 6. 影片表现出疫苗的研制策略及从设计到应用的流程有哪些？	·新发传染病与人的活动相关 ·人和病毒同享地球，和谐共生
专业素养	7. 影片中哪些情节从科研和现实角度上看不合理不可信？	·专业基础 ·专业应用 ·前沿探索
制度人文	8. 现实社会显然与影视作品的表现不一样，请自行组建讨论小组，分别查找中国、美国、英国、意大利、印度和日本的新冠防控策略和效果	·横向比较 ·纵向比较 ·综合比较

在总论的前五讲结束后，课程组安排了一次讨论课，内容为分小组互动交流观影作业，在翻转课堂上汇报各小组的讨论结果。传统课堂侧重于通过举例说明、讲大道理等方式促进学生对知识点的理解记忆，从而实现较为低水平的教学目标；而课程思政也应以达成高阶教学目标为指向，教师设计教学内容应坚持以学生为中心的体验式教学或学科指向性教学，激发学生在对知识的好奇与兴趣上研究的内生性，在实践体验与榜样引领收获体验性，在科研前沿探索和专家面对面交流中领悟基于专业知识的理解和认知的学科指向性。为实现高级教学目标，该课程通过以翻转课堂为代表的交互式教学，通过案例比较式互动和专家面对面交流等形式实现生生互动，师生互动达成，在翻转课堂讨论和案例比较式讨论中产生横向纵向相比较的递进性认知，即

拥有个体认知性。

教学实践证明，这个教学设计对每个学生都是强烈的触动。曾经亲身经历了武汉疫情防控的学生，对全国人民众志成城的互助攻坚记忆犹新；当时不在疫情风暴中心的学生通过分享经历从“受影响——影响控制在较小范围——基本恢复正常生活的常态化防疫”的历程，对比目前其他国家民众因生计所迫走上街头对抗防疫策略，从而加剧疫情蔓延和经济衰退的案例，感慨社会主义制度的优越性以及党和政府对人民的无限担当。学生运用课程专业知识解读现实，通过将电影中体现人性的多个细节联想到现实疫情中发生的种种事情，更能理性认识社会的复杂性和疫情防控的综合考量难度。学生展示了自己查到的各国抗疫资料，通过对比电影中的理想化抗疫成效和现实生活中多个国家抗疫效果，得到自己的结论——抗疫不仅需要科学手段，更需要制度优越、政府对民生的重视、民众的信任和全力配合。

更为欣慰的是，许多学生在疫情讨论中还出现了迁移和反思。一方面他们将全国上下众志成城、团结奋战的抗疫精神进行了拓展，提出“无私奉献、英勇奋战、舍生忘死”的时代精神不仅是抗疫之需要，“更是我们日后奔赴工作岗位的需要”(原话实录)；另一方面，通过自发学习和互助讨论，学生不再受以“就业率”和“投入产出比”为尺度的功利主义影响，而是真正思考如何将个人发展与国家社会联系起来。面对疫情中此起彼伏的谣言蜚语，面对民众恐慌和对防疫需求下生活模式变化的不适应，具有专业知识的青年学生们意识到专业学习的价值不仅在于解决人民生命健康和生活质量的问题，而且也在于对上辅助建立科学决策，对下做好政策解读和科普宣传。当更加深切地认同所学的专业知识能真正造福国家造福人民之时，学生们由衷地说出这样的心声：“我们学习生命科学，日后可能从事生命医学的研究工作，一定要坚守生命至上、尊重科学的职业精神和职业信念，不能被现实利益、个人得失而忽略了患者、忘记了初心。”(原话实录)学生的这些感受是具体而又真实的，是鲜活的，更是持续的。这种体验不是传统讲授式课堂可以得到的，也不是先进事例宣讲、观影等相对“旁观”的间接经验能够形成的。

四、评价方案确定和评价实施

完整的教学过程是从确定教学目标到教学环节设计、教学实施，再到效果评估的闭环过程。教学评估的目的是更好地把握教学效果，开展教学反思，为下一轮教学过程的改进提供依据。专业知识教学效果的评估可以采用即时问答或笔头考试的形式，有统一的评判标准。而课程思政的本质是在专业教学中发挥育人功能，使学生的价值信念得到发展；思政效果的优劣主要反映在学生的态度和感受上，因此很难通过考试来进行思政效果的评估。另一方面，立德树人是个长时间的过程，通过短时间的课堂教学能否较好地达成课程思政目标，也是我们思考的问题。

在确定课程思政评价内容与框架的过程中，武汉大学课程思政教学研究中心(以下简称研究中心)与授课教师开展了多次讨论和交流，在交流中研究中心预判学生会对“举国体制下集中力量办大事”的防疫特点聚焦。因此，研究中心设计了基于话语分析的课程思政评价方法，研究中心着重考查学生对于“制度自信”的形成。基于该课程指向态度形成的“是否产生制度、文化自信”之评价目标与遵循情景式原则和体验式原则，研究中心选择了态度形成理论作为支撑。

态度形成理论认为，态度的形成要经历从服从到认同再到内化的过程。其中认同就是指要让个体被事实说服，进而自发认可；内化则是指个体将所接受认可的事实纳入自身的思维体系，成为指导自身行为的准则之一。由此可见，态度的形成，除了最初的“服从”之外，更重要的是要经历“被真理说服”，然后“自发捍卫真理”的过程。态度理论在课程思政评价中的运用，就在于首先要让学生从认知上真正地认可事实，然后才能从思维上真正地接纳价值观。

态度形成需要基于认知、情境和表现三个要素，研究中心将第一课时的知识点讲授作为认知要素的实现、将学生查找资料以及亲身经历的中国防疫政策作为情境要素的实现，将学生的课堂讨论和课后作业作为表现要素的实现。在我们的课程设计中，重要的环节之一是布置学生观看电影，电影的情节推动自然而然地调动学生对亲身体验的回忆和共鸣。而布置的讨论题既是专业知识的应用，又契合了学生的兴趣点，因此学生十分主动和积极地参与了资料检索和分析，并在课上展开了热烈的讨论，形成了非常积极的瞬时反馈和课后思考的延时反馈。学生对上述讨论题的反馈成为研究中心进行课程思政实施评价的主要依据。

态度理论分为三个阶段，在态度理论的指导下我们的评价过程也分为三个阶段：

第一步：教师讲解课程知识，建立认知，为情感体验打下基础。病原生物学讲授传染病病毒的传播途径和传播原理，要求学生观看电影，从中解答传染病学中的关键知识性问题：什么是传染源？如何找到0号病人？什么是传染途径？传染途径的阻断有哪些方法？（学科专业知识）

第二步：教师从真实情境中挖掘能观察态度的素材，激发即时的情感体验让学生表达态度。要求学生分组对中国、日本、美国、英国和印度等国家新冠疫情的防控政策进行查找、梳理和归类，对比病毒生物学中所提出的传染途径阻断方法，比较各国防疫措施的不同，让学生进行相关讨论，记录学生讨论全过程，对讨论内容进行词频分析，观测是否达到态度形成的认同阶段。（基于学科专业知识的真实情境）

第三步：要提交即时感受，通过对文本的词频分析观测是否达到内化阶段。要求学生小组分享和小作文分享自己对于不同防控政策的认识，并对学生分享的观点性言论进行词云分析。评价发现学生通过亲身感受和知识确认，对于家国情怀和职业素养有了更深刻的体认。特别是对于"珍爱生命""人民至上""大国"等的认知更加深刻和内化。（家国情怀）

最终我们设计了两个阶段的评价数据搜集：

第一阶段，搜集学生课堂上小组交流的语音内容，对讨论内容进行词频分析；

第二阶段，搜集学生课后作业中的话语内容，进行关键词分析。

研究中心对学生在课堂上关于各国抗疫策略和成效的汇报发言进行了语音实录和文字化处理，利用Nvino质性分析软件对文字进行逐层编码。具体方法为：首先进行开放性编码，分组通读录音实录，对讨论中的高频实义词进行人工标记，形成热词节点，如"防疫""困难""体制"等；然后进行主轴编码，将意义相近或相同的节点进行归类合并，如将"新冠""新冠肺炎"合并，找到聚合性关键词；第三步生成聚合性关键词的词频云图。

从第一阶段学生课堂讨论内容的词频统计结果的数据中发现：首先，学生对于专业素养的体察是最深刻的，"疫苗""隔离""生命""接种"等专业知识内容的词频都非常高，这说明学生的讨论并不是简单的"打鸡血式"的认同话术，而是从专业态度上认识到中国政府防疫政策是有效的；其次，学生对制度自信与家国情怀的体察非常充分，且具有绵延性（从高至低均有体现），如"关心民众""中央集权""信任""稳定"和"凝聚力"等词成为关键词，说明在讨论环节中学生的体认是即时性的，而不是“伪装”的；再次，我们在词频分析中还收获了“生成性评价结果”——学生通过讨论对“人文关怀”的体验，“以人为本”“人权”“安全”等关键词成为学生自我认同后内生性的表达。因此，学生通过思考、交流和互助学习，体会到抗击新冠疫情不仅是科学手段，更是政府执政理念和民众信任度的反应，反映出课堂较好地实现了“制度自信和文化自信”“家国情怀”“专业认同”的思政目标，学生从自主的学习得到发自内心的感受，在生生交流和比较中获得递进性认知，参见图 1。

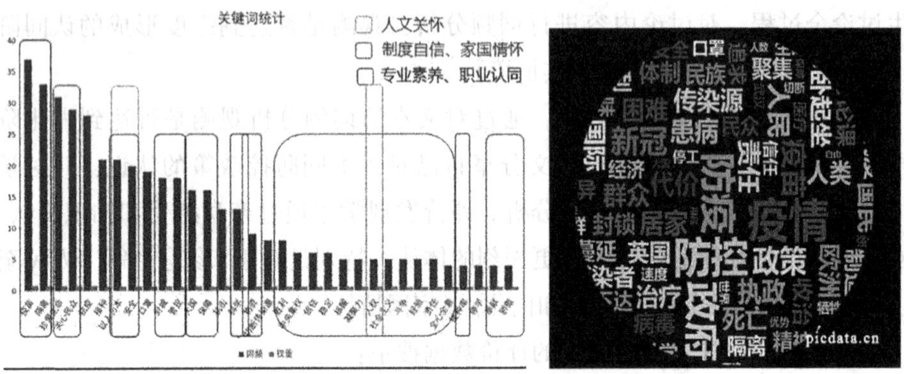

图 1　课堂讨论词频统计结果与词云

在第二阶段的学生课后作业环节，研究中心将学生的作业文本导入 Nvivo12.0 进行词云分析。对学生作业“讨论后的感想与思考”中出现最多的高频词进行开放式编码，然后合并相近词，最终得到课后作业反馈分词统计（如图 2）。按照研究中心的思政教学目标，这些高频词大致可以分为三类：

（1）专业素养类，如“防疫”“疫苗”“病毒”“隔离”和“口罩”等。

（2）制度自信和家国情怀类：“隔离”“关心民众”“安全”“以人为本”“管控和保障”等。

（3）人文关怀类：“珍爱生命”“关心民众”“以人为本和安全”等。

研究中心还将课后作文的分词统计汇总成饼状图（图 2）。从中我们可以看出 57%的关键词与“制度自信和家国情怀”这一思政点密切相关，32%的关键词与“人文关怀”密切相关，而 30%的关键词与“专业认同和职业担当”密切相关，其中有部分关键词同时落在多个思政点上，也有 7%的关键词与这些思政点无关。

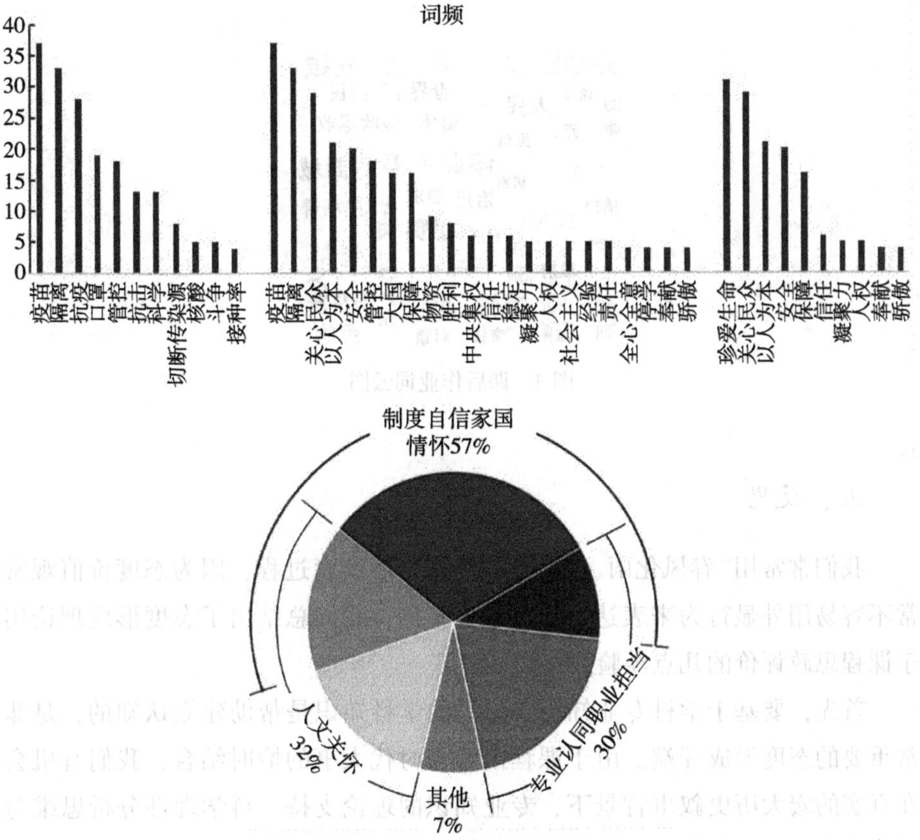

图 2　学生课后作业的分词分析

如图 3 所示，其结果与第一阶段的评价结果表现出高度的一致性(证明评价结果的信度)。两种评价结果的相互印证说明研究中心所设计的讨论环节和问题情境真实促进了学生的情感体验，这些关于专业素养和职业认同的情感体验、家国情怀、制度自信的情感体验以及人文关怀的体验都是真实的，而不是“表演”。

接下来，研究中心比较了学生课堂发言词频云图和课后作业词频统计，发现两者各自重点词汇之间有所区别——课后作业作为延时性价值思考，相较于课堂讨论发言的即时性情感体验，涵纳了更多理性分析和政策观照成分。这样的比较结果提示：虽然研究中心可以通过课程设计和短时间课堂时间开展课程思政，但对于学生情感价值观的触动，需要一定时间的沉淀与反思才能达到更为理想的效果，简单地说，就是课程思政效果具有一定的延时性。

图 3　课后作业词云图

五、反思

我们常常用“春风化雨、润物无声”来形容德育过程，因为态度价值观常常不容易用外显行为来表达。通过这一案例，我们总结出了态度形成理论用于课程思政评价的几点经验。

首先，要基于学科专业知识。这里的学科知识是帮助建立认知的，是非常重要的态度形成开端。由于课程内容与时代大事的恰时结合，我们有机会在真实的宏大历史叙事背景下，专业知识的理论支持、科学理性分析思维与时代大背景下的个体生命情感体验交织联动，悄然点燃责任与使命感的星火。应以专业为依托进行课程思政，立足于专业课内容本身，在专业课教学中挖掘思政重点，进行深度的讲解，启发学生思考；思想政治教育是一个“春风化雨”“润物无声”的过程，学生在专业课学习的过程中、在结合个体认知与体验中生发出来的价值观会在潜移默化中对人的成长与发展产生影响，这种影响是内生的，是深远持久的。

其次，要寻找适当的体验点和创新点。体验点的寻找不是一蹴而就的，需要慢慢找，留心观察课堂中的每一个瞬间，从课程内容中生发出的思政点才更容易为学生接受，也更容易激发学生的专业认同感和职业担当精神。创新是科研和教学的关键词。从教学内容中、从教学方式中去努力探寻可以实现的创新点，激发学生学习探索新知的内生动力，提高学生学习过程中的自主性，从而夯实学生专业学习知识基础，达到课程思政育人的效果。

最后，要有评价的反馈，帮助研究中心验证评价的结果。调动学生真实体验的积极性，开展在专业学习基础上的课程思政。这一专业课课堂不仅是一个专业知识在师生间传递的场所，而且是一个理性思维与人文关怀的体验场所，是一个学生走出教室后能将课堂上生发出的科学精神与社会价值内化于心的实现场所。课程思政的目标是让学生从内心接受和转化成内在的价值观和信念。通过思政教学评估，可以看出这样的课堂思政环节的设置有效地激发了学生价值判断与选择的内生动力，将专业课堂和课程思政、课上和课下有机融合，体现了立德树人的教学目标。

工 具 篇

武汉大学课程思政教学评价指南(第一辑)

2020年5月，教育部印发《高等学校课程思政建设指导纲要》(教高〔2020〕3号)，明确要求“把思想政治教育贯穿人才培养体系，全面推进高校课程思政建设，发挥好每门课程的育人作用，提高高校人才培养质量”。围绕立德树人根本任务，全面提升人才培养质量，努力形成全员全过程全方位育人新格局。全面推进课程思政建设，是落实高校立德树人根本任务的战略性举措，其核心要义就是要寓价值观塑造于知识传授和能力培养之中，帮助学生塑造正确的世界观、人生观、价值观。

课程思政实施的成效如何？教学设计中拟定的价值和能力目标是否实现？教学对象之情感、态度、价值观的变化如何测量？这些与课程思政教学评价紧密相关的问题，已经成为制约课程思政工作推进的瓶颈。价值观形成的长期性和评价工作的即时性之间的矛盾，导致课程思政教学评价的结果常常受到质疑，加之一些具体价值目标的维度划分和指标制定需要较为庞杂的前期论证，使得部分教师在进行课程思政教学实践时，常因缺乏合适的评价策略与评价工具，而有意无意地避开价值目标的测量，甚至将教学评价的范畴窄化为对学生陈述性知识目标和操作能力达成目标的检验上。有鉴于此，武汉大学课程思政教学研究中心结合过去一年多来工作中积累的经验，推出目前在价值目标评价中较为常用的六个工具，供老师们参考选用。

本指南中提及的批判性思维、学习效能感、专业认同、爱国主义、核心素养、科学精神等评价内容在部分学部已经有所涉及，各教学单位可根据自身教学需要和课程专业内容的属性进行适当修改(具体修改参见后文案例)。在具体施测过程中，老师们既可以根据自己的需要，选择前测后测的组合式评价，也可以选择仅做后测的施测方式，还可以选择做多次施测的跟踪性评价方式。武汉大学课程思政教学研究中心将持续为各教学单位提供无纸化测试、数据结果分析等方面的服务。

一、批判性思维评价指南①

批判性思维是一种有目的性的，对知识产生的过程、理论、方法、背景、证据和评价知识的标准等正确与否作出自我调节性判断的思维过程。② 国内外学者对批判性思维这一概念尚无统一的、公认的定义。综合而言，批判性思维是由认知技能和情感意向构成的。③ 前者又称批判性思维技能，包括：解释、分析、评估、推理、说明和自我调控；后者又称批判精神，包括：探索真理、思想开放、分析性、系统性、自信和好奇。④ 批判性思维技能主要是人类在探索真理、寻找真相的过程中运用的推理模式和认知技巧，批判精神要求人们拥有客观、公正、开放的能够提高推理能力的明显性格倾向。⑤

课程思政语境下的"批判性思维"，其一指批判性思维技能，即学生能否发现问题、解释问题实质、分析理解问题，能否进行归纳或推理，并对自我的思维过程进行元调控；其二指批判性思维倾向，即学生以探究的倾向、开放的思想和严谨的态度，自信地开展分析、概括、推理和反思等。

根据上述概念定义，批判性思维可归拢为批判性思维技能和批判性思维倾向两个方面，再参照国际通用的"加利福尼亚批判性思维倾向测量量表"(CCTDI)，可具体划分为 7 个方面的特质，即寻求真理(Truth-Seeking)、开放思想(Open-mindedness)、分析能力(Analyticity)、系统化能力(Systematicity)、批判性思维自信度(Self-confidence)、求知欲(Inquisitiveness)和认知成熟度(Maturity)(图 1)。

各个维度的具体解释如表 1 所示。

---

① 本指南执笔人：黄雨佳。

② 罗清旭、杨鑫辉：《〈加利福尼亚批判性思维技能测验〉的初步修订》，载《心理科学》2002 年第 6 期，第 740~741 页。

③ Peter A. Facione., *Critical Thinking: A Statement of Expert Consensus for Purposes of Educational Assessment andInstruction*, California Academic Press, 1990, No. 2, p. 2.

④ 黄朝阳：《加强批判性思维教育　培养创新型人才》，载《教育研究》2010 年第 5 期，第 69~74 页。

⑤ 崔清田、王左立：《非形式逻辑与批判性思维》，载《社会科学辑刊》2002 年第 4 期，第 33~35 页。

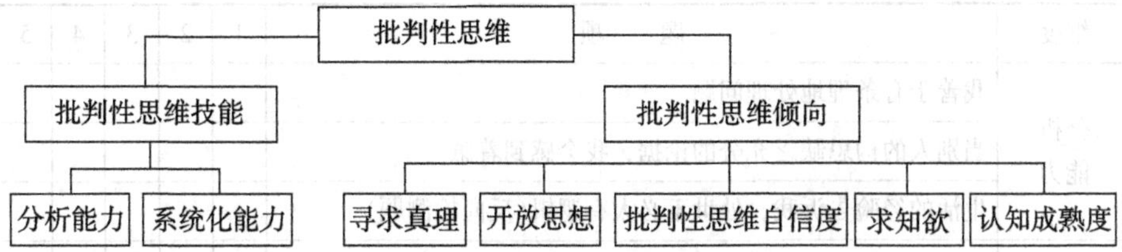

图 1　批判性思维考察的主要维度和内容

表 1　**批判性思维考察的维度解释**

维度		解　　释
批判性思维技能	分析能力	能鉴定问题所在，以理由和证据去理解症结和预计后果
	系统化能力	有组织、有目标地处理问题
批判性思维倾向	寻求真理	对寻找知识抱着真诚和客观的态度。即使找出的答案与个人原有的观点不相符，甚至与个人信念背驰，或影响自身利益，也在所不计
	开放思想	对不同的意见采取宽容的态度，防范个人偏见的可能
	批判性思维自信度	对自己的理性分析能力有把握
	求知欲	对知识好奇和热衷，并尝试学习和理解，就算这些知识的实用价值并不直接明显
	认知成熟度	审慎地作出判断，或暂不下判断，或修改已有判断。有警觉性地去接受多种解决问题的方法。即使在欠缺全面知识的情况下，也能明白有时是需要权宜地考虑问题

问卷具体内容及题项如下：①

A 卷

请根据你自己的情况对下面问题的选项进行打分。其中“完全不同意-1”“比较不同意-2”“无所谓-3”“比较同意-4”“完全同意-5”

① 目前国内引用最多的量表，是彭美慈等专家教授以“加利福尼亚批判性思维倾向测量量表”(CCTDI)为基础，将其进行本土化改编而制定的“批判性思维能力测量表”(CTDI-CV)。本问卷参考 CTDI-CV 的维度划分，并结合课程思政评价库的需求缩减了题量，对部分语句进行了改编。

维度	题　　项	1	2	3	4	5
分析能力	我善于有条理地处理问题					
	当别人的构思缺乏充分的论据，我会感到着急					
	生活的经验告诉我，处世不必太有逻辑(反向检测题)					
系统化能力	我善于列计划去解决复杂的问题					
	当新产品的说明书复杂难懂时，我会继续阅读直至读完					
	对于争议性话题，我的意见大多跟随最后与我谈论的人(反向检测题)					
寻求真理	即使我知道怎样作决定，我也会反复考虑其他的选择					
	初次接触某一消息时，我经常会先寻找渠道求证					
	对某件事如果有四个理由赞同，而只有一个理由反对，我常常会选择赞同这件事(反向检测题)					
开放思想	我善于倾听并乐于了解别人对事物的想法					
	我正尝试少作主观的判断					
	我很少认真关注别人发表的意见(反向检测题)					
批判性思维自信度	对自己能够想出有创意的选择，我很满足					
	作决定时，其他人期待我去制定适当的准则作指引					
	需要思考而非全凭记忆作答的测验较适合我					
求知欲	我喜欢去找出事物是如何运作的					
	解决难题是富有趣味性的					
	如果我不知道某样东西有什么用，我不愿意去学习(反向检测题)					
认知成熟度	对我自己所相信的事，我并非坚信不疑					
	即使付出高的代价(例如：金钱、时间、精力等)，也不一定能换取更好的意见					
	当我持开放的态度，便不知道什么是真，什么是假(反向检测题)					

B 卷

请根据你自己的情况对下面问题的选项进行打分。其中“完全不同意-1”“比较不同意-2”“无所谓-3”“比较同意-4”“完全同意-5”

维度	题项	1	2	3	4	5
分析能力	我常常用直觉解决问题(反向检测题)					
	当我反对别人的意见时，我会先提出理由					
	处理问题时，我会先弄清问题的症结所在					
系统化能力	我经常反复思考实践和经验中的对与错					
	我需要以问题解决为最终目标才可以不断谈论某一问题					
	我很少能一步一步推导出复杂问题的解决思路(反向检测题)					
寻求真理	如果有事实证据与我的想法不符，我便不会坚持我的想法					
	对很多问题我都乐意去寻找事实的真相					
	我表达自己的意见时，有时会忽略客观事实(反向检测题)					
开放思想	对不同的世界观(例如：有神论、进化论等)持开放态度，对我来说很重要					
	我不会探究众人都认为是理所当然的事(反向检测题)					
	个人有权利发表他们的意见，但我会理会和在意他们的意见					
批判性思维自信度	作决定时，其他人期待我去制定适当的准则作指引					
	对自己能够了解其他人的观点，我很满足					
	当问题变得棘手时，我会期待其他人帮我处理(反向检测题)					
求知欲	研究新事物能使我的人生更丰富					
	我会尽量去学习每一样东西，即使我不知道它们何时有用					
	主动尝试去解决各样的难题，并非那么重要(反向检测题)					
认知成熟度	某一领域的权威专家所作的决定不一定是正确的决定					
	最好的论点，并不来自对某个问题的瞬间感觉					
	当出现某种知识能推翻我的决定时，我倾向于立即修改已有判断(反向检测题)					

评价使用说明

1. 评价对象

全体上课学生。

2. 评分规则

(1)该问卷为李克特五分量表，评价者根据自身真实感受进行5级打分，1代表非常不同意、2代表比较不同意、3代表中立、4代表比较同意、5代表非常同意。每个维度的得分为各题项平均分。分数越高代表被测对象批判性思维技能和倾向越高。

(2)表格中标注“反向检测题”的题项需要特殊处理。该类题目的提问指向与其他题目相似，但提问的思路方向则与其他题目相反。主要是用于检测填答者对于问题回答的态度是否认真仔细，以及检测问卷填答的质量信度是否过关。因此在使用这些问卷进行测评时，首先在问卷制作阶段应删除“(反向检测题)”等标识文字(避免给填答者以提示)。其次在问卷印制时将这些题目的分值选项倒序排列(对反向题进行分数转换)。再次在问卷回收后，应首先查验反向检验题的答案，以便剔除无效问卷(当填答者反向题和普通题打分处于同级时该问卷无效)。最后再进行问卷分数统计。

(3)反向题分数转换的规则：1-5；2-4；3-3；4-2；5-1。

3. 评价时间节点的选择

(1)前测时间：建议第一节课正式上课前 10~15 分钟施测。

(2)后测时间：最后一节课最后 10~15 分钟施测。

4. 评价方式

(1)同一群体纵向对比：同一批学生，在课程正式开始前和结束后各进行一次评价，对比前后得分差异。可以分别使用 A/B 卷作为前测和后测问卷。

(2)不同群体横向对比：选择两个其他基本素质差不多的班级，在课程结束后统一进行评价，对比两个班级的得分差异。

二、学习自我效能感评价指南①

自我效能感是指人们对自己实现特定领域行为目标所需能力的信心或信念。② 学习自我效能感是自我效能感在学习领域内的表现。Pintrich 和 DeGroot 认为学习自我效能感包含感知能力和表现信心。③ 胡桂英、许百华把学习自我效能感分为学习能力自我效能感和学习行为自我效能感两个独立的维度。④ 学

① 本指南执笔人：黄雨佳。

② 张鼎昆、方俐洛、凌文辁：《自我效能感的理论及研究现状》，载《心理学动态》1999 年第 1 期，第 39~43 页、第 11 页。

③ Pintrich P R, De Groot E V, “Motivational and Self-regulated Learning Components of Classroom Academic Performance”, *Journal of Educational Psychology*, 1990, No. 1, pp. 33-40.

④ 胡桂英、许百华：《初中生学习归因、学习自我效能感、学习策略和学业成就关系的研究》，载《心理科学》2002 年第 6 期，第 757~758 页、第 724 页。

习能力自我效能感是指个体对自己是否具有顺利完成学业、取得良好成绩和避免学业失败的学习能力的判断和自信；学习行为自我效能感是指个体对自己能否采取一定的学习方法达到学习目标的判断与自信。①

具体到高等教育层面，学习自我效能感是指大学生的学业能力信念，即大学生对自己能否利用所拥有的能力或技能去完成学习任务的自信程度的评价，是大学生对控制自己学习行为和学习成绩能力的一种主观判断。②

根据上述概念定义，可将学习自我效能感分为学习能力自我效能感和学习行为自我效能感两个维度(图2)。

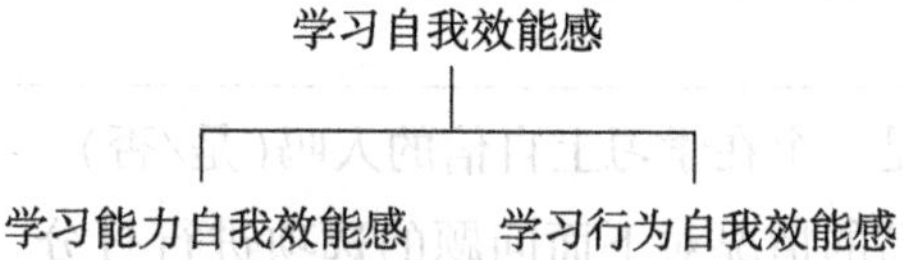

图2　学习自我效能感评价维度

各个维度的具体解释如表2所示。

表2　**学习自我效能感维度解释**

维度	解　释
学习能力自我效能感	大学生对于自身能否顺利毕业，获得较好的学业分数以及预防学业不成功学习能力评估与信心
学习行为自我效能感	大学生对自身能否依靠相应的学习方法完成学习目标的评估与信心

问卷具体内容及题项如下：③

① 梁宇颂：《大学生成就目标、归因方式与学业自我效能感的研究》，华中师范大学2000年硕士学位论文，第14页。

② 边玉芳：《学习自我效能感量表的编制》，载《心理科学》2004年第5期，第1218~1222页。

③ 目前在国内应用较多的学习自我效能感量表，是由华中师范大学的梁宇颂和周宗奎根据P. R. Pintrich和E. DeGroot(1990)编制的学业自我效能问卷中的有关维度，经文化调适后编制的《大学生学业自我效能问卷》。该问卷由22个题目构成，包括学习能力自我效能感和学习行为自我效能感两个维度，采用五等级计分，分数越高代表自我效能感越高。本问卷结合课程思政评价库的需求，对部分语句进行改编。

A 卷

1. 你所碰到的学习困难的情境有(开放题)

(1)________________________________

(2)________________________________

(3)________________________________

2. 请你描述一下在学习上特别有自信的人(可以是你自己也可以是你的同学)有什么么样的特点

(1)________________________________

(2)________________________________

(3)________________________________

3. 你觉得自己是一个在学习上自信的人吗(是/否)

4. 请根据你自己的情况对下面问题的选项进行打分。其中“完全不同意-1”“比较不同意-2”“无所谓-3”“比较同意-4”“完全同意-5”

维度	题　项	1	2	3	4	5
学习能力自我效能感	我相信自己有能力在学习上取得好成绩					
	我认为自己有能力解决学习中遇到的问题					
	我喜欢选择富有挑战性的学习任务					
	当我的学习成绩不理想时，我会怀疑自己的学习能力(反向检测题)					
	和班上其他同学相比，我的学习能力是比较强的					
	我认为自己能够很好地理解书本上的知识及老师所讲授的内容					
	我认为我能够学以致用					
	我认为班上绝大多数同学对待作业的态度都比我认真(反向检测题)					
	即使我在某次考试中的成绩很不理想，我也能平静地分析自己在考试中所犯的错误					
	我经常选择那些虽然难却能够从中学到知识的学习任务，哪怕需要付出更多的努力					
	总体上讲，我不是一个自信的人(反向检测题)					

续表

维度	题 项	1	2	3	4	5
学习行为自我效能感	当我思考某一问题时，我能够将前后所学的知识联系起来思考					
	我总是在书本或笔记本上画出重点部分以帮助学习					
	我常常不能准确地归纳出所阅读内容的主要意思(反向检测题)					
	做作业时我总力求回忆起老师在课堂上所讲的内容以便把作业做好					
	阅读书本时我能够将所阅读的内容与已掌握的知识联系起来思考					
	当我为考试复习时，我能够将前后所学的知识融会贯通起来进行复习					
	我经常发现自己虽然在阅读书本却不知道它讲的是什么意思(反向检测题)					
	学习时我总喜欢通过自问自答的方式来检验自己是否已掌握了所学的内容					
	学习了一个概念，我会很容易地举出跟概念有关的例子					

B 卷

1. 你所碰到的学习困难的情境有(开放题)

(1)____________________

(2)____________________

(3)____________________

2. 请你描述一下在学习上特别有自信的人(可以是你自己也可以是你的同学)有什么样的特点

(1)____________________

(2)____________________

(3)____________________

3. 你觉得自己是一个在学习上自信的人吗(是/否)

4. 请根据你自己的情况对下面问题的选项进行打分。其中“完全不同意-1”“比较不同意-2”“无所谓-3”“比较同意-4”“完全同意-5”

维度	题　　项	1	2	3	4	5
学习能力自我效能感	我觉得凭我的能力，可以学好大多数功课					
	我认为自己能够很好地理解书本上的知识及老师所讲授的内容					
	当其他同学学习比我好时，我相信我今后会超过他们					
	有时候遇到一个难题，我就想混过去算了(反向检测题)					
	不管我的学习成绩好与坏，我都从不怀疑自己的学习能力					
	在做作业的时候我认为我选择与运用的是最好的方法					
	我认为班上其他同学比我对所学专业的了解更广泛(反向检测题)					
	即使我在某次考试中的成绩很不理想，我也能平静地分析自己在考试中的错误					
	我认为自己有能力解决学习中遇到的问题					
	我经常选择那些虽然难却能够从中学到知识的学习任务，哪怕需要付出更多的努力					
	总体上讲，我不是一个自信的人(反向检测题)					
学习行为自我效能感	做作业时我总力求回忆起老师在课堂上所讲的内容以便把作业做好					
	我总是在书本或笔记本上画出重点部分以帮助学习					
	课堂上做笔记时我总试图记下老师的每一句话，不管它是否有意义(反向检测题)					
	学习时我总喜欢通过自问自答的方式来检验自己是否已掌握了所学的内容					
	阅读书本时我能够将所阅读的内容与已掌握的知识联系起来思考					
	我发现自己上课时总是开小差以至于不能认真听讲(反向检测题)					
	即使老师没有要求，我也会自觉地做书本上每一章节后面的习题来检验自己对知识的掌握情况					
	当我为考试复习时，我能够将前后所学的知识融会贯通起来进行复习					
	我常常不能准确地归纳出所阅读内容的主要意思(反向检测题)					

评价使用说明

1. 评价对象

全体上课学生。

2. 评分规则

(1)该问卷为李克特五分量表，评价者根据自身真实感受进行5级打分，1代表非常不同意、2代表比较不同意、3代表中立、4代表比较同意、5代表非常同意。每个维度的得分为各题项平均分。学习能力自我效能感和学习行为自我效能感的得分之和就是学业自我效能感的总分，分数越高代表被测对象学习效能感越高。

(2)表格中标注"反向检测题"的题项需要特殊处理。该类题目的提问指向与其他题目相似，但提问的思路方向则与其他题目相反。主要是用于检测填答者对于问题回答的态度十分认真仔细，以及检测问卷填答的质量信度是否过关。因此在使用这些问卷进行测评时，首先在问卷制作阶段应删除"(反向检测题)"等标识文字(避免给填答者以提示)。其次在问卷印制时将这些题目的分值选项倒序排列(对反向题进行分数转换)。再次在问卷回收后，应首先查验反向检验题的答案，以便剔除无效问卷(当填答者反向题和普通题打分处于同级时该问卷无效)。最后再进行问卷分数统计。

(3)反向题分数转换的规则：1-5；2-4；3-3；4-2；5-1。

3. 评价时间

(1)前测时间：建议第一节课正式上课前10~15分钟施测。

(2)后测时间：最后一节课最后10~15分钟施测。

4. 评价方式

(1)同一群体纵向对比：同一批学生，在课程正式开始前和结束后各进行一次评价，对比前后得分差异。可以分别使用A/B卷作为前测和后测问卷。

(2)不同群体横向对比：选择两个其他基本素质差不多的班级，在课程结束后统一进行评价，对比两个班级的得分差异。

三、专业认同感评价指南①

认同指个体对某一事物或对象在认知了解的基础上的接受和认可，是一种情感、态度乃至认识的移入过程。② 目前学术界对于专业认同的探讨大多是

① 本指南执笔人：宋洲、司晓晗。

② 费穗宇、张潘仕主编：《社会心理学辞典》，河北人民出版社1988年版，第45页。

基于对认同的理解延伸出来，国外早期没有专门的“专业认同”的概念，而是将其归于“职业认同”的范畴来谈，Carson 认为职业认同指对职业紧密的情感联系，是职业承诺的一部分。① 具有代表性的观点认为职业认同是个体对于所从事职业的认同感，是个体内心对该专业价值的认可，并愿意在该专业领域有所发展。② 有学者开始讨论“专业认同”，如学者 Henning 认为专业认同度是个体对于社会现实中的专业在主观上的一种感受，是个体与该专业内心保持一致和平衡的程度。③ 国内也不乏对专业认同的讨论，如王顶明认为专业认同是个体对所学专业的接受与认可，反映个体在学习过程中持续的认知和行为卷入及积极的情感状态，包括认知、情感、行为和社会等因素。④ 而比较具有代表性且被学者引用较多的观点是秦攀博在王顶明观点基础上，结合心理学对认同的定义界定的专业认同，他认为专业认同是指学习者在认知、了解所学习的学科基础上产生的情感上的接受和认可，并伴随积极的外在行为和内心的适切感。⑤

纵观国内外学者对专业认同的探讨，我们发现这些观点都将专业认同视为对专业的一种态度，虽然具体的内容描述不同，但都涉及认知、情感和行为三个方面，这也和社会心理学所探讨的态度构成相契合。⑥

本问卷在编制时，结合国内外学者的探讨，以国内引用最多的观点为基础进行修改，将其定义为学习者在认知、了解所学习的学科基础上产生的情感上的接受和认可，并伴随积极的外在行动。根据上述概念定义我们可根据态度的构成推导出专业认同的维度，由专业认知、专业情感以及专业行为倾向构成(如图 3)，这三个维度也是目前对专业认同结构划分重合度最高的三个维度。

---

① Carson K D, Bedeian G, “Career Commitment: Construction of a Measure and Examination of Its Psychometric Properties”, *Journal of Vocational Behavior*, 1994, Vol. 43, No. 3, pp. 237-262.

② Mawhinney H. Xu F., “Restructuring the Professional Identity of Foreign-Trained Teachers in Ontario Schools”, *TESOL Quarterly*, 1997, No. 3, pp. 632-639.

③ Henning, Salling, Olesen, “Professional Identity as Learning Processes in Life Histories”, *Journal of Work-place Learning*, 2001, No. 13, pp. 7-8.

④ 王顶明、刘永存：《硕士研究生专业认同调查》，载《中国高教研究》2007 年第 8 期，第 18~22 页。

⑤ 秦攀博：《大学生专业认同的特点及其相关研究》，西南大学 2009 年硕士学位论文，第 18 页。

⑥ 倪晓莉主编：《社会心理学》，西安交通大学出版社 2007 年版，第 193 页。

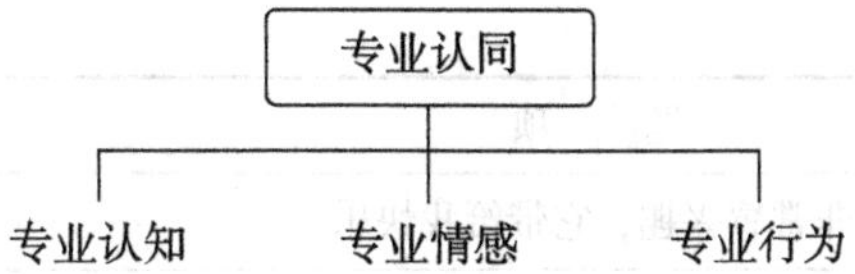

图 3　专业认同评价维度

各个维度内涵如表 3 所示。

表 3　**专业认同感维度解释**

维度	解　释
专业认知	对学科基本情况的了解程度，包括专业培养模式、课程设置、专业价值等
专业情感	对学科所产生的情感体验，主要包括专业兴趣、专业获得感、专业热情等
专业行为	在认知与情感的基础上所产生的积极的专业学习行为，包含学习投入等

问卷具体内容及题项如下：[①]

A 卷

请根据你自己的情况对下面问题的选项进行打分。其中“完全不同意-1”“比较不同意-2”“无所谓-3”“比较同意-4”“完全同意-5”

题　项		1	2	3	4	5
专业认知	我知道自己学习本专业还欠缺什么素质					
	我能列举出至少三个本专业的杰出人物并讲出他们的故事					
	我了解所学专业领域中主要及最新的研究成果					
	我了解所学专业在本校的地位					
	我不了解外界对我所学专业的评价(反向检测题)					
	我了解这一专业在社会上的就业状况					
	我知道我所学专业未来的发展方向					

① 大学生专业认同是高等教育研究中的热门领域，国内外许多学者都予以关注。同时也有学者在充分借鉴前人研究的基础上，结合中国大学生的特点开发了适用于中国学生的专业认同问卷。本指南参考当前秦攀博的大学生专业认同问卷进行适当删减和修改。

续表

题项		1	2	3	4	5
专业情感	我对这一专业非常感兴趣，它带给我快乐					
	如果让我重新选择，我会选择其他专业(反向检测题)					
	我常常忍不住去和别人谈论我的专业					
	我觉得外界对本专业的评价较高					
	我期待有更多的人来学习我的专业					
	我并不觉得这一专业的学习能够帮助我自我实现(反向检测题)					
	我的性格与该专业匹配					
	我有信心学好该专业					
专业行为倾向	我倾向于从所学专业的角度思考分析问题					
	我经常阅读与所学专业相关的书籍和文献资料					
	我经常与同学探讨所学专业的相关问题					
	我常常漏掉关注所学专业的前沿动态(反向检测题)					
	如果考研我会继续我这个专业的学习					
	我对该专业有相应的职业目标和规划					

B 卷

请根据你自己的情况对下面问题的选项进行打分。其中“完全不同意-1”“比较不同意-2”“无所谓-3”“比较同意-4”“完全同意-5”

题项		1	2	3	4	5
专业认知	我了解所学专业领域中主要及最新的研究成果					
	我能向一个其他专业的人清晰介绍我的专业课程内容					
	我了解我所学专业达到毕业的基本要求					
	我知道本专业在全国高校同专业中的地位					
	我并不了解本专业在社会上的需求度(反向检测题)					
	我很清楚学习本专业未来可以从事哪些职业					
	我知道我所学专业未来可以为社会做些什么					

续表

题项		1	2	3	4	5
专业情感	目前我很享受专业学习					
	我对深入探索这一专业领域充满了期待					
	每次提起我的专业我总有说不完的话					
	我相信我能用所学专业在社会上发挥价值					
	我对所学专业本身的发展前景很有信心					
	我很乐意向他人介绍我的专业，这让我感到自豪					
	所学专业好像并不能体现我的特长(反向检测题)					
专业行为倾向	我在专业学习上花了很多时间					
	错过任何一个和专业相关的实践活动我都会感到遗憾					
	专业学习中我没有长远规划与近期目标，走一步算一步(反向检测题)					
	我乐意从事和所学专业有关的工作					
	我期待更深入的探索和研究所学专业领域的议题					
	如果考研我会继续我这个专业的学习					

评价使用说明

1. 评价对象

全体上课学生。

2. 评分规则

(1)该问卷为李克特五分量表，评价者根据自身真实感受进行5级打分，1代表非常不同意、2代表比较不同意、3代表中立、4代表比较同意、5代表非常同意。每个维度的得分为各题项平均分。学习能力自我效能感和学习行为自我效能感的得分之和就是学业自我效能感的总分，分数越高代表被测对象学习效能感越高。

(2)表格中标注“反向检测题”的题项需要特殊处理。该类题目的提问指向与其他题目相似，但提问的思路方向则与其他题目相反。主要是用于检测填答者对于问题回答的态度是否认真仔细，以及检测问卷填答的质量信度是否过关。因此在使用这些问卷进行测评时，首先在问卷制作阶段应删除“(反向检测题）”等标识文字（避免给填答者以提示）。其次在问卷印制时将这些题目的分值选项倒序排列（对反向题进行分数转换）。再次在问卷回收后，应首先查验反向检验题的答案，以便剔除无效问卷（当填答者反向题和普通题打分处于同级时该问卷无效）。最后再进行问卷分数统计。

（3）反向题分数转换的规则：1-5；2-4；3-3；4-2；5-1。

3. 评价时间

（1）前测时间：建议第一节课正式上课前10~15分钟施测。

（2）后测时间：最后一节课最后10~15分钟或最后一节课课后作业，但规定当日完成。

4. 评价方式

（1）同一群体纵向对比：同一批学生，在课程正式开始前和结束后各进行一次评价，对比前后得分差异。可以分别使用A/B卷作为前测和后测问卷。

（2）不同群体横向对比：选择两个其他基本素质差不多的班级，在课程结束后统一进行评价，对比两个班级的得分差异。

四、爱国主义态度测评指南①

爱国是指人们对自己所属国家的热爱之情。政治心理学基于情感性层面讨论爱国主义，强调对国家的自豪感、归属感和荣誉感。科斯特曼和费什巴赫认为，它是爱所属国家和以国家为傲的程度。② 巴塔尔社会心理学将其视为“群体成员对他们的群体和他们居住的国家的归属感”③。政治哲学不仅关注情感层面，还关注行为层面。如纳桑森将爱国定义为：对自己国家的特殊感情；对国家的个人认同感；对国家福祉的特别关注；愿意为了促进国家利益作出牺牲。④

邹建平等结合爱国主义在政治心理学和政治哲学中的定义特点，认为爱

① 本指南执笔人：宋洲。

② Kosterman，“Feshbach，Toward a Measure of Patriotic and Nationalistic Attitudes”，*Political Psychology*，1989，Vol. 10，No. 2，pp. 257-274.

③ Bar-Tal，“Patriotism as Fundamental Beliefs of Group Members”，*Politics and the Individual*，1993，Vol. 3，No. 2，pp. 45-62.

④ Nathanson，“Patriotism，Morality，and Peace”，*Rowman & Littlefield*，1993，pp. 34-35.

国主义在本质上是个体对国家的一种正向、积极的态度。基于态度构成理论，建构了含价值性态度、情感性态度与行动性态度的三维度爱国主义概念框架(如图4)。①

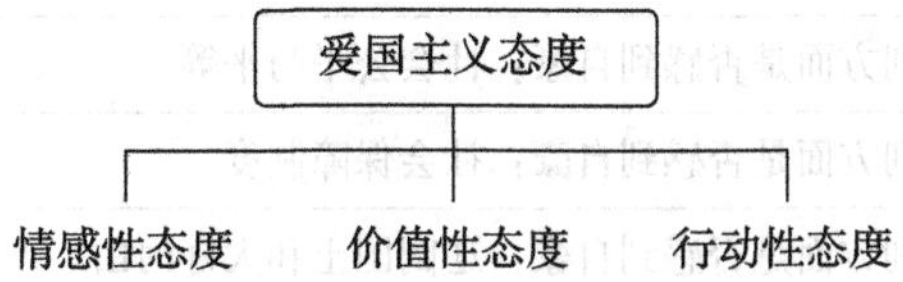

图4　爱国主义态度测评维度

各维度态度具体解释如表4所示。

表4　**爱国主义态度测评维度解释**

维度	解　释
情感性态度	主要聚焦于国家自豪感和象征性爱国主义。具体分为： 对国民身份的情感 对国家成就的情感 对国家象征的情感
价值性态度	主要聚焦于盲目性爱国主义和建设性爱国主义。具体分为： 批判性 条件性
行动性态度	主要聚焦于为国奉献的意愿

问卷具体内容及题项如下：②

请根据你自己的情况对下面问题的选项进行打分。其中"完全不同意-1""比较不同意-2""无所谓-3""比较同意-4""完全同意-5"

① 邹建平、肖唐镖：《情感、价值与行为：爱国主义态度的三重面向与量表开发》，载《南京社会科学》2022年第4期，第61~75页。

② 本指南参考邹建平等人的爱国主义态度测评量表进行适当删减和修改。

	题　项	1	2	3	4	5
情感性态度	作为我们国家的公民，您觉得光荣吗？					
	您对我国的下列方面是否感到自豪：科学技术成就					
	您对我国的下列方面是否感到自豪：悠久的历史					
	您对我国的下列方面是否感到自豪：社会公平与平等					
	您对我国的下列方面是否感到自豪：社会保障制度					
	您对我国的下列方面是否感到自豪：辽阔国土和大好河山					
	您对我国的下列方面是否感到自豪：政府的管理方式					
价值性态度	当看到国旗升起的时候，我会很激动					
	当听到国歌响起的时候，我会很激动					
	批评中国的人，就不配做中国人(盲目爱国主义)					
	那些不支持中国的人，不配居住在中国(盲目爱国主义)					
	作为中国公民，我们不应该批评国家(盲目爱国主义)					
	如果一个人经常批评他的国家，那就说明他不爱国(盲目爱国主义)					
行为性态度	为了国家，我愿意牺牲自己的利益					
	为了国家，我愿意牺牲我的生命					

评价使用说明

1. 评价对象

全体上课学生。

2. 评分规则

该问卷为李克特五分量表，评价者根据自身真实感受进行 5 级打分，1 代表非常不同意、2 代表比较不同意、3 代表中立、4 代表比较同意、5 代表非常同意。每个维度的得分为各题项平均分。学习能力自我效能感和学习行为自我效能感的得分之和就是学业自我效能感的总分，分数越高代表被测对象学习效能感越高。

3. 说明

爱国主义情感的形成需要较长时间，因此短时间的跟踪评价数据意义不大。建议作总括性了解。为了减少学生填答时的顾虑，本问卷不建议追踪个案数值。

盲目爱国主义是价值型态度的一部分，因此本问卷中设置了“盲目爱国主义”的题项(4项)。在积分时应单独拎出计分，在结果分析时也应特别注意其指向性和方向性。盲目爱国主义应该作为对学生爱国主义态度评估的一个方面加以考虑，但建议不计入量化分数中。

五、学生核心素养评价指南①

2014年教育部研制印发《关于全面深化课程改革落实立德树人根本任务的意见》中提出“教育部将组织研究提出各学段学生发展核心素养体系，明确学生应具备的适应终身发展和社会发展需要的必备品格和关键能力”②。核心素养是党的教育方针的具体化，是连接宏观教育理念、培养目标与具体教育教学实践的中间要件。党的教育方针通过核心素养这一桥梁，可以转化为教育教学实践可用的、教育工作者易于理解的具体要求，明确学生应具备的必备品格和关键能力，从中观层面深入回答“立什么德、树什么人”的根本问题，引领课程改革和育人模式变革。③

学生发展核心素养指学生应具备的，能够适应终身发展和社会发展需要的必备品格和核心能力，是关于学生知识、技能、情感、态度、价值观等多方面要求的综合表现。明确核心素养，一方面可通过引领和促进教师的专业发展，改变当前存在的“学科本位”和“知识本位”现象，另一方面可帮助学生明确未来的发展方向，激励学生朝着这一目标不断努力。④

《中国学生发展核心素养》研究成果于2016年9月13日在京发布。核心素养以培养“全面发展的人”为核心，分为文化基础、自主发展、社会参与3个方面，综合表现为人文底蕴、科学精神、学会学习、健康生活、责任担当、实践创新六大素养，具体细化为国家认同等18个基本要点。该成果是教育部委托北京师范大学，联合国内高校近百位专家成立课题组，历时3年完成的。

---

① 本指南执笔人：尹杨、方癸椒。

② 《教育部关于全面深化课程改革落实立德树立根本任务的意见》，载中华人民共和国教育部官网，http://www.moe.gov.cn/srcsite/A26/jcj_kcjcgh/201404/t20140408_167226.html? pphlnglnohdbaiek，2021年10月11日访问。

③ 参见 http://edu.cssn.cn/jyx/jyx_zdtj/201609/t20160914_3202030.shtml，2021年8月17日访问。

④ 《〈中国学生发展核心素养〉发布》，载人民网，http://edu.people.com.cn/n1/2016/0914/c1053-28714231.html，2022年1月23日访问。

调查目的是对学生核心素养的认同(学生认为自身应该具备哪些核心素养)进行相关调查。维度划分以研究成果《中国学生发展核心素养》为依据划分(见图5)①。

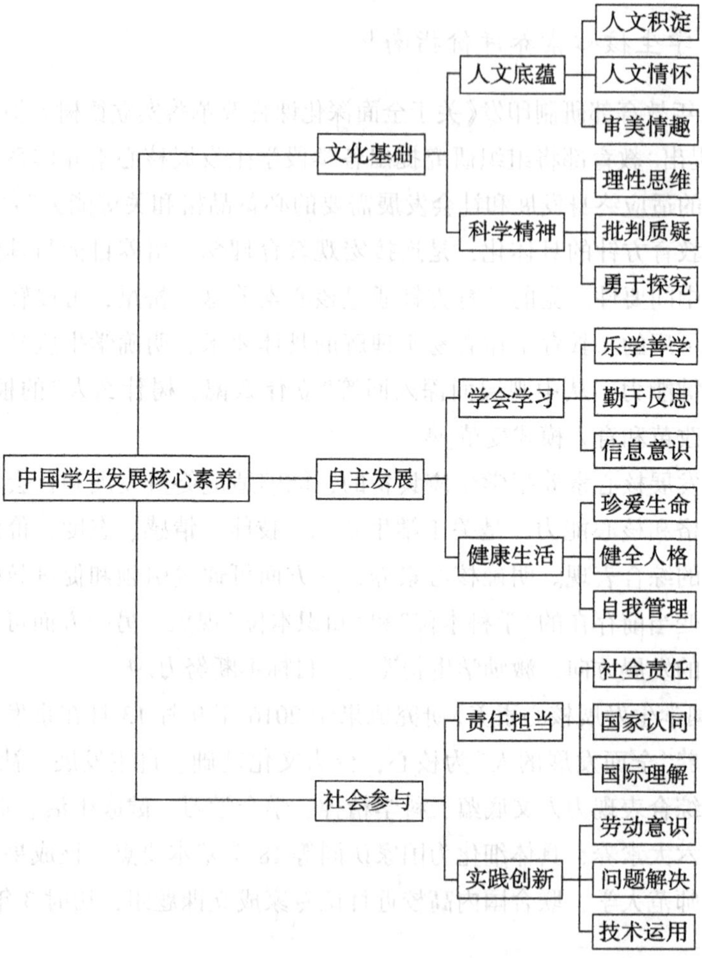

图 5　中国学生发展核心素养的测评维度

各维度具体解释如表 5 所示。

① 《〈中国学生发展核心素养〉发布》，载人民网，http：//edu. people. com. cn/n1/2016/0914/c1053-28714231. html，2022 年 4 月 21 日访问。

表 5　　**中国学生发展核心素养测评维度解释**

一级维度	解释	二级维度	解释
文化基础	文化是人存在的根和魂。文化基础，重在强调能习得人文、科学等各领域的知识和技能，掌握和运用人类优秀智慧成果，涵养内在精神，追求真善美的统一，发展成为有宽厚文化基础、有更高精神追求的人	人文底蕴	学生在学习、理解、运用人文领域知识和技能等方面所形成的基本能力、情感态度和价值取向。具体包括人文积淀、人文情怀和审美情趣等基本要点
		科学精神	学生在学习、理解、运用科学知识和技能等方面所形成的价值标准、思维方式和行为表现。具体包括理性思维、批判质疑、勇于探究等基本要点
自主发展	自主性是人作为主体的根本属性。自主发展，重在强调能有效管理自己的学习和生活，认识和发现自我价值，发掘自身潜力，有效应对复杂多变的环境，成就出彩人生，发展成为有明确人生方向、有生活品质的人	学会学习	学生在学习意识形成、学习方式方法选择、学习进程评估调控等方面的综合表现。具体包括乐学善学、勤于反思、信息意识等基本要点
		健康生活	学生在认识自我、发展身心、规划人生等方面的综合表现。具体包括珍爱生命、健全人格、自我管理等基本要点
社会参与	社会性是人的本质属性。社会参与，重在强调能处理好自我与社会的关系，养成现代公民所必须遵守和履行的道德准则和行为规范，增强社会责任感，提升创新精神和实践能力，促进个人价值实现，推动社会发展进步，发展成为有理想信念、敢于担当的人	责任担当	学生在处理与社会、国家、国际等关系方面的情感态度、价值取向和行为方式。具体包括社会责任、国家认同、国际理解等基本要点
		实践创新	学生在日常活动、问题解决、适应挑战等方面所形成的实践能力、创新意识和行为表现。具体包括劳动意识、问题解决、技术应用等基本要点

问卷具体内容及题项如下：

请对下表中给出的核心素养指标进行判断，并在你认同的合理程度选择栏内打“✓”。

题项		1	2	3	4	5
文化基础	人文知识					
	科学知识					
	专业理论					
	专业规范					
	人文情怀					
	理性思维					
	批判质疑					
	勇于探究					
自主发展	专业认同					
	岗位认同					
	认真踏实					
	积极进取					
	刻苦钻研					
	乐思善学					
	劳模精神					
	工匠精神					
	体质良好					
	信息处理					
	自我管理					
	沟通交流					
	团队协作					
	岗位适应					
	抗压能力					
	问题解决					

续表

题项		1	2	3	4	5
社会参与	爱党爱国					
	民族认同					
	国家安全观					
	诚实守信					
	遵纪守法					
	乐于助人					
	主动服务					
	责任担当					
	工具应用					
	实践操作					
	外语掌握					
	口语表达					
	书面表达					
	技能储备					
	技术应用					

评价使用说明

1. 评价对象

全体上课学生。

2. 评分规则

该问卷为李克特五分量表，评价者根据自身真实感受进行5级打分，1代表非常不同意、2代表比较不同意、3代表中立、4代表比较同意、5代表非常同意。每个维度的得分为各题项平均分。文化基础、自主发展和社会参与的得分之和即为核心素养总分，分数越高代表被测对象核心素养越高。

3. 说明

核心素养的形成需要较长时间，因此短时间的跟踪评价数据意义不大。建议作总括性了解。

六、科学精神评价指南①

科学精神本质上是一种思维品质以及在这种思维品质下表现出的外在行为，体现在进行科学研究和科学学习的过程中。它强调学习者要具备理性思维，有批判质疑精神，勇于探索，用科学的思维解决问题，同时将科学伦理牢记于心。自科学精神这一概念提出以来，学术界对其进行了诸多探讨，主要包括两个方面，一方面是行动层面，如批判质疑、求证事实等；另一方面是精神层面，如道德感召力、积极包容等。具体来看，国外对“科学精神”较为有影响力的论述源于默顿，他认为“科学的这些精神气质内化于科学家的内心世界并且对科学家的行为具备规范约束力和道德感召力”②。我国最早关于“科学精神”的讨论是由任鸿隽先生提出的，他认为科学精神是不断寻求真理。③ 后来不断有学者对科学精神的内涵进行讨论，蔡德诚第一个从科学求真的角度出发定义，认为“科学精神是在认识客观事物的过程中，善于‘辨误识伪’，勇于‘去伪存真’的‘求真’‘求实’‘求真知’的精神”④；刘大椿先生在定义“科学精神”时尝试明确其具体内容，将其阐释为求证事实的精神、辨别事物的精神、积极包容和通达的精神、尊重别人意见的民主精神、批判精神和革命精神等诸多方面。⑤

在教育学界最为权威和具体的是核心素养研究课题组定义的科学精神，该课题组于2013年由教育部牵头建立，由北京师范大学等多所高校的近百名研究人员组成，研究成员历时3年，通过基础理论研究、国际比较研究、教育政策研究、传统文化分析、课程标准分析制定了我国学生核心素养总框架。“科学精神”被课题组归为我国学生六大核心素养之一，具体是指“学生在学习、理解、运用科学知识和技能等方面所形成的价值标准、思维方式和行为

① 本指南执笔人：司晓晗。

② Merton, R K A, “Note on Science and Democracy”, *Journal of Legal and Political Sociology*, 1942, Vol. 1, No. 2, pp. 115-126.

③ 任鸿隽：《科学精神论》，载《科学》1916年第2卷第1期，第10~15页。

④ 蔡德诚：《科学精神与人文精神》，载《同舟共进》2004年第6期，第10~15页。

⑤ 肖显静：《科学以及科学文化的“文化缺失”与“文化回复”——兼评刘大椿先生的〈科学文化与文化科学〉》，载《哲学分析》2013年第6期，第191~192页。

表现。具体包括理性思维、批判质疑、勇于探究等基本要点”①。

谈及课程思政语境下的“科学精神”，课程思政以课程为载体，指向培养学生，从这一角度来看较为符合核心素养课题组定义的科学精神。但课程思政最终目标指向“立德树人”，其中“德”的部分也尤为重要，而核心素养课题组的定义中没有强调这一部分。因此，武汉大学课程思政教学研究中心在编制科学精神问卷时以核心素养课题组定义的科学精神为基础，在此基础上增加“德”的维度，认为科学精神是学生在学习、理解、运用科学知识和技能等方面所形成的价值标准、思维方式和行为表现。具体包括理性思维、批判质疑、勇于探究、伦理道德等基本要点。

根据上述概念定义，科学精神的评价维度划分如下(如图6)。

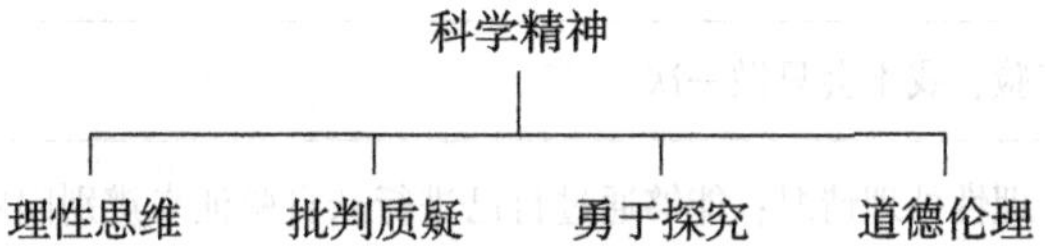

图6　科学精神评价维度

各个维度的具体解释，如表6所示。

表6　**科学精神的评价维度解释**

维度	解　　释
理性思维	崇尚真知，能理解和掌握基本的科学原理和方法；尊重事实和证据，有实证意识和严谨的求知态度；逻辑清晰，能运用科学的思维方式认识事物、解决问题、指导行为等
批判质疑	具有问题意识；能独立思考、独立判断；思维缜密，能多角度、辩证地分析问题，作出选择和决定等
勇于探究	具有好奇心和想象力；能不畏困难，有坚持不懈的探索精神；能大胆尝试，积极寻求有效的问题解决方法等
道德伦理	具有科研诚信意识；能反思科学发展对环境的影响；具有价值敏感性、道德想象力和社会责任感

① 核心素养研究课题组：《中国学生发展核心素养》，载《中国教育学刊》2016年第10期，第1~3页。

问卷具体内容及题项如下：①

A卷

请根据你自己的情况对下面问题的选项进行打分。其中“完全不同意-1”“比较不同意-2”“无所谓-3”“比较同意-4”“完全同意-5”

	题　项	1	2	3	4	5
理性思维	听别人分享时，我能够比较敏锐地察觉对方表述过程中的逻辑漏洞					
	我认为科学最重要的特点是可以被任何人重复证明					
	在学习过程中，我更关注事物展现的样子(反向检测题)					
	我认为科学是纯粹客观的存在					
	课程相关的实验，我不会只做一次					
	在新情境中，理性处理情况；能够通过自己进行亲自验证来辨别问题或者发表意见					
	在实验过程或进行实验结果的分析时，我善于运用形式逻辑推理和相关的法则					
批判质疑	老师讲的答案我会再算一遍					
	我觉得权威人士分享的观点往往是对的(反向检测题)					
	我会反复阅读自己提交的课程论文，寻找是否有纰漏					
	我坚信眼睛看见的就是事实(反向检测题)					
	我总是反思自己，觉得自己思考问题有些局限					
	在和别人持有不同观点时我总是很容易被说服(反向检测题)					
	在找到解决问题的方法后，我很有成就感，不会再多想(反向检测题)					

① 本问卷题目主要依据清华大学郑美红教授发布的“新时代中国公民科学素质指标体系”测评工具、华中科技大学发布的《新工科背景下工程类课程思政指南》中有关科学精神的定义和测量。

续表

	题　　项	1	2	3	4	5
勇于探究	在解决问题时我总是尝试不同的解法					
	在专业学习时，我敢说前人没有说过的话，敢走前人没有走过的路					
	我乐于去寻找比老师提供的方法更优质的解法					
	我认为我们不停复制和模仿的常规操作就是被证实的最合适的操作(反向检测题)					
	每次实验后我会复盘整个过程，看看是否可以有改进					
	如果实验失败很多次，我可能就不想做了(反向检测题)					
	有些实验是很无聊的重复劳动(反向检测题)					
道德伦理	我能在别人告诫或无人监控下，凭借高度自觉，按一定的道德规范行事					
	我觉得科学的发展对社会百利无害(反向检测题)					
	我对于科学问题的研究结论不言过其实					
	我有时候会去借鉴前人观点而不加以思考(反向检测题)					
	在影响度不大的课程论文写作时，我可能会为了图方便在一定程度上抄袭作假(反向检测题)					

B卷

请根据你自己的情况对下面问题的选项进行打分。其中“完全不同意-1”“比较不同意-2”“无所谓-3”“比较同意-4”“完全同意-5”

	题　　项	1	2	3	4	5
理性思维	听别人分享时，我会跟随分享者当下的分享内容，很少关注整体的逻辑性(反向检测题)					
	在将某种观点归为科学范畴之前，我会去探索对其推理和再论证的过程					
	在学习过程中我很享受拨开迷雾、揭示事物本来面目的过程					
	我赞同有的时候我们不得不在科学研究中纳入主观因素(反向检测题)					
	我认可阶段性真理的可错性，我们现在奉为真理的东西也许未来会被证明是错的					
	我常常通过亲自验证的方式来辨别问题					
	我熟练掌握归纳与演绎的基本过程，并能运用在实验设计中					

续表

	题　项	1	2	3	4	5
批判质疑	上课时，我会认真做笔记，把老师的解决方案抄下来(反向检测题)					
	我会想办法去求证权威人士分享的观点					
	我自己写的课程作业我写完就不会再看(反向检测题)					
	我相信“有时候所见并非所得”					
	我觉得一些网络大V确实是网络精神领袖(反向检测题)					
	在和别人持有不同观点时我总是能够说服别人					
	我在给出问题解决方法时常常反思我是不是有没有考虑全面的地方					
勇于探究	我常常不满足于找到一种解决问题的办法					
	当我脑海里浮现一个前人没有说过的观点时，我往往认为它是错的，不敢说出来(反向检测题)					
	在专业学习过程中，我发现了我感到好奇想要探索的领域					
	我认为我们不停复制和模仿的常规操作仍有可创新的空间					
	每次实验成功后，我就直接快速写下实验报告(反向检测题)					
	我相信每一次小小的实验改变，都可能产生意想不到的大惊喜					
	就算实验失败很多次，我也不会轻易放弃					
道德伦理	如果没有人监督我，我可能会偷懒做一些违背科学规范的小事(反向检测题)					
	我认可“技术无罪”的说法(反向检测题)					
	就算能发高级别的期刊，我也不会把研究结论适当包装得超过它本来的样子					
	我在写论文时基于前人的研究现状，较为缜密地叙述自己的观点，不夸大					
	有的时候科技的发展对社会带来的危害是不可避免的					

评价使用说明

1. 评价对象

全体上课学生。

2. 评分规则

(1)该问卷为李克特五分量表，评价者根据自身真实感受进行5级打分，1代表非常不同意、2代表比较不同意、3代表中立、4代表比较同意、5代表非常同意。每个维度的得分为各题项平均分。理性思维、批评质疑、勇于探究与道德伦理得分之和就是科学精神的总分，分数越高代表被测对象科学精神越高。

(2)表格中标注“反向检测题”的题项需要特殊处理。该类题目的提问指向与其他题目相似，但提问的思路方向则与其他题目相反。主要是用于检测填答者对于问题回答的态度是否认真仔细，以及检测问卷填答的质量信度是否过关。因此在使用这些问卷进行测评时，首先在问卷制作阶段应删除“(反向检测题)”等标识文字(避免给填答者以提示)。其次在问卷印制时将这些题目的分值选项倒序排列(对反向题进行分数转换)。再次在问卷回收后，应首先查验反向检验题的答案，以便剔除无效问卷(当填答者反向题和普通题打分处于同级时该问卷无效)。最后再进行问卷分数统计。

(3)反向题分数转换的规则：1-5；2-4；3-3；4-2；5-1。

3. 评价时间

(1)前测时间：建议第一节课正式上课前10~15分钟施测。

(2)后测时间：最后一节课最后10~15分钟或最后一节课课后作业，但规定当日完成。

4. 评价方式

(1)同一群体纵向对比：同一批学生，在课程正式开始前和结束后各进行一次评价，对比前后得分差异。可以分别使用A/B卷作为前测和后测问卷。

(2)不同群体横向对比：选择两个其他基本素质差不多的班级，在课程结束后统一进行评价，对比两个班级的得分差异。

七、评价工具学科化改造的案例①

根据学校课程思政工作分类推进、有效指导的工作要求，这些评价指南本身并未涉及学科属性。课程思政建设的重点是在专业课程教学中融入思政教育，它的发生和实施必然有赖于专业知识。因此各教学单位在使用指南测评时可以根据自己的实际情况加以改造，使指南本身更加具有学科特色，同时也更能精准指向专业知识与思政元素之间的结合点。

① 本案例执笔人：肖莹莹。

以下以文学院现代文学史课程的问卷量表改进为例，说明具体学科化改造的注意事项。

同理(共情)是语文学科在文学阅读时必须调动的素养之一。共情力不仅可以提升学生个人核心素养，同时对于学生社会责任感的培养，文学感知力的培养也具有重要意义。更为重要的是，一个有家国情怀的人首先应该是一个关心民生的人，是一个能够对民众苦难感同身受的个体。因此，同理心和共情力成为文学史学习中非常重要的培养目标之一。

同理心亦称共情、共感、移情等，指进入并了解对方的内心世界，并将了解的内容传达给对方的一种能力。人本心理学家罗杰斯将同理心定义为能采纳一个人的内部相关架构而了解他者世界，感受当事人个人世界，就好像他是你自己一样，但又不失去这种“仿佛”的特质。①② 同理心的定义性特征：将心比心、不加评判地理解他人的感受、将理解传达给对方。在卫生保健领域，同理心被定义为：能理解患者内在体验和感受，并能将这种理解表达给对方的具有认知属性的能力。

对同理心的看法有不同的切入视角，大致可以分为认知视角、情感视角、四维视角。

(1)认知视角，以皮亚杰为代表，强调同理心是一种认知能力，是对他人体验的理解能力，这种能力是可以培养的，可以通过认知的发展来得到发展，而在培养的过程中需要重点关注“个体角色采择能力”。

(2)情感视角：以施多兰为代表，强调同理心是一种情感过程，主要是对他人状态(主要是困境，但不完全是困境)的情感反应。这种情感反应主要通过观察捕捉，是一种情感体验，所以应该在具体的情境中得以发生。

(3)四维视角：以戴维斯为代表，强调同理心是复合性心理活动，既是认知又是情感，还可能相互转换。③ 既然这么复杂，那么对于同理心的研究就应该分为“观点采择能力”“关怀能力”“想象力”“个人痛苦”四个方面来进行研

① Theresa W, “A Conceptualization of Empathy for Nursing Practice”, *Journal of Advanced Nursing*, 2007, Vol. 30, No. 3, pp. 61-72.

② Theresa W, “A Concepet Analysis of Empathy”, *Journal of Advanced Nursing*, 1996, No. 23, pp. 1162-1167.

③ Davis M H, “Measuring Individual Differences in Empathy; Evidence for a Multidimensional ApproachJ”, *Jpers Soc PsychomJ*, 1983, No. 44, pp. 113-126.

究，但这四个方面较为抽象，还有重合之处，因此1992年戴维斯的学生莫斯将同理心分为情感、道德价值、认知和行为四个成分。①

换言之，如果我们要测评同理心，我们应该从学生的情感体验、价值标准(是非对错)、观点采择能力、具体行为表现(或者是行为选择倾向)来进行测评。

近年来，也有学者将同理心视作个体“社会-情绪”发展中的一个方面来加以考察，这种考察一般不考虑具体的职业背景和学科背景，主要考察个体本身(IRI)。同理心的发展是以遗传为基础的，但后天环境对同理心的发展也起到很重要的作用。幼时同父母的关系、文化因素、工作环境、工作经验和知识水平、同理心训练课程及文化、艺术的学习等后天因素可能影响同理心发展。②

目前常用的同理心测量方式有三种：

(1)强调认知取向的 Hogan 量表。

(2)强调情感取向的 Mehrabian 情感性同理心问卷(33题)，包括情绪易感性、对陌生人的感受、情绪反应性、受人积极情绪影响的倾向、受人消极情绪影响的倾向、同情倾向和帮助困难者7个因子构成(Jefferson 同理心量表，The Jefferson Scale of Empathy，JSE)。

(3)多维度取向的人际反应指标问卷(Interpersonal Reactivity Index)(Davis)这个问卷中包括共情和想象力两个因子，常常被应用于一般人群同理心测量。

武汉大学课程思政教学研究中心根据执教老师的评价需求对同理心测量的基本维度确定如表7所示。

表7　**同理心测量的基本维度**

认知维度	情绪易感性	能够识别他人的情绪、体会他人情绪背后的原因
	对陌生人的感受	能够通过陌生人的行为和语言，理解陌生人背景和情绪状态

① Morse J. M, Anderson G, Bottorff J, et al., “Exploring Empathy: A Conceptual Fir for Nursing Practice”, *Journal of Nurs Sch*, 1992, Vol. 24, No. 2, pp. 273-283.

② Mohammadreza H, Joseph S. Gonnella, Salvatore Mangione, “Physician Empathy Inmedical Education and Practice: Experience with the Jefferson Sale of Pysician Empathy”, *Seminars in Integrative Medicine*, 2003, Vol. 1, No. 1, pp. 25-41.

续表

情感维度	情绪反应性	对他人情绪所引发的自我理解是消极还是积极？是否能够由体谅困境而引发同情、怜悯、温暖和关心等情绪反应？程度如何？是否可以由他人情绪和现实背景引发乐观、希望、积极等情绪反应
	情绪影响倾向	
	同情倾向	
行为维度	帮助困难	是否愿意由共情产生帮助性质的行为
	社会互动技能	能够通过互动表达自身理解和感受

1. 在确定基本维度之后，武汉大学课程思政教学研究中心初步设计了以下问题：

(1) 文学作品中的个人遭遇不会影响我对文学作品的判断；

(2) 文学作品应以“文字论英雄”，而不应考虑作家本身的际遇；

(3) 与人交往中，我认为身体动作与语言交流同样重要；

(4) 我善于用幽默的语言化解尴尬；

(5) 我能敏锐感受他人的表情、动作和神态等非语言信息；

(6) 我能察觉身边人情绪状态的变化；

(7) 只要和人聊上几句，我就能把握与此人交往的尺度；

(8) 我可以很好地向他人表达自己的观点；

(9) 我很善于说服、鼓励别人；

(10) 与人相处时，我可以让气氛变得很轻松；

(11) 我很愿意向更高职位的人表达我的观点看法；

(12) 对于不同的人，我会使用不同的说话方式；

(13) 我在和别人交往中会根据他人的反应及时调整自己的行为和语言；

(14) 我认同在与人交往的过程中，秉持统一标准非常重要；

(15) 因为人是有差异的，所以我觉得“换位思考”很困难；

(16) 我是一个“善解人意”的人；

(17) 我有时会根据他人的非语言线索和身体语言来试图理解他们的内心活动；

(18) 为了更好地说服别人，我会尝试从他人的角度来思考说辞；

(19) 我极力避免自己与同事之间有过多的私人联系；

(20) 我喜欢阅读非虚构类作品。

但这些问题基本不涉及文学史的作家作品，也基本不具有文学学科的属性特征，因此，还需要进行学科化改造。

2. 改造后的具体问题：

(1)文学作品中的人物遭遇不会影响我对文学作品质量的判断；

(2)文学作品应只以“文字论英雄”，而不应考虑作家本身的际遇和行为；

(3)与人交往中，我认为身体动作与语言交流同样重要；

(4)比起线上文字交流，我对线下交流中他人的表情、动作、神态等非语言信息更敏感；

(5)无论是口头形式还是文字形式，我都能清楚、流畅地输出自己的观点；

(6)我能够进行富有感染力、说服力、鼓动性的口头或文字表达；

(7)我有时会根据他人的非语言线索和身体语言来试图理解他们的内心活动；

(8)阅读某些文学作品时，我能感到自己通过文字获得了关怀、安慰或疗愈；

(9)面对不可控力，我认为“无力”的个人尚可通过文学、文字来保留个人生命的尊严；

(10)我认为，理解文学作品中人物形象，能为我接触并理解身边人提供参照；

(11)面对自我与他人的挫折、困境甚至苦难，我能客观认识这种状态造成的原因，且不完全将之归因为纯粹的外部因素、偶然因素、命运不公等；

(12)对于不同的人，我倾向于使用不同的说话方式；

(13)我在和别人交往中会根据他人的反应及时调整自己的言行；

(14)我能够通过语言、文字或肢体表达安慰他人、向他人给予有效的心理支持；

(15)我认为人无法克服差异与区隔带来的“终极孤独”，做到“相互理解”和“换位思考”极其困难；

(16)我是一个“善解人意”的人；

(17)我被他人评价为“善解人意”(这两个角度有所区别)；

(18)为了更好地说服别人，我会尝试从他人的角度来思考说辞→在日常交流/写作中，我能够从他人与我不同甚至相反的立场与角度讨论问题；

(19)我极力避免自己与同学之间有过多的私人联系→我不愿意与他人建立精神联系，甚至极力避免与他人有过多的私人联系；

(20)我喜欢阅读非虚构类作品；

(21)我认为文学创作是一种介入现实的方式；

(22)现实中，我能对人性的弱点、人的缺陷尽可能地给予理解和包容；

(23)我善于发现身边人的良好品质；

(24)在阅读作品时，我很容易被其中的故事情节或抒情段落打动；

(25)在阅读文学作品时，我能够代入其中人物的视角，体察其感受，与之共鸣。

武汉大学各教学单位课程思政建设工作响应提示

党的二十大报告指出："青年强，则国家强……全党要把青年工作作为战略性工作来抓，用党的科学理论武装青年，用党的初心使命感召青年，做青年朋友的知心人、青年工作的热心人、青年群众的引路人。"①课程思政是理论联系实际、武装青年头脑的重要途径之一，要持之以恒地全面推进。

武汉大学高度重视课程思政工作，在全校开展的课程思政教学改革已经取得了良好的成效，不仅获批全国首批国家级课程思政示范中心，而且在推进过程中培育、建设了一批课程思政示范课程。各教学单位踊跃实验，在探索课程思政内容融入、课程思政元素淬炼、课程思政效果评价等方面取得了一系列硕果。喜获成绩的同时，也必须注意到当前全校课程思政教学改革仍面临着工作推进思路拓展不够、工作方法创新不多、工作效果自建自查不清等问题。为解决上述问题，并进一步推动课程思政教学改革持续创新，学校在充分调研和听取院系、职能部门意见的基础上，形成了《武汉大学课程思政工作响应提示清单》，为各教学单位进行工作自检提供参考和建议。

本清单的主要宗旨与特点是：

(1)建设性和指导性。本清单旨在为各单位提供工作思路、自查参考和工作方法拓展，帮助相关人员有的放矢。避免具体工作开展中"特色趋同"、具体实施中过度强调形式、忽视实质性与内涵式建设等问题。

(2)宏观性和通用性。本清单旨在为全校范围内各单位提示工作落实响应细节，提供工作方法创新参考，尝试超越学科特点和显性教育功能，为全员、

---

① 《习近平：高举中国特色社会主义伟大旗帜 为全面建设社会主义现代化国家而团结奋斗——在中国共产党第二十次全国代表大会上的报告》，载中国共产党新闻网，http://cpc.people.com.cn/n1/2022/1025/c64094-32551583.html，2023 年 10 月 17 日访问。

全程和全方位育人带来启发。

(3)非功利性和非竞争性。本清单旨在促进课程思政教学改革工作推进质量、拓展工作思路、创新工作方法、增强工作实效，无意对教师绩效、个人发展、学院评比等提供考核性数据。

(4)基础性和开放性。本清单旨在为各单位提供课程思政教学改革推进的最低标准，可以视作“必选动作”，各单位可根据自己的实际情况，充分发挥主观能动，创新工作思维，做出“自选动作”，做好“特色动作”。同时武汉大学课程思政教学研究中心将持续做好课程思政教学改革推进的服务、引导和研究工作，时刻关注国内外有关成熟经验，随时听取各单位改进意见和有效做法，汇集校内外各种成功案例，并不断完善工作提示清单列表。

踔厉奋发，与时俱进，不断调整完善工作清单。

1. 观念领会和站位把握维度(10%)

统一思想、提高站位，用课程思政的认识武装头脑，高度重视课程思政的理念和更新，在学院领导工作、学习任务中要将课程思政内容纳入其中。以立德树人为目标，以提升人才质量、厚植价值情怀为工作指向，促进专业教学课程思政的落实与发展创新。

工作标准：力求课程思政理念和重要性的全覆盖，形成人人了解课程思政、人人重视课程思政、人人思考课程思政、人人践行课程思政的良好氛围。

工作提示：

(1)将课程思政列入领导班子重大议事日程，在各类学习、各类委员会、会议中纳入课程思政改革内容。

(2)通过对相关学习活动、会议讨论活动的会议记录、新闻报告、学习体会等方式对各类学习讨论进行留痕。

(3)加大新闻宣传报道力度，多媒体全方位立体化进行课程思政宣传工作，加强宣传氛围和力度。

(4)以教学研究、科学研究和备课研究推动课程思政建设工作推进，完善建设成果的系列化、可视化和固化呈现。

(5)明确课程思政建设的短期、中期和远景目标，制定相应工作路线图和时间表。

2. 制度设计和机制建设维度(20%)

通过顶层设计为课程思政教学改革提供政策导向和支持，通过文件制定和规划为课程思政教学改革提供人力物力和制度保障。

工作标准：各项制度设计和机制运行科学合理、有效果、能坚持、常态化运行、高质量运行。

工作提示：

(1)在充分研讨的基础上形成各类课程思政教学改革目标、工作推进计划。

(2)建立专业统筹、科研支撑、大局设计的课程思政建设运行示范方案。

(3)构建各工作小组、各专业课程组多块面协同工作、交流沟通协同机制。

(4)定期开展课程思政工作成效交流会。

(5)统筹单位经费，通过设立思政教改项目、对上级课程思政项目进行配套等形式，有力推进课程思政建设。

(6)建立课程思政案例库、课程思政元素池的培育规划和培育机制。

(7)结合课程思政教学改革要求和特点，组织进行人才培养方案、修订、教案课件修订研发工作。

(8)组织开展课程思政培育建设计划(示范课程、示范课堂、示范个人)。

(9)助推课程入选各级各类精品课程、双万课程、示范课程、教学竞赛课程。

(10)形成围绕课程思政教学改革的教师专业素养提升方案，建设代表性教师、教学名师、教学团队和教研工作室。

(11)建立课程思政教研和科研的专项培育和鼓励制度，为学院课程思政研究项目在课题申报、咨政建议、论文撰写、课例研究、集体备课等方面提供支持。

(12)建立常态化、长效化的教学座谈机制，推动师生定期教学座谈，学院领导和教师的定期教学座谈、学院教学辅导、督导序列与教师定期教学座谈。

(13)多种渠道建立学生反馈机制，持续听取学生的学习感受和学习意见。

(14)拓展教师荣誉体系，拓展教师荣誉体系和评价体系，融入课程思政荣誉点和观测点，将课程思政教学作为教师荣誉和教师评价的重要内容将课程思政教学纳入教师个人发展通道。

3. 资源保障和内容供给维度(20%)

通过自建、交流、购买等方式为课程思政教学提供视频、文本和案例资源，开发课程思政案例库、元素池、工具箱，为教师教学提供参考和经验。

工作标准：各类课程思政资源形式多样、内容丰富、推广影响、动态更新。

工作提示：

(1)建设专业课程思政案例库、课程思政元素备选池、课程思政评价工具箱等课程思政教学改进固化成果。

(2)建设专业课程思政视频库，组织撰写、拍摄、剪辑可供师生使用的本专业课程思政视频资源。

(3)划拨专门经费购买/开发在线课程思政数据平台、资源库和相关参考资料。

(4)形成课程思政科研(课题申报、论文撰写、研究报告、课例研究、集体备课)工作留痕。

(5)组建专门课程思政教学研讨工作队伍、组建专业的课程思政评价队伍，常态化开展课程思政教学资源开发、更新。

(6)推动课程思政建设经验推广和固化，形成课程思政教学指南、教学案例库、元素资源库、教学视频库、精品课程群、示范课程群、评价案例库、评价工具箱、论文集、教材、学术论文、专著等课程思政建设成果和研究成果。

(7)组织编写相关课程思政读物，以多样化方式呈现课程思政工作成效、多样化方式提供课程思政工作抓手。

4. 教师专业能力提升与教学质量促进维度(20%)

通过制度落实和文件执行促进课程思政教学实现，为教师交流和提升提供机会和支持；通过科学研究、教学研讨、专家咨询等方式为课程思政教学改革提供抓手和途径。

工作标准：教师在教学改革中教学能力优化、教学质量提升，教师教研共同体基本形成。

工作提示：

(1)形成常态化、长效化的教师教学反思机制和教学反馈机制。开设第二课堂、第三课堂、学工联动等方式，探索大思政教育一体化。

(2)建立常态化教师教研计划，将教师听课、教师磨课、公开课、示范课、同课异构、课程组间交流等作为常态化课程思政教研活动的重要载体，逐步实现教师课程思政全覆盖。

(3)建立与专业特色相适应的学生素质与能力达成长效评价机制，积累学生评价反馈数据，探索专业人才培养规律和成长规律。

(4)加强学科学术伦理、工程伦理、科学伦理、研究伦理等学科从业伦理教育，建立相应约束规范机制和引导教育机制。

(5)鼓励教师进行课程思政教学反思、教学交流、教学讨论和教学研究，多种形式落实教师课程思政教学实践。

(6)开展课程思政教师发展计划(名师工作室、小组备课、磨课制度、教学研讨、培训项目、专家讲座、调查参观等)。

(7)加大优势专业和优势课程的培育力度，占领国内龙头课程和龙头专业的课程思政指南获批。

(8)积极参评各类精品课程、双万课程、示范课程、教学竞赛课程入选获奖。

(9)将高校社会服务与课程思政工作相结合，建设学生社会实践基地、思政教育基地、大中小德育一体化合作基地。

(10)形成集体备课制度、共同研究课程思政教学方法。

(11)结合课程思政教学改革要求和特点，对人才培养方法、教案课件编写过程进行修改，围绕课程思政工作要求修订教学大纲。

5. 课堂教学质量与课程思政效果评价维度(20%)

坚持立德树人、基于学生中心持续改进，坚持课程质量动态提升，建立长效评估机制，加大宣传力度，形成具有专业特色的评价工具箱、做到课程思政效果评价全覆盖、积累经验和数据。

工作标准：坚持课程质量持续改进，形成生成性、建设性课程方案、坚持课堂教学中的课程思政实现润物无声的教学无感化、思政实效化、与时俱进、示范引领。

工作提示：

(1)课堂教学中课程思政融入方式妥当、自然，价值引领方向正确。

(2)围绕课程思政要求精心设计教学内容和教学过程，搜集、整理课程思政案例集和元素集。

(3)课程思政教学策略能够根据学生现实情况适时调整，坚持“无感融入”的课程思政教学。

(4)围绕专业教学内容融入专业伦理教育，以知识为基础融入课程思政，而不是“为思政而思政”。

(5)适时、常态化组织集体备课活动，经常性更新教学内容课程思政素材。

(6)形成具有专业特色的评价成果、评价工具、具有推广意义的评价方法和评价经验。

(7)坚持形成性、跟踪性学生思政效果评价机制，积累学生在课程思政方面的发展数据，形成成长档案。

6. 宣传推广维度(10%)

推动课程思政宣传工作，加大特色经验做法和成果成效的宣传力度，扩展课程思政影响力和示范力。

工作标准：影响力、示范力、传播力和持续力。

工作提示：

(1)建立覆盖多终端、融媒体的课程思政改革宣传态势，浓厚氛围，打造立体化、及时化推送。

(2)通过多种方式呈现学生课程思政效果，通过竞赛活动、展示活动、互联网+、创新大赛等方式，展示课程思政效果和成长档案。

(3)在学院物理空间形成课程思政宣传、经验交流推广的有效做法和工作留痕。

(4)固化具有本单位学科特色、具有示范效应、切实有效、科学合理的课程思政工作推进落实机制、沟通交流机制、工作方案和实施细则。

(5)探索突破唯论文、唯奖项限制基础上，课程思政教学效果成果固化的多元表达方式。

(6)力争获批若干专业课程思政指南，将课程思政工作方案、工作工具、工作制度在其他高校实施推广。

(7)推动高校社会服务功能与课程思政工作相结合，建设大中小幼课程思政一体化。

参考文献

[1]安德森·布卢姆．教育目标分类学(修订版)[M]．北京：外语教学与研究出版社，2009：70-80.

[2]北京未来新世纪教育科学研究所．新课程评价改革方案[M]．呼和浩特：远方出版社，2005：8.

[3]边玉芳．学习自我效能感量表的编制[J]．心理科学，2004(5)：1218-1222.

[4]卞千．思政教育第二课堂的有效构建[J]．中学政治教学参考，2022(39)：98.

[5]蔡德诚．科学精神与人文精神[J]．同舟共进，2004(6)：4-5.

[6]曾向红，陈科睿．国际反恐话语双重标准的形成基础与机制研究[J]．社会科学，2017(9)：3-15.

[7]柴高尚，聂运娟，吴亚先，等．以培养临床思维为导向的病理生理学综合教学模式探讨[J]．中国高等医学教育，2020(9)：79-80.

[8]陈义平．论古希腊罗马的公民政治哲学[J]．南京政治学院学报，2006(2)：71-75.

[9]陈玉琨，等．课程改革与课程评价[M]．上海：教育科学出版社，2001：137.

[10]崔清田，王左立．非形式逻辑与批判性思维[J]．社会科学辑刊，2002(4)：33-35.

[11]崔志胜．美国价值观建设及其对中国社会主义核心价值体系建设的启示[J]．江西师范大学学报(哲学社会科学版)，2010，43(2)：27-32.

[12]戴维·迈尔斯．社会心理学[M]．侯玉波，乐国，张智勇，译．北京：人民邮电出版社，2016.

[13]邓达，刘颖．美国中小学核心价值观教育及其启示[J]．教育科学论坛，

2015(1)：66-69，4.
[14]董炳月．战后日本教育思想的逻辑与脉络——以《教育基本法》和历史教科书为中心[J]．日本学刊，2015(5)：120-141.
[15]段玉山，丁荣，杨昕．地理课程与地理学科关系的探讨——基于对义务教育地理课程标准的分析[J]．地理教育，2022(5)：3-7.
[16]樊俊．个体内化：中英价值观教育对比[J]．文教资料，2022(6)：114-117.
[17]樊亚东，孙元章，唐飞，等．“走进电世界”国家一流本科课程建设探索[J]．中国电力教育，2022(8)：68-69.
[18]费穗宇，张潘仕．社会心理学辞典[M]．石家庄：河北人民出版社，1988：45.
[19]冯建军．与时俱进，夯实立德树人根基[J]．现代教学，2019(20)：1.
[20]高德毅，宗爱东．从思政课程到课程思政：从战略高度构建高校思想政治教育课程体系[J]．中国高等教育，2017(1)：43-46.
[21]葛卫华．厘定与贯连：论学科德育与课程思政的关系[J]．中国高等教育，2017(Z3)：25-27.
[22]古茂盛．人格心理学[M]．北京：中国医药科技出版社，2006.
[23]郭凛，王郢，叶乐川．“国际经济学”课程组积极探索第二课堂课程思政新模式[EB/OL].(2021-06-07)[2022-12-17].https://mp.weixin.qq.com/s/UrEcLp9ZtbvnjPYc3-ROoA.
[24]国务院办公厅．国务院办公厅关于加快医学教育创新发展的指导意见. 2019-09-17.
[25]韩芳．从臣民到公民——澳大利亚公民教育发展研究[M]．北京：光明日报出版社，2011：38，74.
[26]韩宪洲．课程思政方法论探析——以北京联合大学为例[J]．北京联合大学学报(人文社会科学版)，2020，18(2)：1-6.
[27]韩宪洲．深化“课程思政”建设需要着力把握的几个关键问题[J]．北京联合大学学报(人文社会科学版)，2019，17(2)：1-6，15.
[28]核心素养研究课题组．中国学生发展核心素养[J]．中国教育学刊，2016(10)：1-3.
[29]侯勇，钱锦．课程思政研究的现状、评价与创新[J]．江苏大学学报(社

会科学版)，2021，23(6)：66-76.
[30]胡桂英，许百华．初中生学习归因、学习自我效能感、学习策略和学业成就关系的研究[J]．心理科学，2002(6)：757-758，724.
[31]胡玉荣．美国价值观建设及其国家认同的巩固[J]．陕西行政学院学报，2018，32(2)：16-20.
[32]黄朝阳．加强批判性思维教育　培养创新型人才[J]．教育研究，2010，31(5)：69-74.
[33]黄卫东．自由的限度及其回应——评约翰·密尔《论自由》[J]．湖北经济学院学报(人文社会科学版)，2020，17(10)：30-34.
[34]LEWIS R. AIKEN. 态度与行为：理论、测量与研究[M]．北京：中国轻工业出版社，2008.
[35]江汉关100岁，依然鲜活[EB/OL]．(2022-11-05)[2023-04-18]．https：//baijiahao. baidu. com/s？id=1748623968388249016&wfr=spider&for=pc.
[36]江汉关职工收回海关主权的斗争[EB/OL]．(2021-08-17)[2023-07-11]．https：//mp. weixin. qq. com/s/oEn_HqzLTWADzNW_ifItqA.
[37]蒋国勇．基于CIPP的高等教育评价的理论与实践[J]．中国高教研究，2007(8)：10-12.
[38]蒋奖，丁朝蓬，段现丽．学生情感态度价值观的评估：给教师的建议[J]．课程·教材·教法，2009，29(11)：76-81.
[39]教育部．教育部关于印发《高等学校课程思政建设指导纲要》的通知[EB/OL]．(2020-06-03)[2021-12-04]．http：//www. moe. gov. cn/srcsite/A08/s7056/202006/t20200603_462437. html.
[40]教育部．普通高中数学课程标准[M]．北京：人民教育出版社，2020：5-7.
[41]教育部．普通高中语文课程标准[M]．北京：人民教育出版社，2020：12.
[42]教育部关于全面深化课程改革落实立德树人根本任务的意见[EB/OL]．(2014-04-08)[2020-12-28]．http：//www. moe. gov. cn/srcsite/A26/jcj_kcjcgh/201404/t20140408_167226. html？pphlnglnohdbaiek.
[43]金一鸣．教育原理[M]．北京：高等教育出版社，2002：4.
[44]金一鸣．教育原理[M]．合肥：安徽教育出版社，1995.

[45]卡尔·马克思.1844年经济学哲学手稿[M].北京：人民出版社，2000：107.
[46]拉尔夫·泰勒.课程与教学的基本原理[M].施良方，译.北京：人民教育出版社，1994：3-19，85，89.
[47]李从德.浅析“碎片化”学习对现代医学教育的影响[J].现代交际，2016(11)：159-160.
[48]李德顺，马俊峰.价值论原理[M].西安：陕西人民出版社，2002：468.
[49]李德顺.价值论[M].北京：中国人民大学出版社，1987：145.
[50]李吉会.如何评价情感、态度和价值观[J].教育科学研究，2006(2)：23-26.
[51]李介.国外校本课程开发模式带给我们的启示[J].教育理论与实践，2010，30(26)：18-20.
[52]李玲玲，郭兰，吴颖，等.心理健康教育课程评价方法研究综述[J].湖北经济学院学报(人文社会科学版)，2010，7(4)：162-164.
[53]李孟辉.高校课程研究[M].上海：上海交通大学出版社，2012：79.
[54]李思雨.高校辅导员工作成效研究[M].长春：吉林大学出版社，2020：21.
[55]李新翠.澳大利亚基础教育[M].上海：同济大学出版社，2015：178.
[56]李雁冰.课程评价论[M].上海：上海教育出版社，2002：2.
[57]李雁冰.课程评价论[M].上海：上海教育出版社，2002：86.
[58]廖聪聪，曾文婕.面向未来的价值观教育课程体系设计与实践——澳大利亚价值观教育课程述论[J].基础教育，2019，16(6)：73-81.
[59]刘晨.英国基本价值观教育：现实动因、政策演进与实践进路[J].比较教育研究，2022，44(7)：12-21.
[60]刘建军.课程思政：内涵、特点与路径[J].教育研究，2020，41(9)：28-33.
[61]刘术华.高中历史教学的情感态度与价值观的测量与评价[J].科教文汇(下旬刊)，2016(9)：117-118.
[62]刘志军.课程评价的现状、问题与展望[J].课程·教材·教法，2007(1)：3-12.
[63]卢家楣.教学领域情感目标的形成性评价研究[J].教育研究，2007

(12)：85-89.
[64]卢家楣．课堂教学的情感目标分类[J]．心理科学，2006(6)：1291-1295.
[65]陆道坤．课程思政评价的设计与实施[J]．思想理论教育，2021(3)：25-31.
[66]陆道坤．课程思政推行中若干核心问题及解决思路——基于专业课程思政的探讨[J]．思想理论教育，2018(3)：64-69.
[67]陆道坤．新时代大中小学课程思政一体化的内涵、难点及优化路径[J]．新疆师范大学学报(哲学社会科学版)，2022，43(2)：38-48.
[68]陆道坤．新时代课程思政的研究进展、难点焦点及未来走向[J]．新疆师范大学学报(哲学社会科学版)，2022，43(3)：43-58.
[69]罗清旭，杨鑫辉．《加利福尼亚批判性思维技能测验》的初步修订[J]．心理科学，2002(6)：740-741.
[70]马克思恩格斯全集(第19卷)[M]．北京：人民出版社，1963：406.
[71]迈克尔·W. 阿普尔．意识形态与课程[M]．黄忠敬，译．上海：华东师范大学出版社，2001：4-9.
[72]毛泽东．毛泽东文集(第7卷)[M]．北京：人民出版社，1999：226.
[73]苗军芙．社会心理学新论[M]．济南：山东人民出版社，2000：209.
[74]莫雷．教育心理学[M]．北京：教育科学出版社，2007：330.
[75]倪晓莉．社会心理学[M]．西安：西安交通大学出版社，2007：193.
[76]宁曼荣．英国大学价值观渗透教育及其借鉴[J]．黑龙江教育学院学报，2017，36(2)：83-85.
[77]宁莹莹．现实指向的英国价值观教育：背景、内容和实施[J]．福建教育学院学报，2019，20(2)：1-4，11，129.
[78]裴孝贤．宗教在美国社会中的地位[J]．美国研究，1998(4)：41-64.
[79]齐子群．以学定教　以情动人——以《孤独之旅》的文本解读为例，浅谈语文学科德育的渗透与融合[J]．新课程，2020(28)：228-229.
[80]邱仁富．推进大中小学课程思政一体化建设的着力点[J]．中国德育，2020(17)：35-40.
[81]饶从满．日本现代化进程中的道德教育研究[M]．济南：山东人民出版社，2010：261.
[82]任鸿隽．科学精神论[J]．科学，1916，2(1)：10-15.

[83]阮云蕾．“润物细无声”的“传道”——浅谈学科德育的渗透[J]．教育界，2017(29)：82-83.
[84]桑秋云．共情在课程思政教学设计中的应用[J]．文教资料，2019(25)：180-182.
[85]沈永兴，张秋生，高国荣．澳大利亚[M]．北京：社会文献出版社，2014：216-217.
[86]时蓉华．社会心理学[M]．上海：上海人民出版社，1986：144-146.
[87]时殷弘．日本政治右倾化和中日关系的思维方式及战略策略问题[J]．日本学刊，2014(2)：1-14.
[88]孙成，唐木清志．日本中小学价值观教育：途径、理路与困境[J]．外国中小学教育，2019(1)：20-29，19.
[89]孙建柱，陈娇，高赟．教育理论与教学方法[M]．天津：天津科学技术出版社，2020：94.
[90]孙元章，胡钋，查晓明，等．“走进电世界”课程教学的实践性探索[J]．电气电子教学学报，2011，33(S1)：83-85.
[91]谭红岩，孟钟捷，戴立益．大中小学课程思政一体化建设的路径分析[J]．教师教育研究，2022，34(2)：92-95.
[92]田星．日本高校价值观教育述评[J]．才智，2016(10)：8-10.
[93]仝耀斌．“英国价值观”与英国公民教育的实践反思[J]．思想政治课教学，2020(12)：83-85.
[94]王本陆，潘新民．中国课程教学改革与研究四十年(下)[M]．北京：人民教育出版社，2020.
[95]王顶明，刘永存．硕士研究生专业认同调查[J]．中国高教研究，2007(8)：18-22.
[96]王冬云．国家认同建构中的家国情怀[J]．长白学刊，2019(2)：151-155.
[97]王郢，方癸椒，尹杨．课程思政评价的实践逻辑[J]．齐齐哈尔大学学报(哲学社会科学版)，2022(8)：146-149.
[98]王郢，方癸椒．基于词云分析技术的课程思政评价探索[J]．教育信息化论坛，2022(4)：99-101.
[99]王郢，方癸椒．课程思政评价：疑虑、探索与问题[J]．武汉冶金管理干部学院学报，2022，32(2)：37-41.

[100]王岳喜．论高校课程思政评价体系的构建[J]．思想理论教育导刊，2020(10)：125-130.

[101]王哲．西方近代人权观剖析[J]．北京大学学报(哲学社会科学版)，1992(3)：50-53.

[102]翁铁慧．大中小学课程德育一体化建设的整体架构与实践路径研究[J]．上海师范大学学报(哲学社会科学版)，2018，47(5)：5-12.

[103]伍醒，顾建民．“课程思政”理念的历史逻辑、制度诉求与行动路向[J]．大学教育科学，2019(3)：54-60.

[104]习近平．坚持中国特色社会主义教育发展道路培养德智体美劳全面发展的社会主义建设者和接班人[N]．人民日报，2018-09-11.

[105]习近平．青年要自觉践行社会主义核心价值观——在北京大学师生座谈会上的讲话[EB/OL]．(2014-05-05)[2022-01-18]．http：//news.xinhuanet.com/2014-05/05/c_1110528066.htm.

[106]习近平．思政课是落实立德树人根本任务的关键课程[EB/OL]．(2020-08-31)[2022-03-11]．http：//www.qstheory.cn/dukan/qs/2020-08/31/c_1126430247.htm.

[107]习近平．习近平谈治国理政(第二卷)[M]．北京：外文出版社，2017：376-378.

[108]习近平．习近平谈治国理政(第三卷)[M]．北京：外文出版社，2020：17.

[109]习近平．习近平在全国高校思想政治工作会议上强调：把思想政治工作贯穿教育教学全过程　开创我国高等教育事业发展新局面[N]．人民日报，2016-12-09.

[110]习近平．在中国共产党第十九次全国代表大会上的讲话[N]．人民日报，2017-10-28(1).

[111]肖显静．科学以及科学文化的“文化缺失”与“文化回复”——兼评刘大椿先生的《科学文化与文化科学》[J]．哲学分析，2013，4(6)：31-42，191-192.

[112]新华社．中共中央　国务院印《深化新时代教育评价改革总体方案》[EB/OL]．(2020-10-13)[2022-10-03]．http：//www.gov.cn/zhengce/2020-10/13/content_5551032.htm.

[113]徐秦法，黄俞静．纵向衔接：构建“链条式”大中小学思政课一体化课程内容体系[J]．思想理论教育导刊，2022(2)：122-127.
[114]徐文秀．多一些家国情怀[N]．人民日报，2012-01-20(4).
[115]许瑞芳．新时代大中小学课程思政一体化的内涵、难点及进路[J]．新疆师范大学学报(哲学社会科学版)，2022，43(3)：59-68.
[116]许祥云，王佳佳．高校课程思政综合评价指标体系构建——基于CIPP评价模式的理论框架[J]．高校教育管理，2022，16(1)：47-60.
[117]薛源．以学生为主体的课程评价何以可能及如何可能[J]．全球教育展望，2003，32(11)：38-41.
[118]鄢显俊．论高校“课程思政”的“思政元素”、实践误区及教育评估[J]．思想教育研究，2020(2)：88-92.
[119]严权．新课程评价主体应体现多元性[J]．上海教育，2004(17)：26-27.
[120]杨洪贵．澳大利亚多元文化主义研究[M]．成都：西南交通大学出版社，2007：135-162.
[121]杨威．西方国家核心价值观培育的多主体系统及其协作——以美国、英国、澳大利亚为主要分析对象[J]．社会主义核心价值观研究，2016，2(5)：58-66.
[122]杨玉浩．基于学生发展的课程思政评价模型初构[J]．黑龙江高教研究，2022，40(1)：115-119.
[123]于蓉，王必亚．对情感、态度与价值观可测量性的商榷[J]．中学地理教学参考，2009(5)：4-5.
[124]袁贵仁．价值观的理论与实践[M]．北京：北京师范大学出版社，2013：132.
[125]张策，徐晓飞，张龙，等．利用MOOC优势重塑教学　实现线上线下混合式教学新模式[J]．中国大学教学，2018(5)：37-41.
[126]张鼎昆，方俐洛，凌文辁．自我效能感的理论及研究现状[J]．心理学动态，1999(1)：39-43，11.
[127]张婧．英国价值观教育的目标、实施途径与思考[J]．世界教育信息，2017，30(24)：23-26.
[128]张滦云．中华优秀传统文化融入高校理工科课程思政的策略探究——以数学类课程为例[J]．轻工科技，2021，37(9)：183-184.

[129]张倩．“家国情怀”的逻辑基础与价值内涵[J]．人文杂志，2017(6)：68-72.

[130]张瑞，刘志军．教师：不可或缺的课程评价主体[J]．课程·教材·教法，2008(8)：11-16.

[131]张瑞，覃千钟．课程思政教学评价：内涵、阻力及化解[J]．教育理论与实践，2021，41(36)：49-52.

[132]张天．澳洲史[M]．北京：社会科学文献出版社，1996：297.

[133]张耀灿，陈万柏．思想政治教育学原理[M]．北京：高等教育出版社，2001：148.

[134]赵德成．表现性评价：历史、实践及未来[J]．课程·教材·教法，2013，33(2)：97-103.

[135]赵德成．新课程实施中的情感、态度与价值观评价[J]．课程·教材·教法，2003(9)：10-13.

[136]赵继伟．“课程思政”：涵义、理念、问题与对策[J]．湖北经济学院学报，2019，17(2)：114-119.

[137]赵志毅．家国情怀的结构及其教育路径[J]．课程·教材·教法，2019，39(12)：96-102.

[138]中共中央办公厅．国务院办公厅印发《关于深化新时代学校思想政治理论课改革创新的若干意见》[EB/OL]．(2020-08-14)[2021-12-04]．http://www.gov.cn/zhengce/2019-08/14/content_5421252.htm.

[139]中共中央办公厅　国务院办公厅关于适应新形势进一步加强和改进中小学德育工作的意见[EB/OL]．(2000-12-14)[2021-11-28]．http://www.gov.cn/gongbao/content/2001/content_61240.html.

[140]中共中央马克思恩格斯列宁斯大林著作编译局．马克思恩格斯全集(第16卷)[M]．北京：人民出版社，1960.

[141]中国社会科学院语言研究所词典编辑室．现代汉语词典[M]．北京：商务印书馆，2016.

[142]中国学生发展核心素养研究课题组负责人答记者问[EB/OL]．(2016-09-14)[2020-12-17]．http://edu.cssn.cn/jyx/jyx_zdtj/201609/t20160914_3202030.shtml.

[143]钟启泉．现代课程论[M]．上海：上海教育出版社，1989：348.

[144]周立学．澳大利亚新南威尔士州多元文化教育培训[J]．科教文汇(中旬刊)，2010(6)：2，24.
[145]周立学．澳大利亚新南威尔士州多元文化教育培训[J]．科教文汇(中旬刊)，2010(6)：2，24.
[146]邹建平，肖唐镖．情感、价值与行为：爱国主义态度的三重面向与量表开发[J]．南京社会科学，2022(4)：61-75.
[147]梁宇颂．大学生成就目标、归因方式与学业自我效能感的研究[D]．华中师范大学，2000：10.
[148]秦攀博．大学生专业认同的特点及其相关研究[D]．西南大学，2009：9-10.
[149]邱国勇．社会主义核心价值观教育研究[D]．武汉大学，2013：21.
[150]陶懋炜．英国社会价值观溯源[D]．外交学院，2017：17.
[151]徐星然．澳大利亚价值观教育研究[D]．东北师范大学，2018：11.
[152]张宝予．美国高校通识课程中的价值观教育研究[D]．东北师范大学，2019：6.
[153]郭恩泽．英国中小学"SMSC"课程中的价值观教育研究[D]．东北师范大学，2020：4.
[154]李承宫．澳大利亚中小学价值观教育研究[D]．东北师范大学，2020：19.
[155]孙成．日本社会科课程中的价值观教育研究[D]．东北师范大学，2020：23.
[156]孙玉红．亚里士多德公民教育思想及其当代启示研究[D]．南京师范大学，2020：14.
[157]郑宇航．高校课程思政教学评价指标体系构建研究[D]．西南大学，2021：8.
[158]王晓宇．"课程思政"的价值观教育研究[D]．吉林大学，2022：13.
[159]Australian Government Department of Education，Employment and Workplace Relations. Values for Australian Schooling—Understanding Values[EB/OL]．(2019-08-05)[2020-12-19]．http：//www. curriculum. edu. au/verve/_resources/VE_Resource_SSW_primary_dilemmas_matrix.
[160]Australian Government Department of Education，Employment and Workplace

Relations. Project to Test and Measure the Impact of Values Education on Student Effects and School Ambience [R]. Australia: The University of Newcastle, 2009: 24.

[161] BARCAN A A. History of Australian Education [M]. Melbourne: Oxford University Press, 1980: 240.

[162] BAR-TAL. Patriotism as Fundamental Beliefs of GroupMembers [J]. Politics and the Individual, 1993, 3(2): 45-62.

[163] CACIOPPO J T, BERNTSON G G. Relationship Between Attitudes and Evaluative Space: A Critical Review, with Emphasis on the Separability of Positive and Negative Substrates [J]. Psychological Bulletin, 1994, 15: 401-423.

[164] CARSON K D, BEDEIAN G. Career Commitment: Construction of a Measure and Examination of Its Psychometric Properties [J]. Journal of Vocational Behavior, 1994, 44(3): 237-262.

[165] David Cameron. 2011 Speech at the Munich Security Conference [EB/OL]. (2011-02-05) [2022-12-11]. https: //www. gov. uk/government/speeches/pms-speech-at-munich-security-conference.

[166] DAVIS M H. Measuring Individual Differences in Empathy: Evidence for a Multidimensional Approach [J]. Jpers Soc Psychom, 1983, 44: 113-126.

[167] DEST. Implementing the National Framework for Values Education in Australian Schools [R]. Australia: Curriculum Corporation, 2006: 2.

[168] DEST. Research Resource Kit for the Values Education Good Practice Schools Project Stage-2 [R]. Australia: Curriculum Corporation, 2006: 5-6.

[169] HENNING, SALLING, OLESEN. Professional Identity as Learning Processes in Life Histories [J]. Journal of Work-place Learning, 2001(13): 7-8.

[170] HIGGS J. Physiotherapy, Professionalism and Self-directed Learning [J]. Journal of the Singapore Physiotherapy Association, 1993, 14(1): 8-11.

[171] KOSTERMAN, FESHBACH. Toward a Measure of Patriotic and Nationalistic Attitudes [J]. Political Psychology, 1989, 102, 257-274.

[172] MAWHINNEY H, XU F. Restructuring the Professional Identity of Foreign-Trained Teachers in Ontario Schools [J]. TESOL Quarterly. 1997(3): 632-

639.
[173]MERTON R K. A Note on Science and Democracy[J]. Journal of Legal and Political Sociology, 1942, 1(1-2): 115-126.
[174]MOHAMMADREZA H, JOSEPH S. Gonnella, Salvatore Mangione, Physician Empathy Inmedical Education and Practice: Experience with the Jefferson Sale of PysicianEmpathy[J]. Seminars in Integrative Medicine, 2003, 1(1): 25-41.
[175]MORSE J M, ANDERSON G, BOTTORFF J, et al. Exploring Empathy: A Conceptual Fir for Nursing Practice[J]. Journal of Nurs Sch, 1992, 24(4): 273-283.
[176]NATHANSON. Patriotism, Morality, and Peace[M]. Rowman&Little field, 1993: 34-35.
[177]PATERSON J, HIGGS J, WILCOX S, et al. Clinical Reasoning and Self-directed Learning: Key Dimensions in Professional Education and Professional Socialisation[J]. Focus on Health Professional Education, 2002, 4(2): 5-21.
[178]PETER A. Facione. Critical Thinking: A Statement of Expert Consensus for Purposes of Educational Assessment and Instruction[R]. California Academic Press, 1990, 2: 2.
[179]PINTRICH P R, DE GROOT E V. Motivational and Self-regulated Learning Components of Classroom Academic Performance[J]. Journal of Educational Psychology, 1990(1): 33-40.
[180] THERESA WISEMAN. A Concepet Analysis of Empathy[J]. Journal of Advanced Nursing, 1996, 23: 1162-1167.
[181]THERESA WISEMAN. A Conceptualization of Empathy for Nursing Practice[J]. Journal of Advanced Nursing, 2007, 30(3): E61-E72.
[182]ZHANG D L, LI K, LIU Y M, et al. Comparison between the Blended Teaching Practice and Traditional Teaching of Pathophysiology Based on the Cultivation of Medical Thinking Ability[J]. Creative Education, 2022, 13: 3182-3190.
[183]19 年度中学校教科書採択状況——文科省まとめ[N]. 内外教育,

2019-01-29.

[184]日本総務省．参議院議員通常選挙における年代別投票率の推移[EB/OL]．(2018-01-11)[2022-11-16]．http：//www.soumu.go.jp/main_content/000255919.

[185]森茂岳雄，大友秀明，桐谷正信．新社会科教育の世界[M]．東京：梓出版社，2014，23.

[186]上田薫．社会科教育史資料—1[M]．東京：東京法令出版社，1974：169.

后　记

教育活动脱胎于原始社群中以“老带小”的方式对采摘、狩猎等劳动技能进行口手相传的过程。在第一本有关教育学的专门论著《大教学论》中，夸美纽斯就开宗明义地提出“本书旨在寻求一种教学方法”①。可见从学科出现之初起，教育学就是一种研究“教学传递”的学科。传递什么？如何传递？为何传递？这三问是教育学无法绕开的话题。从这个意义上来说，教育学是“教的科学”。

课程思政是一种在专业课教学中渗透价值观的传递活动，它既是一种教学理念，也是一种教学实践，② 最终会融入具体教学活动，成为教师教学设计的基本理念、教学实施的重要方面、教学结果的重要体现以及教学评价的重要参考。教学活动改革想要向纵深的科学化、健康化发展，避免运动式、形式化的“教学一阵风”，则必须要对其本身的教育规律加以探索。正因如此，课程思政想要使课堂“教得科学”，自然离不开教育学这门“教的科学”来加以指导。

实践与研究总是相辅相成的。课程思政需要教育学科指导，教育学科本身的发展也离不开对课程思政实践的研究。正如马克思主义认识论中所提到的那样，描述人们实践活动和实际发展过程是真正的实证科学开始的地方。③教育学是“研究现象、探索教育规律的学科”④。“教育现象”是教育科学得以生发的土壤和前提。教育科学研究想要获得生命力，就不能脱离教育实践。

---

① 夸美纽斯著：《大教学论》，傅任敢译，教育科学出版社 2006 年版，第 5 页。

② 侯勇、钱锦：《课程思政研究的现状、评价与创新》，载《江苏大学学报》(社会科学版)2021 年第 11 期，第 66~75 页。

③ 转引自孙伯鍨、张一兵主编：《走进马克思》，江苏人民出版社 2019 年版，第 443~445 页。

④ 柳海民主编：《教育原理》，东北师范大学出版社 2000 年版，第 1~9 页。

大学的课堂每天都在发生着大量的人才培养活动，大学的教育学科想要得到源源不断的理论发展源泉，就必须对这些课堂中的教学实践加以关注。

在这样的逻辑理路下，将课程思政看作一种教学理念和教学实践，用教学研究的观点和方法来审视课程思政工作推进，就成为了水到渠成的事情。

课程思政是一个同心同力、同向同行的工作，本书的完成也是集体智慧的结晶。在计划和编写过程中得到了武汉大学和武汉大学出版社领导的重视和支持，得到许多专家和学者的指导和帮助。在此一并表示感谢。

本书由王郢主编，参加编写的主要人员及分工是：王郢、方癸椒编写第一章、第二章，司晓晗编写第六章；宋州、黄雨佳编写第四章，司晓晗、张小华、洪探编写第七章；吕乾坤、吕佩珊编写第三章、第五章。全书由王郢、黄雨佳修改统稿。

武汉大学课程思政教学研究中心通过磨课、听课和研讨等方式全过程跟踪了本书案例篇中各教学案例从教学设计到教学实施的全过程。其间各位案例的执教老师展现了高度的专业素养和悉心指导。在此一并表示感谢。

用教学研究的思路推进课程思政，就是要充分尊重认知发展规律、人才培养规律和教育教学规律，以科学态度和实事求是精神促进课堂变革和教师发展。武汉大学课程思政教学研究中心将课程思政作为一种教学实践，打造以专业“硬知识”实现价值“柔引领”的推进思路。通过深入教学单位与教师合作教研、共同备课等方式帮助教师挖掘具有学科特色的思政素材、科学设计无感融入思政元素的教学方案，提升教师的教学效能、增强教师在教学活动中的获得感和成就感。不仅提升了大学课堂人才培养的质量，确立了课程思政作为育人变革的科学性，也有效消解了课程思政推进过程中的误读与阻抗。

本书编写过程正值课程思政研究实施的启动深化阶段，编写组的部分成员直接参与了武汉大学课程思政教学研究中心的教研活动，对本书内容的充实起了重要作用，有助于读者学习和研究当前课程思政的实践问题。

由于编者水平所限，加之时间紧迫，书中难免有错误和不足之处，敬请读者提出宝贵意见。

编写组

2023 年 2 月于武汉